TEACHER'S GUIDE TO LESSON STUDY
(THE SECOND EDITION)

课例研究，我们一起来：

中小学教师指南（第二版）

胡庆芳　著

教育科学出版社
·北京·

本书学术顾问：李其龙

在教学的过程中研究，在研究的状态下教学，是当今课堂教学实践研究理想的追求，也成就着一次次课堂教学故事的精彩。

目 录

Contents

下篇　课例研究的范例诠释

前 言

走进课例研究，感受神奇魅力

　　每当谈起课例研究的神奇魅力，总会不禁想起美国学者詹姆斯·斯迪格勒（James W. Stigler）在为其两位高足著就的力作《课例研究：日本改进数学教与学的一种方法》（*Lesson Study：A Japanese Approach to Improving Mathematics Teaching and Learning*）所写的序里所讲到的一个耐人寻味的故事：

　　第一次在日本一家商店买曲奇饼的经历让我终生难忘。当时我用手指着面包房玻璃柜台里面那块我想买的曲奇饼，这跟我在美国家乡的面包房里的习惯一样。不过那正是感觉两地习惯仅此相似和日本文化就此扑面而来的开始。只见那位面包房店员拿起我要的曲奇饼，小心翼翼地用软纸包起来，轻轻地放到一个大小正好适合这块曲奇饼的金色纸盒里。接着，她又取来一条彩色缎带仔细地把盒子扎好，然后再把这个雅致的盒子放进一个带提手的漂亮拎袋里。其实包装曲奇饼并非一种偶然的做法，而是日本人处理许多事情方法的又一个例子而已，教与学也不例外。正如一块曲奇饼在日本可以发生的变化一样，由于周密的计划和准备，以及不断的改进和完善，一节课的教学在日本也同样变成了一件艺术精品。

　　第一次细读这位大名鼎鼎的教授作序的力作便一下子就被迷住了，从心底里欣赏和佩服日本中小学的同行能够充分发挥群体的智慧和力量，把教育教学中遇到的真实问题扎扎实实地在教育教学过程中以课例研究的方式予以彻底解决，从而使得参与课例研究的教师群体在这种问题解决的过程中都能够实现专业的持续成长和进步！于是，便激情满怀地和有志于促进教师专业发展的一批事业同仁齐心协力，不舍昼夜地投入到原著的翻译、审校和联系出版的工作之中，终于在 2007 年 3 月促成了上述力作在中国大陆作为《中小学校本教研热点译丛》的首本翻译作品正式出版。

在随后的时间里，我们便积极投身到与中小学密切合作的课例研究实践行动之中，执着而忘我，乐此而不疲。每每回首与一线教师合作开展课例研究的日日夜夜，心底会情不自禁地涌起四个字：惊心动魄！正是这段惊心动魄的经历，让团队的每一位成员都深切地感觉到，课例研究特别需要发扬以下三种精神。

课例研究需要继续发扬永不言败的"长征精神"。参与课例研究过程的每一位成员都要不畏选题、观课、研讨、改进、提炼总结等各个环节的艰难险阻，需要特别能吃苦，特别能钻研，特别地执着，特别地忘我。

课例研究需要坚持发扬打破砂锅问到底的"求索精神"。课例研究是一种行动研究，是针对教学问题的一种研究，是在教学过程中进行的一种研究，同时也是为了改进教学的一种研究。因此，它需要研究团队针对其所选择的有意义的专题大胆假设和小心求证，其具体的途径和方法就是针对课堂上发现的问题一步步地追因，一步步地提出指导改进的策略，连续进行实验，持续进行改进，直至问题最终得到解决。

课例研究需要孜孜以求教学精致无极限的"唯美精神"。每一次课例研究得出的结论与结果都是一个研究阶段的认识与总结，即便是同样的专题，如果换作另外一位教师来演绎，或换在另外一个班级来尝试，都一定会遇到新的问题情境，而新问题的逐步解决，总在不同程度地丰富和发展原有的认识与结论，所以说，课例研究其实始终都处于一种未完成状态，课堂教学改进的历程永远没有终点。同时，也正因为每一次课例研究令人欣喜地发现连同问题的解决结果都只是阶段性的成果，因而留下的或多或少的遗憾与美中不足都自然成为课例研究向更广阔空间拓展和向更深层次迈进的动力和理由。

课例研究并不高深莫测，它就发生在我们中小学广大一线教师职业生活的过程之中；课例研究意义重大，经历教学改进这一凤凰涅槃过程的每一位成员都在告别过去的基点，站在新的高度向未来更深邃高远的空间进发！

2013 年 9 月，笔者综合课例研究国际发展的新动态以及本土实践的新模式，在第一版基础上进行了国际资讯的动态更新、本土实践的模式创生、精彩范例的增补替换和课堂实录的精简浓缩，最终形成本次修订版。

亲身体会良多，期待与诸位教育同行分享，以朴实感言为序。

胡庆芳
2013 年中秋节于上海

上篇

课例研究的国际背景

自 20 世纪 60 年代开始，日本的中小学就开始广泛开展以课例研究为主要形式的校本培训活动。学校以广大教师教育教学过程中遇到的真实问题为培训的内容，培训在教育教学的过程中通过群策群力的集思广益的方式开展，从而很好地实现了培训、教学、研究的融合，广大教师也正是通过这种常态化的学校活动获得了自身专业的持续提高，从而促进教师群体整体质量的提升，其卓越的实践吸引了世界的目光……远在太平洋彼岸的美利坚合众国纷纷派出教育代表团奔赴日本取经问道，21 世纪伊始，课例研究已成为美国 32 个州不约而同的行动……透过本篇散发着浓郁异国气息的文字，慢慢感受课例研究的神奇魅力吧！

QUESTION

1 在日本中小学广泛开展的校本培训同课例研究有什么关系❓

从 20 世纪 60 年代开始，日本的中小学校就开始把课例研究作为"校本培训"（konaikenshu）的常规活动广泛开展。这种课例研究式的校本培训是把学校所有的教师集中起来，持续不断地集中关注某一个教育教学专题，从而让全校各学科的教师都致力于一个专业发展的目标而行动起来。

一般而言，为了确定一个校本培训的目标，教师们首先会一起思考他们在学校中所肩负的使命，以及思考学生的素质所隐含的种种内容，后者也是他们应当着重培养学生的方面。然后，他们要从学生的角度来估计自己的真实成就，并力求判定自己的愿望和他们在学生身上观察到的结果之间的差距。一旦发现了大家都认为是很棘手的问题，他们就会以此作为校本培训的一个目标，这个目标代表着缩小上述这种差距的努力方向。例如，教师们也许会注意到这样一种情况：尽管他们想要培养出有好奇心和求知欲的学生，但是，学生随着自然地升级而变得不再那么刨根问底了。在这种情况下，教师们就有可能选择确定一个校本培训目标来致力于培养有好奇心和求知欲的学生。校本培训的目标不是直接指向学生某项特定的学业技能的培养，而是旨在培养学生对学习、对学校、对同伴以及对自己等更为宽泛的品质。研究者发现，自主是这些目标中最经常用到的字眼。尽管校本培训目标指向宽广的内容维度，但是，大多数学校都是在研究一个具体的学科领域的背景下来追求这些目标的。在刚才提到的这个把培养有好奇心和刨根问底的学生作为一个校本培训目标的例子中，学校就可以在科学课的学习中注重培养学生这些品质。

作为校本培训的一种形式，课例研究是最普遍的一种活动。校本培训的目标给课例研究指明了行动的方向，反过来，课例研究把校本培训目标的实现化解到对日常具体的课堂教学的研究过程之中。

QUESTION

2 日本的中小学教师是怎么做课例研究的 ？

"课例研究"是对日语合成词"jugyokenkyu"的意译，即"课的研究"。正如该词所表示的那样，课例研究包含着对教学实践的研究或检视。那么，日本的教师是如何通过课例研究来检视他们的教学的呢？他们全身心投入进一个精心设计的系列步骤之中，其中包括一起讨论他们最初共同设计出来并又对其实施仔细观察过的课。这些课在日本就叫"kenkyujugyo"，这只是把前面提到的那个词"jugyokenkyu"的前后两部分颠倒而来，因此，其字面的意思就是"研究课"，或者更具体地说，就是研究的对象。在日本的中小学，研究课按照下面即将描述到的步骤来进行，其目的就是达成教师们预先选择的那个研究目标，比如，弄清楚促使学生成为自主学习者的实践策略究竟有哪些。在日本，课例研究主要按照下述的步骤来进行。[①]

（1）合作设计研究课

对研究课的研究是从教师聚集在一起设计一节课开始的。这样的设计本身就是细致审慎的，同时也是合作性质的。教师们在一起针对如何设计一节课，通过多种方式充分分享着他们的想法，包括对过去经验的反思、对当前学生进行观察的方法、对运用教学指导书的看法、对教材内容的处理以及对其他资料书的引用。第一步的结果就是出台一个教案，它详细地记述了小组为他们的课确定的内容设计。

（2）关注实施中的研究课

第二步是针对小组中执教这节课的那位教师的。执行的过程具有公开的性质，因为其他的教师作为观察者介入其中。这些观察者是手捧着教案来听这节课的，并以此为工具来指导他们在课堂上的关注对象。

被调研到的教师报告说，1993 学年至 1994 学年，他们在本校平均观摩

---

① Fernandez C，Yoshida M. Lesson Study：A Japanese Approach to Improving Mathematics Teaching and Learning ［M］. Mahwah，New Jersey：Lawrence Erlbaum Associates Publishers，2004：7-9.

研究课 6 节，在外校观摩研究课 4 节。教师们还报告说，在本校，自己的课被公开观摩至少有一次。而且，大约一半的教师还报告说自己的课被外校的教师观摩过。

（3）讨论研究课

接下来，小组集中到一起反思集体设计的教案刚刚在实实在在的教室里由执教教师演绎的过程，一起交流各自在课堂上观察到的问题，同时提出教学可以如何改进的建议。

（4）重新设计课（选择性的）

一些教师在讨论完课堂上的观察所得之后就算结束了对研究课的工作，但同时还有一些教师会继续去修改并重新上一次课，以便于可以继续从中有所收获。这个修改的过程最终产生一个更新版的教学预案，这个预案包含了教师们对初始教案的所有改动。

（5）实施经过重新设计的课（选择性的）

接下来，小组里另一位教师公开执教经过重新设计的课，同事们再次集中到一起观课。有时，如果有教师不能两次课都参与，他们更多的是选择第二次课，因为对于一节特定的研究课，这毕竟是代表了集体智慧的更高水平。

很少会看到同一位教师把同样的内容教给同样的学生两次，即使是再教给另外的一个班级的情况都很少。之所以这样变换，其中一个原因就是通过变换教师和学生，可以给小组提供一个更为宽广的经验平台以资探究和学习。这样在获得新鲜感的同时，也给了更多的教师展示自我的机会。

小组第三次修改教学设计和再次演绎该设计的情况也很少见，因为检视特定的一节课，小组可以一起从中收获的方面毕竟有限。一般都认为三番五次地修改同一节课的设计会导致回报递减，因此，转向研究一节全新的课会有意义得多，而且，反复研究同一节课在教学时间的安排上会变得困难，同时也不利于学生对课程循序渐进的学习。

（6）交流对重新设计的课进行教学的反思

接下来，教师们会集中到一起讨论对再次教学过程中出现的问题的各自感受。这次碰头会主要围绕教师们交流观察所得、评论以及建议等方面展开。

在所有的研究课讨论会上，特别是当教师们就一节研究课的观察交流看法的时候，通常都会指定一位教师进行详细的记录。这样，小组就可以保留讨论过程中出现的所有观点供以后参考。随后还会谈到这一点，当教师以后要撰写一份工作报告时，这样的一种记录就显得非常有用。

QUESTION
3 日本中小学的课例研究活动是怎么组织和管理的？

为了有效地促进教师的在职专业发展，一般会安排每 4~6 位参与课例研究的教师组成一个小组。在规模足够大的学校，这一个个小组可以把教同一年级的教师集中起来。在规模较小的学校，相近年级的教师（比如，一至三年级的教师）也可以组成这样的小组。

教师们在不同的地点开展课例研究活动。参与政府或地方教育委员会支持的学校研究计划的教师，往往把参与课例研究作为他们研究工作以及专业发展的一部分。职前教师也经常在教学实习阶段就投入课例研究工作。他们主要是与大学的指导教师以及实习所在的学校的指导教师一起准备一节研究课。然后在所在的学校试教这节课，学校的教师、大学的指导教师以及其他实习的教师会一起来观课。同样，指导教师也往往会被指派去指导新教师学做课例研究。他们会一起做一节研究课，有关的教师都会被邀请来观课。但是，在日本，做课例研究最经常的地点就是在一所学校里，也正是因为如此，课例研究成了校本培训活动的一个重要组成部分。

为了保证课例研究顺利地在全校范围内进行，日本的许多学校成立了校本培训促进委员会。这个委员会的作用就是帮助策划和组织课例研究，并使之正常地开展，而且，这个委员会一般就由几个教师组成，他们肩负着开展课例研究的责任，并在促使其他教师对这类活动保持兴趣和热情方面起着关键作用。在大多数情况下，这些委员会不包括行政管理者。然而，校长和副校长一般都会协助支持课例研究，并视之为学校教学管理的一个重要部分。

学校也经常寻求校外的顾问来帮助进行课例研究。所有被调研到的学校都认为需要有一位外面的顾问来指导学校的课例研究工作。校外顾问并不是学校的每次会议都参加，但重要的几天都会来，特别是学校教师上研究课的日子。校外顾问可能是正值休假的有经验的教师，也可能是地区教育办公室雇用来为学校提供师资发展服务的专员。校外顾问也可能是来自大学的专家。不过，最常见的顾问还是教学督导。教学督导是由辖区或辖区内地区办公室任命的，并负责辖区内一个地区的学校。在大多数情况下，他们专长于某一个内容领域（比如，数学或日语）。教学督导的工作就是周期性地走访学校，并在学校进行观课，跟教师和校长交谈，以及为他们作讲座。他们这样做也是给学校提供持续的专业发展支持和建议的一种方式。教学督导也走访那些在自己并不擅长的领域做课例研究的学校。然而，当学校开展的基于校本培训的课例研究正好是教学督导擅长的内容领域时，就能给教学督导和学校间的合作以丰富的背景。

所有被调研到的学校都报告说，他们至少邀请过一名外面的顾问来协助本校的课例研究工作。80%的学校邀请过教学督导，31%的学校邀请过大学教授，14%的学校邀请过有经验的教师，11%的学校邀请过已退休的校长，3%的学校从教育部邀请过学科专家。①

学校围绕策划一个课例研究来组织校本培训工作，也是很常见的事情。这包括邀请邻近学校的教师和其他教育工作者来观课和讨论一系列的研究课，并把学校一直在坚持做的校本培训工作展示出来让来访者们看。通常，学校坚持校本培训一段时间，获得了可以和来访者们一起分享的观点以及可以一起讨论的问题之后，这种准备的工作就算是做到了。如果这是敞开

---

① Hiroshima Education Office. Yoran Handbook ［M］. Hiroshima, Japan：Hiroshima Education Office, 1993.

学校大门的目的的话，那么，有时候这些活动也被称为"学习研究展示会"就不足为奇了。

在每个学年末，学校都要围绕课例研究工作写一份书面报告。这些报告，也被叫做"研究总结"或"研究公告"，它在表达形式上是千姿百态。不过，报告的主要内容总是集中在对学校开展工作的描述，以及教师对从这项工作中得到的主要教训的反思上。研究公告一般集中了学校全学年上过的研究课的教案，并总结出了那些由教师们提出来且对研究课产生了重要影响的观点和见解。

应当提及的是，教师上述所有的工作（除教授研究课之外）一般都是在学生放学之后进行的。在日本，学生一般是在下午2点40分到3点45分之间放学，因学生年龄和学习日而异。不过，教师都要工作到下午5点才能离开学校。大多数的学年在职教育会正是在下午的这段时间（但会议常常超时）进行的。

日本在进行课例研究的过程中形成了以下几个方面的传统。第一，有教育行政部门的资助。在日本，中小学平均每学年每所学校可以得到1万～50万日元不等的资助，平均每所学校是14万日元。第二，课例研究是校本培训的主要形式。1993学年至1994学年的调查表明，平均每位中小学教师参与观摩10次研究课，其中6次是在本校，4次是去校外；自己上研究课达到1～2次。[①] 第三，课例研究是新教师工作第一年的重头戏，学校不会一开始就让新教师承担很多的课。之所以这样，主要是让新教师在观摩和参与集体研讨的过程中熟悉教学，并为即将承担的教学工作做好准备。第四，课例研究是大学师范生实习阶段的必修课，其学位论文就是要求完成一个针对教学专题的课例研究报告。第五，研讨改进后的课由不同的教师在不同的班级执教，这样有助于防止教师的职业倦怠感和增加改进的实效。第六，每一次课例研究活动都有一位成员专门做研讨记录，在每一学年底

---

① Fernandez C, Yoshida M. Lesson Study: A Japanese Approach to Improving Mathematics Teaching and Learning [M]. Mahwah, New Jersey: Lawrence Erlbaum Associates Publishers, 2004: 7-9.

要总结形成比较像样的课例研究报告。

QUESTION
4 日本的教育行政部门和中小学教师对课例研究持怎样的态度？

从 20 世纪 70 年代开始，日本的教育行政部门越来越认识到校本培训的价值，开始鼓励中小学校投入到课例研究式的校本培训实践中去，并划拨专项的资金予以支持，还出台了一些其他的激励措施来推动学校的校本培训工作。教育行政部门的这种做法一直坚持至今。就资金而言，每学年每所学校平均可以得到 14 万日元的支持。

今天，日本的中小学校都有许多开展校本培训的激励措施。学校可以从地方教育委员会得到开展校本培训的财政支持。虽然学校不能直接给教师发钱作为工作补贴，但是可以用这些钱来邀请外面的专业人士（如课程专家、学科专家、教学法专家等）来校为教师进行指导；也可以用这些钱送一些教师去外校观摩课堂教学；还可以用这些钱来支持完成学年末研究公告的精细化加工。

这种以课例研究为核心内容的校本培训活动一直都是自愿性质的，没有一条法律规定学校必须开展校本培训。一般而言，学校开展校本培训都是执意而为之。当然，也不排除一部分学校开展以课例研究为核心内容的校本培训是出于压力的缘故。比如，某校周边几乎所有的学校都在开展这种模式的校本培训，在这样的情形下，该校感到要顺潮流而动，否则就会落伍。

校本培训活动之所以能够如此深入地在中小学蓬勃开展，还有一个同样重要的原因可能与这样一个事实有关系：日本教师发现参与校本培训活动，特别是参与课例研究，对于他们的专业发展而言非常有帮助。尽管课例研究很耗时间，但同时，它可以让教师很清楚地认识到他们的长处和不足，并且获得改进他们教学技能的实践智慧。用三位教师和一位校长的话来说就是：

做出一节名课是再理想不过的事情，但我认为，关于课例研究最大的好处就是它给你提供了一次对自己的教学进行反思和重新尝试的机会。

我觉得即使是一段较短的时间，只要有一个大伙儿聚在一起并认真地讨论教学的地方，这种讨论都会是一次宝贵的体验。

我也认为（做课例研究的）经历给了我们一次在教师中间建立良好关系的机会。我认为当教师聚在一起并认真地思考我们做的事情的时候，教学……不管怎么说，都能够帮助教师建立起牢固的合作关系，而这种合作关系对于所有教师而言恰恰是非常重要的。

而且，这种在职的、问题解决的过程（课例研究）要求教师具有作为专业人员必需的态度认真、注意力集中和责任感，因为你在学校努力做的事情总是会对学生产生或大或小的影响。秩序优良的工作环境、精益求精的文化氛围是广大教师在学校开展专业发展活动的优势。①

上述所及并非是说所有学校的课例研究都是同样高质量的。日本学校的实践表明，校本培训活动的质量因以下这些因素的变化而变化：活动目标的适切性、活动组织者的才干、学校教师的专业素质，以及教师之间的理解与支持。

QUESTION
5　在日本中小学广泛开展的课例研究实践是怎么传播到美国的？

1989 年，日本著名学者吉田信（Makoto Yoshida）在芝加哥大学师从詹姆斯·斯迪格勒（James W. Stigler）教授攻读博士学位，参与了导师的一项国际中小学数学教与学的比较研究，其中就包括日本和美国的比较。吉田

---

① Fernandez C，Yoshida M. Lesson Study：A Japanese Approach to Improving Mathematics Teaching and Learning［M］. Mahwah，New Jersey：Lawrence Erlbaum Associates Publishers，2004：16-17.

信正式地、同时也是比较系统地向导师提起了日本中小学广泛开展课例研究活动的情况，这引起了他导师的注意。1991 年，詹姆斯·斯迪格勒和他的研究团队，包括吉田信和克里·费尔南德斯（Clea Fernandez），开始对日本和美国的课堂教学差别进行录像带分析。吉田信又一次提起日本教师的在职专业发展形式即课例研究可能是导致这种差异的重要原因。詹姆斯·斯迪格勒于是建议吉田信把日本的课例研究作为博士学位论文的选题进行深入研究，并建议他的另一位博士生克里·费尔南德斯对日本与美国的课例研究进行比较研究。

1993 年至 2000 年，美国加利福尼亚大学米尔斯学院（Mills College）的凯瑟琳·刘易斯（Catherine Lewis）博士很多的时间都是在日本撰写她的著作《教育心智：对日本学前和小学教育的反思》（*Educating Hearts and Minds：Reflections on Japanese Preschool and Elementary Education*）。特别是在 1996 年至 2000 年，她在日本不同地区的 40 多所学校进行了研究课的观摩，并有针对性地采访了 75 位日本的小学教师和学校管理者。她发现了一个有趣的现象，每当她问起什么对科学教学影响最大的时候，他们的答案几乎如出一辙：研究课（research lesson）。

凯瑟琳·刘易斯与一位日本的同行合作发表了几篇关于日本研究课的文章，但是当时没有引起美国教学界多大的关注。美国教学界还认为在日本学校普遍盛行的研究课在美国很难实行，因为日本和美国不同的是，日本是一个教育集权的国家，全国使用的是统一的课程，而且广大教师还有合作和批判性反思的传统。但紧随其后的情况就不同了。1994 年，克里·费尔南德斯和詹姆斯·斯迪格勒在美国成立了第一个课例研究小组。1999 年，詹姆斯·斯迪格勒和詹姆斯·希巴特（James Hiebart）出版了《教学的差距：来自世界教师为改进课堂教学的精彩观点》（*Teaching Gap：Best Ideas from the World's Teachers for Improving Education in the Classroom*）一书，该书报告了第三次国际数学和科学研究项目（the Third International Mathematics and Science Study，TIMSS）对日本、美国和德国八年级数学的录像研究，并且其中专门的一章就是"课例研究"（lesson study），这一章的内容基本上就是由吉田信发表的论文组成。这本书的出版直接促使了美国人对课例研究兴趣的空前高涨。在 2000 年至 2001 年的两年间，课例研究成为美国几次州级、全美和国际大会的主题。其中，2000 年 5 月，在新泽西州召开了第一次大规模、开放式的课例研究专题会。同年 9 月，第一个全州范围内的课例研究行动计划在特拉华州启动。同时，第一个全学区范围内的课例研究行动计划在华盛顿州的贝勒维（Bellevue）学区启动。同年 11 月，第一次全美的课例研究研讨会举行。截至 2004 年 5 月，全美有 32 个州、125 个学区、335 所学校的 2300 名教师开始进行课例研究工作，成立课例研究小组达 150 个。[①]

2004 年，克里·费尔南德斯和吉田信合著的著作《课例研究：日本改进数学教与学的一种方法》（*Lesson Study：A Japanese Approach to Improving Mathematics Teaching and Learning*）在美国正式出版。课例研究开始引起全球关注。

QUESTION
6　日本和美国的中小学教师怎样看待课例研究对自身专业发展所起的作用

日本和美国的中小学教师在课例研究对自身专业发展所起的作用问题上看法不尽一样，但是有效的课例研究至少给学科教师提供了以下几方面的机会则是两国教师共同的感言。

（1）认真思考一个特定的内容领域、单元或课

日本教师普遍认为研究课非常有用，因为这样的课往往会促使他们对一些关键的问题进行深入的思考。比如，"在这本教材中这一课的基本目标是什么？""这一课与本学年学生的学习和进步有怎样的联系？""这一课与其他的课程领域有怎样的联系？"，等等。同时，他们认为，如果不去思考

---

① 胡庆芳. 日本课例研究在美国的移植、变异与未来 [J]. 外国教育研究，2006（4）：37.

这些问题，他们就不可能做好课例研究。这就是研究课开展的目的和意义之所在。即便是教师没有认真思考他们某一天教的某一节课，但是对于研究课而言，他们却必须认真思考上述基本的问题。

美国教师也注意到了课例研究促使他们去深入思考所教的特定内容的机会。一位美国教师这样评价她自己做课例研究的体验："课例研究教会了我怎样教学。现在我不是去想'这一课涉及什么内容'，而是思考'我想要学生从这一课学到什么'。"①

（2）认真思考面向学生的长远目标

如前所述，日本的课例研究常常是着眼学生发展的宽泛而长远的目标，并且正是这种着眼宽泛而长远的课例研究目标把很多追求这种目标的教育工作者凝聚在一起。每当听说日本某一所学校课例研究的目标是"让学生学会合作、形成独到见解和培养思维方式，以及享受科学学习乐趣"的时候，美国教师就会皱眉头，充满着疑惑："学会合作与学习科学不是一回事"，因为美国教师从来只相信具体的和可测量的目标，否则就认为是不知所云，一头雾水。一位美国教师这样评价道："如果课例研究要关注的是长远目标，那我要告诉你实际的情况通常是，当你教学的时候，你不太会有多少时间去思考你当时想要学生掌握的某种知识和技能之外的东西。"②

对课例研究长远目标的关注可能会有助于教师去发现一些有意义的教学策略，它们既促进学生学业的提高，又促进其社会交往的发展。当教师们从促进交往合作和提高学业学习两个维度同时审视教学的时候，他们就有可能两个方面都关注，而不是顾此失彼。美国教育的历史一直就是被钟摆所困：一边是"个性、人格和创造"，一边是"严格而繁重的学业"。那么，强调学业进步和社会交际能力增强的长远目标就有望制止可能的种种矫枉过正的做法，如以牺牲学生的动机、对学习和社会的责任为代价而追求各级测试成绩的提高。

---

① 胡庆芳. 日本课例研究在美国的移植、变异与未来［J］. 外国教育研究，2006（4）：39.
② 同①。

（3）研究最佳的、现成的课

日本教师普遍反映，研究课为他们提供了难得的机会去学习同行教授同样的课的方法。比如，在观看"你能举起100千克？"的备课录像时，日本教师就比较了几种不同教授杠杆单元的计划。这些预案来自于课本、教师自己先前的经验以及研究课。

而美国教师就不大可能接触到这么多的教学预案、教学录像和研究课的报告。现在，一些研究机构和团体也开始意识到并利用技术和其他一些创新手段来着手开发这样的教师学习资源。

（4）深入细致地研习教材

日本教师还提到，研究课给他们提供了深化教材知识的机会，特别是新增添到课程中的那一部分内容。比如，当10年前"太阳能"的有关内容增加到日本科学课程的时候，许多学校的教师主动把这部分内容做成研究课。研究课后，教师们还一起讨论：培养学生与太阳能相关的什么样的知识和态度比较重要？学校还邀请科学家和科学教育工作者来听课，这样，教师就可以直接请教有关新内容的部分。比如，一位教师就问道："我想知道学生描述的三个条件是否和科学家们的一致？即'把电池靠近光源''使光更强''收集光'。"[①]

换言之，研究课为这些教师提供了建立重要知识、发现个人知识不足以及获取必要知识的机会。学科专业人员，比如，通晓该学科领域的大学教师或学科指导教师就常常会参与到日本的课例研究活动之中。

美国教师也注意到，课例研究"帮助他们发现和弥补个人相关内容知识的不足，给他们提供了一个有意义的情境让他们去寻求更深刻的理解，和与同伴进行更广泛的交流"[②]。美国教师认为，在备课之前就应当学习相关的知识内容，而日本教师认为，可在备课的过程中学习相关的知识内容。

---

① 胡庆芳. 日本课例研究在美国的移植、变异与未来 [J]. 外国教育研究, 2006 (4)：40.
② 胡庆芳. 日本课例研究在美国的移植、变异与未来 [J]. 外国教育研究, 2006 (4).

（5）渐进地培养教学能力

课例研究有助于培养教师对教学的理解，比如，如何设计一节课的内容使之更好地适合学生的接受水平？这种能力似乎在备课过程中和教学完成之后都能够得到培养。在备课过程中，教师可以设想学生的反应以及相应地设计适当的问题；在教学完成之后，教师可以反思预案设计的每一个环节在课堂上的实施情况。比如，日本一所小学的几位教师就曾反复修改过准备在课堂上呈现的画图，以保证醒目的视觉效果，从而使得学生可以通过比较，发现从比较繁杂的加法算法到简单的乘法算法的等同性。

在课例研究中，教师们往往会仔细考虑研究课上的每一个问题、每一个活动和每一种方法。通过观察学生，教师们清楚地发现了一个特定的问题、活动或方法是如何激活或压制学生学习的。

据日本教师反映，他们在课例研究中得到了对自己教学情况的反馈和从观察同行研究课中获得了教学的技巧。比如，在一次研究课之后，一位听课的教师告诉他上研究课的同行：“今天在你的科学课上，只有47%的学生发表了自己的看法。为了增加学生的参与，你当时不妨关注一下没有充分参与的另一半。”①

除了认为研究课是一种获得反馈信息和教学新技巧的资源之外，日本教师们还提及了研究课对他们教学哲学的影响。比如，一位教师就深有体会地说：“过去我一直认为教学就是教师给学生传授知识这样一个自上而下的过程。通过研究课的参与观察和讨论，我渐渐认识到，教学不是直接给学生知识，而是给他们机会让他们自己建构知识。我还发现，如果学生们没有体验到什么，让他们去理解也往往是很困难的，更多的只能是死记硬背。”②

（6）持续地发展合作学习的能力

除了获得教学的技巧和方法之外，日本教师还谈到课例研究在教师中

---

① Lewis C. Does Lesson Study Have a Future in the United States? [J]. The Journal of Nagoya University, 2002 (1)：1-23.

② 胡庆芳. 日本课例研究在美国的移植、变异与未来 [J]. 外国教育研究，2006 (4)：40.

间创造的学习氛围的好处。他们认为不是研究课上发生的情境本身使这种研究课成功还是不成功，而是教师之间一起合作展开的研讨给予了每一位教师难得的学习效果。正如一位日本教师所说："研究课并不是一次完成的一种课，它对每一位参与其中的教师而言都是没有学习和反思时限的。无论是上课者还是听课者，研究课都是一个难得的学习机会，特别是换位的思考和合作交流过程的碰撞与相互启迪。"①

美国教育研究者理查德·埃尔莫尔（Richard Elmore）曾说："闭门造车是进步的绊脚石。"但是对美国教师而言，这样的研究课要真正开展起来非常困难，因为美国教师几乎没有像日本教师那样有常规的机会和自己的同行一起就课堂教学的改进问题而协同努力。比如，在日本，教师一年里可能会参加 10 来次研究课，而在美国只有 5% ~ 13% 的教师报告说他们"经常"甚或"很频繁"地相互之间听课。有的参与过课例研究的教师深有体会地说："过去，如果我在教室里碰到了问题，我会去买一本书来寻找答案。如果这无济于事，我还会再去买本书。现在我意识到了，在学校可以敞开心扉和自己的同事讨论自己遭遇的麻烦和困难。"②

（7）逐步地提高课堂观察的能力

日本教师经常会提到课例研究的好处是"观察学生的眼睛"。在研究课上，教师会在教室里搜寻学生学习、动机和行为的信息，比如，学生在上课前后对当前话题认识的变化、不喜欢回答问题的学生在课堂上的发言情况、学生相互之间启发和探究的程度，等等。当教师在研究课上仔细观察学生的这些信息时，教师就有机会更多地从学生的角度考虑教学的许多问题。当教师同行把观察的信息反馈给上课教师的时候，执教的教师还会意识到他（她）确实一直以来没有充分应对学生非言语方面的信息。

与学生互动交流和进行课堂观察一直是美国教师的传统，他们对"学

---

① 胡庆芳. 日本课例研究在美国的移植、变异与未来［J］. 外国教育研究，2006（4）：41.

② Yoshida M. American Educators' interest and hopes for lesson study in the United States and what it means for teachers in Japan.［J］. Journal of Education，2001，83（4）：24-34.

生是教师反馈教学信息的镜子"的说法深信不疑。①

QUESTION
7 美国中小学的教师做课例研究同他们的日本同行相比有哪些不一样？

从课例研究表现出来的特征看，日本和美国的实践表现出了以下不同的价值取向。

（1）达成目标：宏观、长远与具体、短期

在日本，一般而言，当教师们针对一个有待于改进的目标达成了一致，课例研究也就开始了。这种改进的目标通常称为"研究重点""研究主题"或"重要目标"。比如，日本小学一些课例研究的目标是这样表述的：

确保学生的基础学业能力，培养独特性，满足学生的个别需要，促进体现上述意义的教学；

让学生体验到合作和学习的快乐；

使教学能够吸引学生如饥似渴地学习。

即便是日本教师在考虑一个单科的目标时，比如数学或科学，其表述也常常是宏观和长远的，比如，"学生有学习科学的愿望""热爱大自然""成为问题的解决者"。因为在日本教师看来，长远的目标有助于集中教师团队做持续的、深入的研究。

相比较起来，美国课例研究的目标都是短期的、微观的、具体的、可以测量的，并且主要集中在学术性方面。具体而言，美国开展的课例研究主要倾向以下一些方面：

课例研究的目标只集中在学业结果方面；

课例研究目标的确定者是课例研究的领导者们，而不是课例研究的普

---

① 戴维·霍普金斯. 教师课堂研究指南［M］. 杨晓琼，译. 上海：华东师范大学出版社，2009：135.

通参与教师；

　　课例研究的目标是达到一个具体的考试成绩，比如，提高州级测试中科学写作的得分。

　　（2）课例内容：教学难点与考试重点

　　在选择课例研究的学科时，日本教师通常选择：

　　针对学生学习的薄弱学科；

　　现在学科教师认为难教的部分；

　　现在变化较大的学科，比如新内容、新技术或新教学方法已悄然兴起和渗透的学科；

　　强调日语和数学学科的课例研究，因为这些学科本身需要大量的教学时间，同时对其他学科的影响又具有根本性。

　　在美国，迄今为止，大多数的课例研究集中在数学学科，有一些课例研究也关注科学和语言艺术，而忽视学生人际交往和个性的健康发展。主要的原因就是这些学科常常是被州和学区的种种考试重点测试的学科。

　　（3）课堂观察：研究学生与评价教师

　　日本课例研究的最终目标是促进学生的学习和发展，所以教师在课例研究的过程中会更多地关注学生。日本教师从学生的学习、参与和彼此的对待方面收集证据，比如，学生在小组中的学习方式、通过课程的学习学生关于"电"的概念是否发生了改变、学生是否表现出了兴趣和动机。当然，为了促进学生的学习和发展，日本的教师也从自己的行为方面收集证据，比如，给学生的所有提问、自己的板书、被提问的学生数。因为教师认为这些行为方面的证据与学生的学习和参与紧密相连，很有意义。

　　如果说日本教师更多的是关注学生的学习和发展，那么美国教师则是有着注重教师行为的课堂观察传统。比如，在美国的许多学校，教师行为检查表就是通过检查诸如"教师运用特别的表扬"等表现来评价教师教学的规范性。美国的课堂观察常常与评价教师有关，而较少对学生经验进行广泛的研究。

（4）研究手段：现场观察与技术辅助

现场研究课是课例研究的核心，相对于录像和教案而言具有不可替代的意义，以至于在日本，教师有时跑到几百英里之外的地方去参加研究课。

学生的学习和发展不可能通过浏览一下教案或看一下课的录像就可以评价的。如果这样去作评价，往往会出现"这是一节好课"但学生实际上并没有掌握当堂课要学习的内容，换言之，这样的评价无异于宣布"手术很成功"，但病人最后却是死掉了。

在日本，录像、文本案例、教案、照片和学生作业也常常被广泛用做参考，以了解教师的教学信息。但是，这些材料只是一种补充，而不是一种替代。相比较而言，美国的教师很注重开发电子的和录像形式的课例研究，他们之所以这样推崇，是因为他们认为这样使得课例研究对于分散的教师而言更加方便，在时间安排上也更加灵活。

QUESTION

8 在美国中小学的教师看来，做好课例研究需要哪些条件作为保障？

课例研究在日本的盛行以及在美国移植后产生了变异的事实，让美国学者深入地进行了反思，在进行了反思总结后，他们认为课例研究的顺利开展需要以下几方面的条件作为保障。

（1）统一而精要的课程内容

在日本，教师人手一本内容精要的《学习规程》（*The Course of Study*），摆在面前可供选择的也只有国家认可的几种教材版本。相比较而言，美国的课程标准庞杂，在联邦政府的基准上，各州各学区还有自己的标准，各学校再据此作要求，各教师然后选择和组织合适的教学材料。有关第三次国际数学和科学研究项目的报告就提道："日本8年级的科学课本就只涉及8个主题，而同年级美国的课本平均都超过了65个主题。同样，在介绍杠杆的时候，日本课本平均用了 22 个句子，而美国课本则平均用了 131 个句子。"①在这么庞杂的内容面前，美国教师也因此不得不首先要判断是否教授杠杆的内容，因为在不同的年级都会涉及这种简单机械的话题。即便是确定了要教授杠杆的内容，美国教师也不得不着手处理 6 倍于日本课本内容的详略问题，教师们在总的教学时间并不比日本同行多的情况下，自然就没有多大的空间去充分地合作研讨了。

日本教师一般都有 12~14 个课时来帮助学生掌握与杠杆相关的 3 个话题，因此，他们可以投入足够的时间来研究有关这 3 个话题的最有效的呈现方式，而不至于像美国教师那样只能在厚厚的课本里翻来翻去寻找什么才是要教授的重点。所以，具体落实到杠杆的章节，美国教师一般都只会有 1 个或少数几个课时的使用时间。于是便有了这样的印象：美国的小学科学课本是让小学生读科学，而日本的小学科学课本是让小学生动手做科学。

另外，日本的教师一般都会在同一个班上执教两年，并且每个年级都会循环教到，因此，同一学科的教师对于同一单元的内容都可能会有自己的经验，因为他们曾经或者即将教授这样的内容。相比较而言，许多的美国教师是反复地教同一年级，并且，即便是在同一所学校任教相同学科的教师使用的教材也会不一样，这样，同一学科教师之间教授相同内容的经验就要少之又少。

（2）稳定而成熟的教学内容

尽管一些日本的教育工作者会抱怨日本的教育对变化有些迟钝，但是，日本教育厅的官员这样进行了解释：从理论上讲，学校教学的内容每隔 10 年需要做一次变动，但是事实上，10 年对于改变课堂的教学而言还是很短的时间；特别是如果每隔 10 年对教学的内容改动太大，教师们就会晕头转向，所以，教学内容大的变动在日本基本上是每隔 20 年才轮到一次，其间都只能是一些局部的微调。

相比较而言，在美国的教师压力就比较大，面对变化不居的教学内容，

---

① Stigler J, Hiebart J. The Teaching Gap [M]. New York: Free Press. 1999: 48-49.

教师往往被指望在一两年内就全部执行并且出成绩。

（3）固定而规范的合作制度

在何以能够营造课例研究氛围的问题上，日本学校的管理者给美国教师幽默而又寓意深长的解释是"打沙滩排球"（volleying a beachball）。或许这是答案的一部分，因为教师通过共同的活动确实可以培养起团队合作的精神；而共同的活动和共同经历本身又提供了参与者之间交流的实质内容。在日本的小学，教师之间相互备课和相互听课是司空见惯的事情；并且，教师之间相互代课也比较普遍，因为在日本的学校，短期的代课是不聘请校外代课教师的。

在日本，教师有责任为校内同一学科的教师开研究示范课和参加在校外举行的学科研讨会，并要将会议内容整理汇报给未与会的同行。在日本教师的头脑中，同行的经验和相互之间的交流是每一位教师成长的源泉；并且，专业的成长就是从模仿开始，没有模仿就没有超越。

日本教师和美国教师在学校的时间大致相当，或许长一些，但是日本教师在没有课的时间范围内相互之间的讨论、交流和观摩的时间却比美国教师多得多，并且其中更多的是自愿和自发的。在"教师是天生的，还是后天培养的"的认识上，日本教师一直笃信教师是后天培养的，特别是集体智慧的参与功不可没。

（4）反思且唯美的专业精神

在日本的学校，乃至整个社会，自我批判和自我反省作为一种修养被推崇和强化。教师和学生都是以追求完善品格的热情来规划自我提高的目标的。他们的实践证实，淡化外部的评价可以创造一种敢于解剖自我不足的安全心理环境。

在日本的学校，教师发现自己的缺点和接受同行的指教和批评被视做个人修养和综合能力的体现。常常这样的批评也都是建设性的，不局限于个人；共同设计研究课的做法本身也就是责任的分担。

（5）和谐与发展的教育信念

在日本课例研究盛行的另一个条件还要归结为教师把学生当做完整的

人来对待的观念和做法。日本的小学教师把他们的工作就看做是"教养孩子",有的学校认为自己的使命就是"给学生创造幸福的人生记忆"。

对学生给予"全人"的关照是一种重要的教学支持。比如,日本的科学科教师就把学生科学课的成功建立在一种从小学开始就培养起来的深厚的自信、敢闯、不屈不挠的心理素质之上。日本的科学课也很难移植到异质文化的外国,比如,那些国家的学生可能从小就是置身于崇尚外部奖励的、对学习和班级秩序没有责任感、对同伴或社会很少奉献爱心的成长环境里。

对学生"全人"观念的强调同时为课例研究也提供了重要的支持。课例研究追求的一个典型目标就是在发展学生个人心智的同时追求个人品质的完善。对学生品性和智力发展的同时,强调使得课例研究对每一位教师而言都具有必要性。在日本,研究人员曾试着让教师回答这样两个问题:"我们应当如何教科学?"和"学生现在的发展水平和期望的水平之间最大的差距是什么?"很多的教师都觉得第二个问题最发人深省和影响深远,因为它触及教学的终极目标即人的全面发展。同样,这也是课例研究要面对的核心问题。每一位教师的影响都是有局限的,教师是一个集体,共同的作用才能实现这神圣的目标,同时,课例研究的展开也自然把教师紧紧地团结成一个合作的整体。

QUESTION

9 在美国的中小学, 课例研究的发展前景如何?

在美国展开课例研究遭遇到了许多困难,例如,全国缺乏统一且精要的课程,教师缺乏针对某一个特定话题的典型实例,学校还没有指导如何进行课堂观察、讨论和修改课程计划的有效制度,学校缺乏在常规的工作日里固定进行教学计划和课堂观察的时间安排。

另外,在自上而下进行改革的美国传统里,课例研究也不例外,一般是由学校董事会规定的，而不是教师自发自愿的。在美国，教师在学校因做课例研究而花了课外的时间，所以需要补贴的支持。这也就是说，课例研究在美国的学习还是一种额外的工作，还没有成为教学本身不可或缺的组成部分。

在美国历史上，教育改革的口号是此起彼伏，往往一开始都是人们并不十分清楚口号的确切含义（比如，20 世纪 70 年代的"回归基础运动"），接着就是表面上的敷衍执行，最终都是毫不含糊地宣布无效。世纪之交从日本引进并在美国开展的"照猫画虎式的"① 课例研究是否能够避免重蹈覆辙，关键在于对课例研究的准确理解及其对外在支持条件的适应性建设。

QUESTION 10 在日本和美国的中小学校里开展的课例研究实践对我国由来已久的教研活动有哪些启示？

在日本和美国的中小学开展的课例研究实践和我国由来已久的教研活动有着很多相似的环节，但是仔细比较后会发现，两者有着诸多品质的不同，这种差异对于提升我国传统教研活动的品质具有很强的启示意义，现比较分析如下。

做课例研究需要上课，我国由来已久的教研活动也有上课的环节，但课例研究过程中的上课主要是用于研究问题，或者说上的是研究课，所以尽管是集体设计，但观课者仍可能会发现诸多问题；而我国传统教研活动中的上课主要是用于经验推广，或者说上的更多的是示范课，所以即便有美中不足，但观课者仍可以择其善者而从之。

做课例研究需要深入课堂进行听课，我国中小学广泛开展的教研活动

---

① Takahashi A. Current Trends and Issues in Lesson Study in Japan and the United States ［J］. Journal of Japan Society of Mathematics Education, 2000, 82（12）: 15-21.

也往往安排有听课的环节，但是课例研究过程中的听课本身往往有明确关注的问题，或者说观课者是为了解决既定的问题而深入课堂作观察；在我国传统教研活动过程中，听课者虽然也会有意识地去发现执教教师在课堂上表现得较好的方面和尚存在的不足之处，但是捕捉的信息往往林林总总、包罗万象，观察没有明确的针对性和具体的聚焦点。

课例研究过程中的听课之后往往要进行研讨，我国传统的教研活动同样安排有评课的活动，但是，课例研究过程中的研讨更多的是诊断和研究问题，而传统意义上的评课更多的是在评价教师课程实施水平的高低或当堂课对教学目标达成度的高低。

课例研究过程中的研讨环节之后常常还会有针对同一教学内容进行反复几次的施教，言必信，行必果，而且每一次的施教都绝不是简单的重复，而是对所关注问题的认识深入和针对问题的进一步改进；而我国传统的教研活动往往只要认识到问题出在哪里就算达到了目的，疏于知行合一，其间的"隔离"或"鸿沟"长期存在，换言之，传统的教研活动是"止于评论"[①]。

课例既是研究的内容，也是研究的载体。课例研究既是一个教学研究的过程，又是一个实践改进的过程。课例研究不仅其研究过程很重要，而且其成果价值也很明显，因为它可以成为教师培训最能现身说法的资源。课例研究不仅是专业研究者深入实践的优良"接口"，同时又是教学工作者专业发展的有效途径。

课例研究基于学校课堂教学场景，基于反思性实践，致力于学生的真实发展。在课程改革逐步走向深入的今天，教师特别需要有优秀课例的理念引领和实践改进的行动反思。课例研究所倡导的草根化的课堂教学问题的实践研究模式，将积极推动广大中小学教师有意识地去发现课堂教学中潜在的真实问题，在自己的群体里共同确定研究的专题，一起经历思想的碰撞与交流，集思广益，共享实践经验与理性成果，在这样一种充实的过

---

① 赵才欣. 有效教研：基础教育教研工作导论［M］. 上海：上海教育出版社，2008：6.

程中实现自身专业的可持续发展。

11 课例研究能够在全球迅速地传播和推广，其背后是什么样的理念和思潮在起作用？

　　课例研究之所以能够在全球得到迅速的传播和推广，应该是与 20 世纪 60 年代就兴起的教师专业化运动以及"教师即研究者"的观念等密不可分。20 世纪 80 年代以来，教师的专业发展成为教师教育的方向和主题。人们越来越认识到，提高教师专业地位的有效途径是不断改善教师的专业教育，从而促进教师的专业发展。只有不断提高教师的专业水平，才能使教学工作获得社会尊重，并具有较高的社会地位。正如美国教师教育大学联合会发布的报告指出的那样，教师要将提高教学的专业性融入自我价值实现的过程之中，积极推动教学成为真正的专业，以此提高公共教育的质量。自此，在美国的教师教育实践中形成了推崇反思和倡导研究的教师反思运动以及教师成为研究者运动。改革中的美国教师教育要求教师具有相应的教学实践能力，同时还主张教师积极参与教学目的与教学内容的设计，扩大教师的自主权，促使课堂教学合理化。

　　进入 20 世纪 90 年代，经济合作与发展组织（OECD）相继发表了题为《今日之教师》（*Teachers Today*）和《教师质量》（*The Quality of Teachers*）的研究报告，发展和赋予了教师专业化新的内涵：学校既是学生学习的场所，也是教师专业发展的阵地；教师专业化发展就是要在学校教育过程中使教师和学生都获得成功。

　　21 世纪伊始，经济合作与发展组织启动教师政策的研究，相继发布了题为《教师教育和终身学习时代的教学职业》（*Teacher Education and the Teaching Career in an Era of Lifelong Learning*）和《教师至关重要》（*Teachers Matter*）的报告，进一步提出了"教学因其无可替代的专业性是使所有其他专业成为可能的重要专业"、"研究型教师的培养关乎国家核心竞争力"的重要论断。①

2012 年 3 月 13 日，经济合作与发展组织又发布了一份题为《为 21 世纪培育教师，提升学校领导力：来自世界的经验》（*Preparing Teachers and Developing School Leaders for the 21st Century：Lessons from around the World*）的最新报告。该报告由 PISA（国际学生评估项目）的总设计师安德烈亚斯·施莱克尔（Andreas Schleicher）编著，并在"教师专业国际峰会"（the International Summit on the Teaching Profession）上作为背景报告宣讲。其中，在谈到教师专业素质时，报告强调指出，学生在学业成就上的卓越表现往往与教师过硬的专业素质密不可分；在促进教师专业素质提高的各种策略中，"组织教师在教学的过程中研究教学和改进教学无疑是最为关键的举措"。

风起云涌的教师专业发展运动的浪潮鲜明昭示出教师发展与研究之间的息息相关。研究态度与能力是教师创造力的集中显现，是教学实践主体性的能动体现，是促进专业发展的有力途径。随着社会的进步和教育的发展，以及社会对教育越来越高的质量诉求，没有反思的教学，弱于研究的教师已经不能满足现实及未来的需要。"教师即研究者"是教师专业化发展过程中具有里程碑意义的重要论断，正如布克汉姆所言，"一门职业的专业性往往是与其从业群体的研究能力紧密联系在一起的，特别是研究的习惯和态度是维持其专业性的重要因素"②。为《教育大百科全书》撰写"教师即研究者"词条的霍林思沃斯（S. Hollingsworth）满怀信心地指出，"教师即研究者的论断所引发的教师专业化运动在整个教育领域的国际运动中都一直处于中心的地位"，并认为这是"后工业时代社会大变革的一个部分，因为教师的社会影响力从此不再处于边缘化的地位"。教师的教学工作是否具有研究的性质，关键在于如何正确地去理解教学和理解研究。如果仅仅

---

① OECD. ATTRACTING, DEVELOPING AND RETAINING EFFECTIVE TEACHERS：Design and Implementation Plan for the Activity ［J/OL］. ［2013-10-25］. www. oecd. org/els/education/teacher-policy.

② 周坤亮. 论有效的教师专业发展 ［J］. 教师教育研究，2014（1）：39.

从知识传授的角度去理解教学，那么，教师充其量只能算是一个技艺娴熟的教书匠。如果从促进每一位学生健康快乐的成长和有个性的发展角度来理解教学，那么，教师就需要时时处处研究自己面对的学生，从学生的需求出发设计有意义的教学旅程，教师的教学实践也就总会绽放出研究和创造的理性光辉。

QUESTION

12 世界课例研究协会作为课例研究的一个国际专业组织，在促进课例研究向全球传播和发展过程中起到的作用是怎样的？

据世界课例研究协会（The World Association of Lesson Study，简称WALS）对 2007 年至 2011 年的回顾总结，课例研究通过该协会的努力已经在全球 25 个国家和地区得到积极的推广与卓越实践，包括日本、美国、新加坡、韩国、中国、中国香港、中国台湾、中国澳门、澳大利亚、加拿大、英国、法国、西班牙、瑞典、斯洛伐克、匈牙利、瑞士、土耳其、以色列、菲律宾、越南、文莱、泰国、马来西亚、印度尼西亚。这些国家基本上都非常清醒地认识到，教师的质量是提高整个教育质量的诸多关键因素之一，它们都积极引进在日本旨在改进课堂质量并广泛实践着的、作为教师群体的一种合作行动，即课例研究。

2011 年，世界课例研究协会第七次国际研讨年会于 11 月 25 日至 29 日在日本东京大学召开，有来自 16 个国家的 400 多位代表参加。该次年会的主题是"促进学习的专业共同体"（Professional Communities for Enhancing Learning）。正如日本东京大学教育学院教授佐藤学（Manabu Sato）在欢迎词中所言，尽管课例研究大约在一个世纪之前起源于日本，但是今天它已传播到世界许多国家，并且在很多国家已经成为促进教师专业发展的一种有力工具，比它在它的宗主国更加富有活力和能量。面对不同的生活、文化和政治背景，课例研究的实践在方法和途径上也越来越表现出多样性，并且适用于不同的学科。东京在本年度搭建的这个平台将提供充分的机会帮助世界所有关心课例研究的同仁更好地认识到课例研究越来越复杂的方法和更多付诸行动的可能性。例如，英国课例研究的经验是，针对每一次教学的内容，教师在教学设计时都区分出高、中、低三种不同层次的要求水平，即要求不同层次的学生各应该达成什么样的水平，然后不同的教师重点关注某一次层次要求的学生在课堂学习过程中的表现并基于学习效果的评价，在教学过程之后，集体反思设计与达成之间的相似程度及其原因，然后提出改进实践的新设想。香港课例研究的经验是，变异理论支撑针对学生学习的研究过程，一种变异是学生理解所教内容的方式，第二种是教师在处理学生学习内容过程中表现出的理解和方式的变异，第三种是把变异作为一种教学设计的原则，另外，特别强调对学生进行课前和课后的访谈和检测。越南课例研究的经验是，依托已有的专业教师会议（Professional Teacher Meetings）进行改造，即聚焦研究课的观察以及课后的研讨而不是仅仅停留于运用课例研究的方法进行设计；聚焦学生的学习过程，而不是教师教学的方法；把录像作为教师反思自己实践的有效工具；学校领导融入组织教师进行观察和反思的课例研究活动之中。马来西亚学者利姆（Lim Chap Sam）在比较国内一些专业团体开展的课例研究后总结了高质量的课例研究的实践经验，即课例研究程序由有经验的教师来监督和管理，并得到学校管理者的支持；教师一般分成 3~4 人规模的小组，以增加小组在时间上的灵活性；同时根据年级进行分组，减少教师的专门化程度和时间限制；建立起一个学区范围的教师网络，在课例研究中进行分享、学习和合作。美国加利福尼亚大学米尔斯学院（Mills College）的凯瑟琳·刘易斯（Catherine Lewis）认为，起源于日本的课例研究之所以能够迅速在许多国家得到实践，主要是因为运用这种方法可以解决有关教学改进的三个难题：一是促进了教师知识的迁移，即把从各种渠道学习到的知识运用到课堂教学的实践之中；二是形成了教师学习型组织，即本来是教师个人化的课堂教学经由课例研究变成了大家共同关注和协同改进的专业实践，学生也不再被分成是"你的学生"或"我的学生"，而是"我们的学生"；三是擦亮了教师观察学生的眼睛并由此培养了教师基于学生反馈而改进课堂教学的习惯。另外，凯瑟琳还提到日本的课例研究有两个特点往往被外界疏忽了，即通过课例研究改进了教材的编写，以及课例研究的实践成为检验教育政策的有效方法。

2012 年，世界课例研究协会第八次国际研讨年会于 11 月 28 至 30 日在新加坡召开，由新加坡国立教育研究所主办，25 个国家的 1200 多名代表参会。会议的主题是"挑战实践，促进合作，培育孩子"（Challenging Practice, Enhancing Partnership, Nurturing the Child）。在本次年会上，日本东京大学的秋田喜代美（Kiyomi AKITA）教授提出，课例研究的目标取决于教师在学校中的需要，它们是植根于独特的社会文化情境中的。重要的是教师如何持续地、系统地将"儿童的学习和发展"与"课堂教学及学校改革中的创造"结合起来。秋田喜代美教授将 2005 年以来全球围绕课例研究的研究分类和概括为以下九个方面，即课例研究与教师学习及专业发展；在某些学科上的新实践；学校课例研究的创新，课例研究过程的分析；学校的课例研究管理体系（组织系统、学校领导力）；来自外部的支持系统和合作；课例研究对学生学业表现的影响；课例研究的调查（如调查教师对课例研究的信念等）；课例研究的比较（学校层面、国家层面、课例研究的历史），以及课例研究的理论创新。中国香港特别行政区香港教育学院的高宝玉教授将课例研究分成为四个类别，即过程性的观察及描述研究；寻找理论支撑的实践研究；实践模式的建构，以及经典理论推动下的实践创新研究。此外，本次研讨会还就如下核心问题进行了广泛的研讨，如适用于本土的课例研究的原则是什么？教师的知识、信念以及态度如何发生改变？影响教师学习的因素是什么？如何构建知识？课例研究如何促进学习共同体发展？课例研究改变了教师的教学实践吗？怎样改变的？课例研究提升了学生的学业表现吗？课例研究如何为教育改革的相关问题构建起专业知识与技能？持续的课例研究如何促进教与学的改善？

2013 年 9 月 6 日至 10 日，世界课例研究协会第九次国际研讨会在瑞典哥德堡大学召开，28 个国家 600 多位代表与会交流。世界课例研究协会前任主席约翰·艾利奥特（John Elliote）指出，对课以及学生学习的研究是对劳伦斯·斯腾豪斯（Lawrence Stenhouse）"教师即研究者"这一论断的丰富和发展，并且在身处与斯腾豪斯所处时代有很大变化的今天，我们应当进一步思考教师所做的这些研究在多大程度上体现了"教师即研究者"的真正内涵，以及实现的程度又如何。环顾全球，课例研究成员国家和地区的同仁们都在用自己的实际行动注解"教师即研究者"的新内涵。如，中国香港2000年的基础教育课程改革给教师即研究者的口号注入了丰富的内涵，在这里，教师不单单是新课程的实践者，同时也是基于新课程教学的研究者，他们不仅研究课程内容，更研究学生的学习，并通过这些草根的研究来改进自己课程教学的实践，教师即研究者的论断在他们身上得到了很好的诠释。美国课例研究首席专家、美国全球教育资源组织主席吉田信（Makoto Yoshida）在会议上提出，从课程改革到教学实践，课例研究的中介作用和促进功能不可或缺。日本在2008年开始了新的数学学习课程，历时四年，截至2011年，教师基本完成了过渡期，而期间教师们经常以课例研究的形式解决碰到的各种问题，并在此过程中互通有无，资源共享。课例研究为日本教师创造了一种系统解决课程改革各种问题的有效方法。日本课例研究的先行实践积累了很多行之有效的方法和策略，值得美国同行借鉴和本土化改造研究。区域经验、世界共享，产生的教育生产力将无法估量！

　　每一届课例研究的年会都是与会各国在推进课例研究过程中形成的新认识、新见解的碰撞，以及在推进过程中形成的行之有效的诸多经验与反思的交流与分享，近几年的与会规模屡创新高的态势反映出课例研究实践在全球推广的逐步扩大，以及对参与国的教育教学的影响日益全面和深入。

中篇

课例研究的本土实践

　　以教研组为单位的学科教研活动，其历程与新中国的历史一样久长，在新中国教师队伍的锻炼与在职培养过程中贡献巨大。但是，站在 21 世纪的门槛，面对空前深远的基础教育课程改革的需求与呼唤，传统的学校教研也正面临着提升品质、助推改革的重大考验，无疑，对于日美课例研究的本土移植与实践创新让我们亲眼见证到了变革的力量和发展的潮流：广大中小学教师在教学的过程中研究，在研究的状态下教学，"以课例研究的方式提升教研品质和改进课堂教学"已成为这个时代教育的最强音！翻阅历经艰辛的行动探索而形成的、颇具实践智慧的文字，细细感受课例研究的丰富内涵吧！

QUESTION

1 和传统的教研活动相比， 课例研究具有哪些不同的特点 ❓

课例研究是基于日常教育教学中需要解决的问题，在教育教学的过程之中持续地进行实践改进，直至问题解决的一种研究活动。它具有以下四个方面的突出特点：第一，基于专题，课例研究要立足确定的专题统领研究的活动，专题性十分突出；第二，持续研究，课例研究要紧扣出现的问题进行跟踪的研究，持续性明显，并且始终处于未完成状态，后续的研究还可以不断丰富和发展已有的结论与观点；第三，见证效果，课例研究要围绕问题的解决达到改进的效果，实效性是实践研究本身的要求；第四，形成成果，课例研究要梳理研究的过程，提炼结论与观点，最后形成研究的报告，推广性是其实效性前提下扩大成果影响和应用价值的后续要求。

QUESTION

2 传统的评课活动为什么不能像课例研究过程中对课的研讨那样， 可以比较彻底地解决课堂教学的问题 ❓

课堂诊断是一种重要的、常规的"专业性的教研活动"[1]。传统常规的教研活动中的评课环节还没有充分体现课堂诊断的专业性含量，特别是在有些地区的部分学校，存在的问题还比较突出。

（1）评课无关痛痒，不解决实际问题

在传统的评课中，如果遭遇教研员批判和挑刺太多，执教者大多是敬而远之，徒生隔膜；如果遭遇同行直言不讳，执教者十有八九会反唇相讥，只增嫌怨。长此以往，评课者往往有碍情面，说些无关痛痒的话。"不说不足，不说失败，免得背后招人气怪。"评课变成走过场，甚至异化成虚假的恭维，只唱赞歌，不讲缺点，不解决任何实际的问题。

---

[1] 胡庆芳，等. 校本教研实践创新［M］. 北京：教育科学出版社，2007：9.

（2）评课直觉道来，不突出要害中心

评课需要有准备的头脑，需要评课教师在听课之前对当次课的教学目标和教学内容有一个基本的了解，以便在听课过程中有意识地关注自己认为重要或关键的环节或问题。但是，在听课实践中，评课教师毫无准备地进入课堂开始听课的现象很普遍。没目的地听课，进而在评课环节凭直觉感受，想到哪里说到哪里，并美其名曰"抛砖引玉"，其实往往是眉毛胡子一把抓，抓不住要害，没有中心观点或主题。

（3）评课以经验为主，缺乏理性高度的专业论断

评课是一种基于专业的判断，需要评课者以专业的眼光来审视课堂上发生的师生之间的交互行为的有效性。但是在评课实践过程中，评课教师往往是个人经验主义至上，自己经历过和认识到的做法和模式成为检验往后一切课堂实践正确或可行与否的标准，缺乏理性的专业论断，评课失去理论依据或支撑。

（4）评课以评价为主，缺乏具体可行的改进建议

在新课程的推进过程中，促进教师专业发展的现实任务要求评课不能停留于当次课是好还是差的简单判断或结论上，而需要评课教师针对当次的实施情况提出进一步完善的建议或扭转"败局"的出路，使评课真正起到具有促进和发展的功能。这样评课的意义就可以得到很好的升华和扩大。

（5）评课以片面居多，缺乏把握全局的系统眼光

课堂教学是一个系统，它是体现教学目标、关注学生起点和最近发展区、受制于可利用的课程资源以及教学时间等多种因素综合的产物或结果。因此，这就客观上要求评课也是一个系统的工作，不可能只顾一点不及其余，需要评课者有全局的眼光和系统的思维。任何孤立强调一个环节或独自深究一个问题的做法都是片面的。

（6）评课以发言为主，缺乏观点主张的交流互动

评课是一个多方智慧共享的过程，这就要求评课者与执教者之间、评课者之间都有充分的对话和商讨，让思想碰撞、观点交锋，从而使各方对一节课的认识都走向全面和深入，各位参与者都能从这一过程中获得收获

和进步。但是，在现行的评课过程中，评课者往往是各说各的，众说纷纭，使得执教者往往也是莫衷一是。

QUESTION

3 课例研究过程中的研讨特点给我国中小学现行的评课活动提供了哪些变革的要求①

（1）评课要从孰优孰劣的评价区分转向教学问题的诊断与研究

新课程的顺利实施，客观上要求作为教研活动重要形式的评课活动加大研究的含量和专业判断的力度，使评课为更有效的教学活动指明方向。

例如，在一次初中英语想象作文的教学活动中，执教者在语言热身环节设计了通过演示自己假期武夷山之行的照片以及师生的语言互动来导入假期旅游的话题，并通过学生现实生活里的一次旅行经历的讲述进行英语语言的运用与实践。但是评课者观察发现：从师生互动的效果来看，学生回答的信息量很有限，"热身"环节并没有"热"起来；从学生现实生活里一次旅行经历的讲述质量来看，英语语言运用和实践的水平整体还略显不够，并对此进行了专业的判断和充分的归因分析，看似如行云流水的教学环节其实存在着严重的问题。

（2）评课要从习以为常的坐而论道转向教学行为的改进与优化

评课不仅是一个研究过程，并且还是一个以改进实践为目的的行动研究过程，于是每一次的评课总是对于如何作进一步的改进这样的问题会给予中肯而明确的答案，不仅如此，意见与建议不能只停留于口头或书面的记录，更为重要和关键的是落实在随后课堂教学行为的改进与优化。

（3）评课要从见仁见智的各执一词转向主体之间的倾听与回应

评课是一个智慧分享的过程，围绕一个话题的讨论不仅是仁者见仁、

---

① 胡庆芳. 中小学现行评课尚存在的问题及凸显的亮点取向［J］. 福建教育，2007（7）：36-
39.

智者见智，而且更是仁者、智者相互沟通与交流，共同把一个问题的研讨引向深入。

（4）评课要从教师群体的活动专场转向师生同台的把脉与协商

以往的评课活动都是教师、教研员或教育专家等成人的专场，全都以成人的眼光看待发生在未成年人组成的课堂上的一切信息反馈与情景表象，但是，教学是一段师生双向交流互动、共同演绎的旅程，因此，任何形式的评课如果只是以教师的说课来诠释课堂教学行为背后的意图显然是不够的，还应当倾听来自于学生的声音，因为这是他们自己对课堂上表现出来的行为与反应的真实诠释与解读。现在不少学校在开展教研活动时，常选择一些学生代表参与教学研讨，从未成年人的世界与眼光来评价教师的教学设计与课堂实施的适切程度成了不可或缺的一个研讨视角，构成了当今校本教研一道亮丽的风景线。

QUESTION 4　以往教研活动中进行的课堂观察与课例研究过程中的课堂观察有什么不一样①？

传统教研实践活动中重要的观课环节还没有真正充分体现课堂观察与问题诊断的专业性，凭经验判断的现象还比较突出，制约了课堂教学问题从根本上得以解决。在国内当前的课堂观察实践中，主要存在以下方面的问题和不足。

（1）直接进入教学情境进行观察，淡化观察前对教学内容及教学目标的了解

课堂观察作为一种实践研究和问题诊断的专业活动，其起点应当是始于进入课堂前对要观察的教学内容以及当堂课教学所要达成目标的充分了

---

① 本篇节选自胡庆芳所做的教育部 2008 年青年专项课题"课堂教学研究的国际比较与诊断改进系统的重建"结题报告。

解。这种充分的了解是观察的准备和前提，从而使观察有针对性，同时，也使得课前计划和课堂实施有了比较的依据。观察者在进入课堂进行观察之前就必须对即将开展的教学活动有自己的理解和设想；严格意义上的观察不是一种随意进入教学情境就可以实践的活动，观察前的准备不可或缺。

当前，在新课程推进过程中，大学以及研究机构的研究人员也越来越多地深入到中小学，进入课堂进行"草根"研究（grass-root research），特别是广大教研员、学科带头人等指导群体不仅亲身进行课堂的观察，还恰到好处地亲身演绎自己对新课程教学的理解。他们的经验表明，有了课堂观察前对教学内容及目标的通透理解，以及自己亲身的教学预设计，课堂观察的针对性和目的性就会大大提高，从而使得基于课堂观察所发现的问题以及由此提出的解决策略会具有更强的指导意义。

（2）紧扣教学目标的达成进行观察，对教学过程中非预设性的生成关注不够

传统的课堂观察是教学预设导向的，紧扣教学内容的覆盖和教学目标的达成，注重结果，而忽略鲜活课堂上生动情境中动态生成的新知识。这种导向的课堂观察容易致使教师无意识地限制学生的个性思维方式，时时主动地阻止偏离预设答案的思想火花的形成。

教师在课堂教学中比较关注课前的预设，注意力集中在如何完成预设的教学任务。课堂中当学生的回答不是预设的答案时，教师有时要么置之不理，要么直接往预设的答案上引导，不会创造机会让学生自由表达真实的想法。当学生回答有困难或词不达意时，教师往往急于用填空式的问题去帮助其回答或换其他学生代言。多少年来，知识都是在以结论的形式呈现出来，相关的各种评价也都是在考查学生对结论的掌握程度，致使课堂观察也陷入实践的狭隘误区而不能充分发挥其预警、诊断和到位指导的应有功能。

（3）注重教学环节或活动形式的本身多于对其质量和效率的深度审视

传统的课堂观察注重教学环节的完备和教学活动形式的多样。如果执教教师体现了这些形式，往往评课中就会得到很多的加分，但是这些环节

和活动本身的质量问题却没有得到专业的审视与分析。

例如，在课堂教学的"互动"上，新课程强调教师与学生之间、学生与学生之间的互动，于是许多的教师在互动环节里连串地问，有的甚至满堂地问，学生齐声地答。这样的问题往往并不利于学生思维的发展，可能还会限制学生的思维，久而久之还可能导致学生思维僵化、丧失了创造性。但在注重教学环节是否完备的传统的课堂观察活动中，这样形式化的教学问题往往因为课堂气氛活跃而隐藏了现象背后的问题。

(4) 注重教师教的过程，淡化对学生学习的情感体验和个性差异的关注

传统的课堂观察注重教师教的过程以及学生与之的配合程度，所以，可以说，这种课堂观察是教师中心的，忽视了教与学是一个过程的两个方面。新课程积极关注学生学习过程中的情感体验和学习风格的差异；弘扬人文精神，力主对学生人格的尊重和生命质量的人文关怀。

新的课堂观察要体现新课程的理念，设置对学生学习差异性和内心情感体验关注的维度，力求全面观察到教学经历的全部事件，真实地、深层次地反映教学过程中重要的反馈信息。教师对学生学习过程中情感体验和学习风格差异的尊重可以从许多的教学细节反映出来，包括尊重学生的隐私和人格、思维和表达的方式，以及创造性地设计适合不同学生认知方式的真实性任务，从而达到殊途同归的教学效果。新课程的教学不仅关注知识与技能目标的达成，同时还强调过程与方法，情感、态度和价值观。在新课程实践过程中，围绕知识与技能目标的教学设计成为主流，其他的两维目标形同虚设而被边缘化。

(5) 注重对教材规定内容的审视，忽视教师对课程二次开发的智慧与创造

传统的课堂观察注重对规定教材范围内的内容的审视，以教材为本、以教材为纲的思想过于突出，限制了教师课程实施的创造性。适应了传统课程教学的教师最不适应的就是没有教学参考书的失落感。"用教材而不是教教材"的观念转型要求教师不能停留在教材本身所呈现的知识框架上面，

而要根据学生的具体情况作灵活的调整，或整合，或拓展，真正实现"用教材来教"。

新课程表达了"教师即课程"的先进理念，手头的教材是一种参考的文本，尚需教师个人基于自身的经验和理解对教材进行二次开发和加工，最终实现把专家编制的课程变成教师自己理解的课程，并在鲜活的课堂上一起和学生合作建构起教师与学生共享的课程。新课程的理念自然要反映到新的课堂观察中来，要求课堂观察充分关注教师对课程进行二次开发的程度。

QUESTION
5 课例研究活动开展的基本步骤是什么？

在实践的过程中，针对教学中出现的问题进行持续的研究并改进，"六步操作法"的模式逐步被普遍接受和采用。[1]

（1）确定研究专题

教学的重点：本学科知识体系中最重要的概念、定理、技能等；教学的难点：本学科教学中最难教、最易出现教学问题的内容单元等教学的难点；教学的兴奋点：本学科教学中自己最饶有兴趣探究的问题等。

（2）选择执教内容

选择最能体现教学的重点、难点或兴奋点的内容单元进行探究型的试教内容，并进行基于原型经验的教学设计。执教教师完全可以按照自己的教学设计进行教学，毫不掩饰地沿用惯常的教法，让问题充分而自然地表现出来。

（3）带着目的观察

参与专题研究的所有成员一起进入到执教教师的课堂，基于研究的专

---

① 胡庆芳，等. 听诊英语课堂：教学改进的范例 [M]. 北京：教育科学出版社，2009：9.

题开展课堂的观察，获得真实而丰富的课堂教学信息。

（4）畅所欲言发现

参与专题研究的所有成员在经历课堂观察活动之后进行集中的基于研究专题的课堂教学研讨，在研讨会上，所有研究成员针对课堂观察过程中的发现知无不言、言无不尽，一起围绕专题把课堂教学中的问题研讨彻底。

（5）着眼达成改进

执教教师综合研讨会上的各种意见与建议，进行反复的教学设计和课堂实践，直至基于专题研究的课堂教学取得比较满意的教学效果。

（6）理清主线观点

基于反复几次的教学设计和课堂实践，清晰地梳理研究演进的主线或脉络，全面地总结提炼研讨过程中林林总总的结论与观点，最后形成思路清晰和观点鲜明的研究报告。

通过上述课例研究的"六步操作法"可以看出，集体的研讨与总结非常重要，因为它直接关系到问题诊断的准确性，直接影响到研究结论的可推广性。因此，不仅需要每一次观课之后头脑风暴式的研讨，同时还需要课堂教学改进的目标阶段达成之后的系统梳理与结论提炼。

QUESTION
6 课例研究过程中的课堂观察可以尝试怎样的视角与流程？

进入到课堂场景进行观察和针对问题进行归因诊断的过程中必然需要有专业的视角，才能保证课堂观察的有效性和问题诊断的准确性，从而也才能确保指向实践改进"处方"的针对性。根据新课程标准的要求和基于实践教学过程中频频出现的各种问题的分析，课堂观察和问题诊断可以尝试以下五大核心的视角进行深入细致的分析。

（1）主体互动：质量与机会

主体互动是指"教学活动的主体通过语言或行为的方式进行的信息交流"①。这里的主体就是教师和学生，互动方式之一的语言也包括肢体语言在内。课堂就是教师和学生之间通过不同方式的互动而演绎的一段通向预期目的地的旅程。

没有主体互动的课堂是难以想象的；但是，表现出主体互动的课堂也未必是教学有效的课堂。对主体互动的审视还需要进一步地考察其"质量"与"机会"。所谓质量，是指在主体互动的过程中，有新的、有意义的内容生成，同时师生之间的问与答都融入了思维的积极活动。否则，只是教师连珠炮似的提问和学生不假思索的回答，虽互动频繁且不乏热烈，但仍不能视为有效的主体互动。所谓机会，是指主体之间的互动机会对于每一位学习共同体的成员都得到了实现。参与互动是每一位学习共同体的成员应有的权利。真正民主的课堂就是要保证主体间平等的互动机会，课堂上每一个互动的环节都要尽可能地涉及更多的成员，并且通过整堂课各种互动的环节，基本上每一位成员都获得了主体间互动的机会。因此，如果课堂上教师只是与少数几位绩优学生的互动，或只是学生中一部分活跃分子在互动，都不能够视为有效的课堂。经过"质量"与"机会"这样两个标准的深入考察，我们会发现以往许多因课堂表演效果非常好的公开课尚有很大的改进空间。

说明："主体互动"关注的是课堂上"人"的因素，既包括师生之间的互动，也包括学生之间的互动。

指引：

在主体互动的"质量"维度上着重观察诊断：①学生有没有投入学习的状态？②学生有没有经历思维的过程？③经历互动之后有没有产生新的认识与见解？

在主体互动的"机会"维度上着重观察诊断：①教师有没有创造"民主

---

① 胡庆芳，等. 精彩课堂的预设与生成 [M]. 北京：教育科学出版社，2007：21.

参与"的课堂氛围？②教师与学生的互动是否具有开放性？③学生参与互动过程是否表现出积极性？④整堂课每一个学生是否都享受到了学习的机会？

（2）知识呈现：时机与形式

教学是教师在课前准备的教案基础上，通过课堂主体间的互动，从而实现知识、技能以及情感等多方面进行体验、建构和共享的过程。

没有知识呈现的课堂跟没有主体互动的课堂一样难以想象。但是，有知识呈现的课堂比比皆是，而呈现的效果却又是千差万别，其中的主要原因往往都在于呈现的时机与形式是否恰到好处。"时机"，简言之，就是指在恰当的时间呈现了适当的知识，不早不晚，不紧不慢。"形式"，简言之，就是指适当的知识以最具表达力的方式呈现出来，信息损失最小，主体间的沟通与理解变得最快捷。否则，知识的呈现即使再全面，但如果时机不对，就会造成主体认知的混乱，教学的效果自然就会打折扣；同样，知识的呈现尽管是如期而至，但是其形式不能最佳地传递其承载的内容，也会造成主体认知的困难，教学的效果也一样是有减无增。对知识呈现的"时机"与"形式"的把握是区别新手教师和有经验的教师的"分水岭"，因为实践智慧蕴藏其中。

对于知识呈现过程中"时机"与"形式"维度的审视，需要有对当堂教学内容的通透理解以及对学生情景认知的深刻洞察。一节同样内容的课，不同的呈现形式，不同的呈现程序，课堂教学的效果往往会大相径庭。换言之，"好课"与"差课"的距离有时候只有一步之遥，关键在于是否在恰当的时间以恰当的形式呈现了恰当的内容。

说明："知识呈现"关注的是课堂上"方法"的因素，教学是一种艺术，教师在课堂上"艺术"表现的好与坏直接与课堂教学质量相关。

指引：

在知识呈现的"时机"维度着重观察诊断：①教师在引入新知之前有没有做好充分的铺垫，包括以往知识的回顾、情境的创设、问题的激发？②学生接触新知有没有表现出兴趣和关注？③学生面对新知有没有顺利地接受和理解？

（3）教学环节：流畅与合理

"课堂是教师对教学一种结构化的设计和演绎。"① 一堂课的起承转合就是通过教学环节来实现的。每一节课都有其教学环节，但是并不是各教学环节的按部就班就都能有效地体现教学的内容和目标，关键在于其间交替演进的流畅感与合理性。

一节课各教学环节的完成需要流畅，但不是每一节娴熟流畅的课都是有效的。有些公开课可以把每一个教学环节用时的掌控精确到秒，一切尽在预期中，但教学效果却流畅有余而学生认知不足。另外，一节课的上下环节之间需要有逻辑性，但是只是各教学环节有逻辑性的机械组合却同样不能演绎课堂的精彩。正如很多失败的公开课一样，各教学环节经过了各专家的设计论证，不可谓逻辑性不强，但教师的演绎却生搬硬套般索然寡味。所以有效的课堂一定是既有如行云流水的流畅感，又有环环相扣的逻辑性。

说明："教学环节"关注的是课堂"结构"的因素，一堂课本身应当是一个结构井然、环环相扣的整体。

指引：

在教学环节的"流畅"维度着重观察诊断：①整个一堂课的教学环节是否清晰？②教学环节之间的过渡是否自然？③环节之间过渡采用的方法是否灵活？

在教学环节的"合理"维度着重观察诊断：①整个教学环节的设计是否合理？②教学环节之间时间的分配是否合理？③环节之间的过渡是否存在顺承、拓展、升华等并列或递进关系？

（4）课堂知识：预设与生成

传统的课堂特别强调课前对知识的预设，诸如充分利用本学科的教科书和教学参考书提供的信息资源，除此之外，经验丰富的教师可能还会涉及本学科领域内知识之间的前后联系、其他学科领域的相关内容，以及学

---

① 胡庆芳，等.精彩课堂的预设与生成［M］.北京：教育科学出版社，2007：18.

习者的生活经验、社会知识。但是，在新课程理念指导下，课堂教学过程中的知识除了上述静态的信息资源之外，还应包括课程实施过程中动态生成的信息资源。换言之，学生也是课堂知识的建设者和生成者。他们往往会在教师预先准备的信息含量之外，经过主体间的情景互动，交流碰撞生成新的课堂知识，从而大大丰富了预期的课程内容。

因此，"从课程资源的开发与利用方面而言，不仅要看教师对静态课堂知识的利用与开发，同时还要看教师对动态课堂知识的利用和开发。对静态和动态的课堂知识进行全面的开发和利用往往会使一节课的教学信息倍增，精彩生成无数"①。在教学实践活动过程中，真正自然而真实的好课往往都是执教教师充分利用课堂情境、创造设计恰当问题、积极挑战学生的思维、因势利导而水到渠成的结果。

说明："课堂知识"关注的是教师课前的预设与课堂的生成之间的关系，一堂课的教与学就是一个预设与生成相互作用的矛盾运动。

指引：

在课堂知识的"预设"维度着重观察诊断：①教师备课涉及的内容有没有很好地体现当堂课的内容要求？②教师课前预设的内容与观点有没有知识性错误？③教师课前的预设有没有很好地联系以往的知识包括其他学科的知识？④教师课前预设的知识量是否与学生的接受能力相匹配？

在课堂知识的"生成"维度着重观察诊断：①学生在课堂学习中有没有针对先前学过的知识或课本提到的现有知识进行氛围的拓展？②学生在课堂学习中有没有针对先前学过的知识或课堂提到的现有知识进行深入的理解或认识上的突破？③学生在课堂上有没有生成新的有待于解决的问题或值得思考的有价值的话题？④相比较教师课前预设的知识，学生在课堂上生成新知识的总量有多大？

（5）目标达成：计划与现实

教师对每一节课都有自身的目标预期。教师课前基于对课程标准、课

---

① 胡庆芳，等. 捕捉教师智慧：教师成长档案袋［M］. 北京：教育科学出版社，2006：13.

程文本以及学生起点的分析，都会设计出计划要达成的目标。教学目标的设计自然会对教学产生直接的指向作用，不恰当的教学计划必然导致低效或无效的教学结果。但是，有时经过对照比较发现，教学目标确实达成的课，其实际效果却并不理想。很多教学效果平平的课往往都是执教教师止于自我预先设计的教学目标而忽视学生最近发展区内发展现状的结果。所以，在教学活动结束之后，学生在最近发展区内发展的现实自然成为反观教学目标本身达成度的另一个重要指标。

说明："教学目标"关注的是课堂教学的"目标"，任何课堂都是为了实现一个预定的目标而演绎的一段旅程。

指引：

在教学目标的"计划"维度着重观察诊断：①教学相比较课前计划的目标有没有达成？②教学相比较课前计划的目标差距在哪里？③教学相比较课前计划的目标超越在哪里？

在教学目标的"现实"维度着重观察诊断：①在课前计划的教学目标下学生的课堂学习状态有没有达到理想的效果？②学生学习的真实起点在哪里？③学生有可能达到的认识高度与氛围在哪里？

上述五个视角是一个有机的系统与整体。主体互动关注的是教学过程中主体的活动，知识呈现关注的是关于教学活动的载体即知识运用的艺术，教学环节关注的是全过程教学活动展开的结构，课堂知识关注的是教学活动的载体即知识本身的形态，目标达成则关注的是教学活动的结果状态。

在针对某一次课堂教学诊断的实践过程中，这五个视角不一定要面面俱到，视角的采用取决于已经明确的问题性质或研究者的专题侧重。如果问题不明确，则可以从五个视角一一去分析和发现出问题。

课堂诊断与行动改进的实践表明，核心的诊断视角确立之后，从问题的定性到科学的归因，再到解决的策略，形成了一套环环相扣而又行之有效的操作流程。

（1）发现问题

以教学诊断和研究的目的进入课堂场景，必须要有明确的问题意识。

针对课堂教学的诊断必然要抓住课堂教学中的问题，并且要在可能会有很多问题出现的情形面前，能够抓住主要的问题和问题的主要方面进行定性的分析。明确问题是追因诊断的前提。

（2）诊断原因

一节课主要的问题确定之后，接下来是尽可能全面而客观地追究之所以出现这种问题的原因。专业的敏感和由此而进行的精准的判断不可或缺。没有判明导致问题产生的原因，就不可能提出标本兼治的有效策略。追因诊断是提出实践改进"处方"的必由之路。

（3）实践改进

传统以评课代替课堂诊断的活动往往是评论有余而行动改进不足，结果这样的专业活动被越来越不专业的内容充斥，使得课堂的改进收效甚微。以专业研究为支持的课堂诊断，直接指向教学问题的最终解决和教学水平的稳步提高。由此可见，问题的发现和原因的诊断，都离不开最终解决问题的处方和依据处方进行的再次实践改进。这是行动研究的真谛。课堂诊断连同针对教学的相关评论都是途径和过程，课堂教学的实践改进才是最终的目标和目的。

需要说明的是，在实际的课堂教学诊断和实践改进过程中，从发现问题到诊断原因，再到实践改进，可能不是一条简单的流水线，有可能是一个循环往复、螺旋式演进的过程，因为在解决业已出现的问题的过程中往往又会出现了新的问题，从而使问题变得复杂化。

QUESTION

7 课例研究和日常教学是什么样的关系 ？

课例研究和日常教学是一种相辅相成的关系。具体而言，课例研究扎根课堂并服务课堂，日常教学依靠研究并验证研究。课例研究的主阵地在课堂，课例研究的目的是改进课堂的教学。日常的教学在利用课例研究的成果的同时，也是对这种成果本身进行着一种实践的检验。

8 课例研究课和常态课是什么样的关系 ？

　　课例研究课就是基于专题、追求完美的常态课，专题研究目标统领执教单元本身的具体目标。课例研究就是研究的日常教学中的问题，同时也是在日常的教学过程中进行研究。研究与教学不是分离，而是浑然一体，即在研究的状态下教学，在教学的过程中研究。因此，从这个意义上可以说，课例研究课就是常态课，因为常态课本身就应当体现不同阶段的专题探索与研究，而且这种基于探索与研究的教学本身就应当是精益求精的。

9 广大中小学教师如要进行课例研究该如何选题 ？

　　中小学教师在选择课例研究的专题过程中，可以集中关注学科教学中的三个点：一是课堂教学中的重点；二是课堂教学中的难点；三是教学研究中的热点。课例研究的专题植根于学科教学的日常实践。这些专题可以是学科教学中的重点问题，比如，核心概念或重要定理、原理的有效教学。专题也可以是学科教学中的难点，往往特别需要反复的实践探索来积累有效的策略。专题还可以是一个阶段或一个时期人们关注的热点话题，需要进一步的一探究竟。

QUESTION 10 课例研究活动如何灵活有效地组织开展？

课例研究的组织形式可以从两个方面来看。

一个方面是怎么上课。可以采取的形式一般包括六类。

（1）"同一内容+同一教师+连续改进"，即让同一个教师在不同的班级执教同一教学内容，基于充分的研讨进行连续几次的教学改进直至达到满意的教学效果。

（2）"同一内容+不同教师+接力改进"，即让不同的教师执教同一教学内容，基于充分的研讨进行"接力赛"式的教学改进直至达到满意的教学效果。

（3）"同一内容+不同教师+对比比较"，即选择同一教学内容，让不同的教师按自己的设计在课堂上进行演绎，随后教师们一起针对不同教师演绎的课进行比较式的研讨。

（4）"同一单元+不同教师+循环改进"，即不同的教师针对同一单元（不是同一课时）的内容都进行完整节次的顺序演绎，第二位及以后的执教教师都是在前一位执教教师单元执教的基础上进行进一步的改进与优化，于是构成了多个执教教师的单元教学改进循环。

（5）"不同内容+不同教师+借鉴改进"，即不同的教师针对不同的教学内容（有时可以是不同学科的教学内容）进行探索性的试教，后面的执教教师都是在借鉴前一位执教教师的有益尝试的基础上进行进一步的实践优化。在教学内容和执教教师都发生变化的情况下进行课例研究的探索实践，特别要求每一位执教教师紧扣研究的专题进行个性化的创新探索和演绎，同时也同样要求研究团队的其他所有成员紧紧围绕要解决的共同问题来思考专题实践的得失原委。

（6）"不同内容+多对教师+接力改进"，即以多个学科的同课异构为基础，以两两比较为方式，在横向上比较同课异构的相同与不同，在纵向上比较课堂教学的创新与发展，多对教师接力演绎专题教学的改进。

另一个方面就是如何研讨。可以是"一课一研，及时研讨"，即上完一次课之后就及时地组织研讨；也可以是"一课两研，分步研讨"，即上完一次课之后即兴地组织研讨，随后针对整理出来的课堂教学实录再进行深度的研讨。

QUESTION 11 课例研究过程中的研讨需要注意哪些问题?

在课例研究的实践过程中，坚持以下的行动取向可以收获比较好的效果。

（1）开放式讨论，倡导百家争鸣

课例研究课之后的研讨需要所有参与者针对自己课堂上的发现与思考畅所欲言，知无不言，言无不尽，汇集大家的发现，从而就可以看到一个问题的全部方面。

（2）保留式改进，在可为处作为

让每一个教师全部地吸收和采纳不同观察者的不同意见与建议是不现实的，因为这些意见与建议本身之间难免有冲突和矛盾之处，所以现实的解决办法就是最大限度地吸纳群体的智慧，亲身演绎带有个人风格的新一轮教学。

（3）集约型研究，分清主次真伪

林林总总的意见与建议都是不同的观察者对同样一个问题的不同看法与见解，所以作为一种研究，特别需要对这些方方面面的意见与建议进行条理化的归纳与整理，包括主次顺序的理清和主属关系的归纳合并以及观点真伪的鉴别。

（4）条理化行文，规范研讨记录

每一次课例研究过程中的研讨，都需要最终形成一个规范的记录文本，这种文本的要求保证了研究线索的清晰呈现，从而使得研究层次递进的脉络一目了然。这样研究者可以清楚地知道研究到什么程度，又将向哪一个方向迈进。

QUESTION

12 课例研究要坚持什么样的方针，才能保证行动过程中不会迷失方向？

在课例研究的实践过程中需要坚持以下两个方针。

（1）以教学改进为方向

课例研究是以课为例的课堂教学研究，所以课堂教学的改进是其方向，否则研究的价值就会失去。

（2）以问题解决为线索

具体的研究过程都是以问题的解决为线索的，只有紧扣问题的解决，才能确保研究最终有结果。

QUESTION

13 课例研究报告应当包括哪些不可或缺的要素？

经过课堂诊断、实践改进，最后形成的课例研究报告包含着不可或缺的四个要素，即关注的问题、研究的过程、案例的支撑和形成的结论。

没有关注的问题，只是平铺直叙课堂上发生的事情，尽管真实，但只能算是课堂实录；关注到了问题，但是没有研究的过程，只能算是研究的起步，因为真正的研究还没有开始，这样的报告不能算是研究报告；没有案例的支撑，没有结合一堂课的具体实例来支持所述的观点，只是坐而论道，不是行动研究的成果，不能算是以课例为载体的研究报告；没有形成的结论，尽管有研究的问题，有研究的过程，有实例的呈现，也只能算是一种工作的描述，因为课例研究报告是一种观点或结论统领事实的文本，形成的结论是这种文本的灵魂。

QUESTION

14

课例研究往往需要一课多轮地施教，有没有可以简化的形式，以便课例研究能够更好地回归学校教学教研工作的常态？

在课例研究的实践过程中确实会存在因一课需要多轮地执教，从而使得学校教研组要进行必要的课时调整，如果是开展阶段的教研活动还可以，但是要常态化地进行势必会遭遇一定的困难。课例研究流程的简化和回归常态主要有以下三个途径。

（1）在集体备课中间集思广益，防患于未然

针对教学的设计就可以进行充分的研讨，大家相互之间取长补短，增进对于一些关注的专题的理解。

（2）在教研活动中间聚焦主题，后分而实践之

即在教研活动过程中，大家针对主题进行透彻的研讨，形成的共识等成果可以由每位教师各自有选择地在今后相关的教学过程中予以贯彻和落实，而不一定需要下一位教师在同样内容的下次课中专门演绎。

（3）在同课异构中间比较效果，择其优而效

即在同一教研组里可以让几位教师按照自己的风格按部就班地演绎单元的教学，大家从风格迥异和效果多样的课堂教学中总结经验，发现问题，并选择别人有效的策略与做法进行实践，从而也达到教学改进的效果。

QUESTION

15

课例研究的广泛开展对于广大中小学教师的专业发展能够起到哪些作用？

课例研究在教师的专业发展过程中发挥的作用举足轻重。首先，课例研究是一种有关课堂教学改进深入而持续的研究型模式。课例研究针对课堂教学的改进是一个渐进的过程，呈现出明显递进的阶段性，不是一种激进的教学变革。其次，课例研究自始至终聚焦于课堂上教师的教和学生的

学。课例研究的主要目的在于促进教师教学水平的提高和学生学习质量的改善。师生朝着共同的预定目标和通过互动而构织起一段段内容丰富的旅程。在这一旅程过程中出现的任何问题都成为课例研究倾力解决的对象。再次，课例研究自始至终在生动而具体的教与学的情境中进行。课例研究充分注重教学的复杂性和整体性特点，在这种现实情境中进行研究而产生的新的知识又反过来指导后来发生的实践。最后，课例研究是一种基于教师群体的合作研究。通过群体参与的方式改进教学，并且在共同参与的过程中相互启发，一起进步，共同提高教学的质量。

中小学一线的教师要想真正做好课例研究，其动力的源泉来自于研究共同体敢于挑战自我的强烈愿望，课例研究理想的境界就是笃信课堂没有最好、只有更好。要持续地进行课例研究，满足于现状和已有的教学经验是大敌。持续的课例研究需要这个研究共同体里的每一位成员具有敢于另辟蹊径和挑战能力极限的勇气和智慧。

"以课例研究的方式提升教研品质、优化课堂教学，是新的时代背景下教师教学研究进入的新阶段，是在追寻促进教师专业发展不懈探索过程中的新创举和新突破。"[①] 课例研究范式的推崇与推广，标志着中小学教师从事的教育研究进入了规范化和深层次的新纪元：草根的基础、真实的研究、全员的参与；教学中进行、行动上改进！

QUESTION
16 在中国大陆开展的课例研究，表现出怎样的特点和态势？

近些年来，以课例研究的方式优化课堂教学的实践也逐渐成为中国大陆促进课程改革与课堂教学转型的重要抓手，与此同时，在这一过程中，

---

① 胡庆芳. 以课例研究的方式提升教研品质，优化课堂教学 [J]. 上海：上海教育科研，2008（6）：38-44.

本土课例研究的特色也越来越得以凸显，特别是在以下几个方面的特色尤为明显，走出了一条"在借鉴中创造，在发展中创新"[①] 的本土实践之路。

（1）在课例研究的取向上，明确指向课堂教学的改进

正如美国学者凯瑟琳·刘易斯于 2012 年 11 月在新加坡召开的国际课例研究第八次年会上所指出的那样，当前在国际课例研究的实践过程中主要存在两种特色鲜明的价值取向，一种是侧重研究教与学的结果，目的是改进课堂的教学；另外一种则是研究教与学的过程，目的是了解课堂上究竟发生了些什么。早在 20 世纪末，美国学者斯迪格勒也提出，大多数教师在专业发展上所做的努力之所以没有在教学提升方面有突出表现，就是因为它们不是"基于课堂教学的改进而进行的"，课例研究的实践必须体现这一点。以江浙沪为中心展开的课例研究比较倾向于上述的第一种取向，即在课例研究的一开始就是期望通过课堂观察发现课堂教学过程中存在的问题，并通过集体的反思及研讨，分析问题产生的原因并提出建设性的课堂改进建议，再通过进一步的设计改进和课堂演绎直至问题解决和瓶颈突破，从而达成预期的教学效果。

课例研究这种实践改进的取向也正是对传统的教研活动进行改造的一种必然要求，即教师作为研究的主体，密切依托教学经验进行专业判断，在教学的过程中进行研究，经由研究解决教学实践中遭遇的疑难困惑，研究的结果直接以明显改进的课堂教学效果为佐证。换言之，广大教师在进行课例研究的实践过程中，大多是以课堂教学的明显改进作为一个专题课例研究阶段的结束。一般都是只有首先在课堂教学效果明显改进的前提下，才会回过头来系统反思实践改观背后带有一定规律性的启示。反之，如果不与教师课堂教学的改进相联系，而只是一味地对某一次课进行全面的数据统计和深度的数据解读并由此而进行概念的重建或理论的建树，既不符合广大教师研究能力的现状，也不符合教师以精彩课堂的演绎促进学生有意义和高质量学习的基本要求。倡导研究型教师，首先是要建立在教师能

---

① 胡庆芳. 在课例研究中改进教学. 人民教育，2012（9）：23.

够出色完成课堂教学基本任务的基础之上，简言之，研究就是为了更好地教学。

（2）在课例研究的选题上，直接针对课堂教学的瓶颈

正是因为课堂教学改进的研究取向，课例研究在专题选择上，主要聚焦于教师教育教学实践过程中实实在在的疑难困惑，而较少侧重概念内涵的挖掘以及相互之间关系的辨析等学理指向的理论探讨。

从近些年的课例研究历程以及业已展开的课例研究专题中，可以明显看出这种扎根课堂实践且解决实践瓶颈的风格。

在中小学课堂教学的实践过程中，常常会有一些教学的难关让广大的教师费心劳神，甚至费尽九牛二虎之力还不得法，事倍而功半，成了深入推进新课程名副其实的瓶颈和障碍。问题的根本解决从客观上要求教学研究的专业人员和一线广大的教师携手合作，让教学研究回归常态、深入课堂，在教学的过程中研究，在研究的状态下教学。

以英语学科为例，在走进中小学与广大英语教师针对新课程教学中存在的突出问题进行广泛调研的过程中，研究团队获得了来自一线有关教学情况丰富而真实的信息，提炼归纳出以下方面的突出问题：新课程带来新理念的同时也净增生词一大片，大量词汇的有效识记既难住了教师，也困住了学生；英语知识的综合运用环节，稍有不慎极易陷入机械的句型操练的怪圈，教师容易缺乏激情与创造，学生也找不到学习的兴趣和快乐；任务型英语教学的倡导被普遍认可，但学生离开课本就不会交际，即便交际也犹如读课本的现象还比较严重，然而，对于突破听说能力的瓶颈，现实的情况是对教师的呼声高于提供给教师的支持，进展并非想象的那样显著；阅读理解占据课程文本和考试测验的比例都十分突出的高，但是制约学生阅读理解水平提高的因素很多很杂，如何让学生迅速地捕捉文本信息线索以及如何使其正确地理解文本主旨，都是提高阅读理解水平要攻克的难关；想象作文既挑战学生的想象力，又考验着学生的英语表达能力，双重能力的提高目标要求这样的课堂教学既要精彩示范，又要对学生作品全面反馈与评改，难度可想而知；课堂上情境的创设如何为促进学生的认知发挥实

质作用？复习课的教学往往成了练习的课堂或教师重复新授课的课堂，教师教得机械，学生学得乏味，复习课的教学如何有新意？如何让学生在新授课的基础上有新的体会及发现？课堂上三维目标如何整合？……一言以蔽之，中小学英语教学需要攻克的难关很多，值得研究的专题自然不一而足。

　　江、沪、浙三地的英语课例研究团队本着顺利推进基础教育阶段英语教学的宗旨和使命，基于对时下英语课堂教学共同的理解和把脉，凭借对突破瓶颈和攻克难关相同的信心和决心，先后在浙江嘉兴完成了"开启想象作文的钥匙"，在上海闵行完成了"走出句型操练的怪圈"、"引发情境创设的精彩"、"促进三维目标的整合"，在浙江杭州余杭区完成了"跨越词汇障碍的门槛"、"增进阅读理解的良方"、"突破听说能力的瓶颈"、"扩大小组合作的实效"以及"基于新编教材分析的设计改进"，在江苏南京完成了"充实复习过程的收获"，在江苏常州完成了"目标导引活动的优化"，在浙江桐庐完成了"新授阅读课有效教学策略的实践"和"基于学生学情的教学针对性研究"，在浙江安吉完成了"培养学生语言文化意识的实践"等系列专题的实践研究。在研究过程中，课例研究团队运用行动研究的方法，以课例为载体，针对基础教育阶段英语课堂教学的难关与瓶颈，深入一线学校的课堂进行教学观察，努力发现问题的症结所在，力求准确把脉问题出现的根本原因，尽可能提出切实可行的解决问题的策略，并务实帮助和促进教学实践持续改进的实现和达成。一个个蕴含教学实践智慧的研究报告，生动而真实地反映了一个个教学实践问题逐步得到有效解决的清晰历程。

　　（3）在课例研究的执行上，积极促进研训一体的融合

　　在国内一个区域或一所学校推进课例研究的过程中，可以比较明显地看到，围绕专题的课例研究总是和本区域或本学校的教师在职培训紧密结合在一起，即研训一体成为中国内地课例研究实践的一大亮点和特色。课例研究对于教师而言是一种很好的行动研究范式，因为它与教师的教学紧密结合，即真正在追求着"在教学的过程中研究，在研究的状态下的教学"的理想境界，非常切合教师职业实践的特点。

　　与此同时，为了促进教师的专业发展，各个区域和学校也在积极通过在职培训这样一种常规的形式予以保障，但是，在教师培训的实践过程中常常会遭遇到的诸如培训的针对性不强，培训的有效性不高以及培训的参与度不够等问题。这就从客观上要求培训的内容要切合教师实践的需要，培训的过程要尽可能融入教师的主体参与和深度体验。所以，课例研究和教师培训的结合，就为当前教师在职培训诸多现实问题的解决提供了克服的可能，因为课例研究的专题可以成为教师培训的主题，课例研究的过程可以设计成为教师参与式培训的过程，而不是像以往那样将现成的研究结果直接展示给教师，而是需要教师通过亲历研究的过程主动去归纳和总结，这样就比较好地体现了"在培训的过程中研究，在研究的状态下培训"。

　　（4）在课例研究的指导上，注重起步阶段的专业引领

　　如前所述，课例研究与中小学广泛开展的传统的教研活动相比有着诸多的差异，不仅是研究的规范还是研究的深度，都是传统的教研活动亟待提升的关键。广大教师在之前的师范教育和在职的专业培训中往往更多涉及的是教育教学的理论与实践，而"针对教育教学的问题如何进行研究往往成为不经意的缺失"①。所以，专业支持机构在对中小学一线教师进行课例研究的指导过程中，普遍重视研究问题的概念明晰，研究方法的恰当选择，以及研究结论的斟酌提炼，从而让所有参与课例研究的教师亲身经历一次规范研究的全过程。

　　对于广大做课例研究的教师而言，"讲给我听，我会忘记；演示给我看，我会记住；让我亲历其中，我就会明白"的常言同样适合。在课例研究的指导过程中，指导者往往通过让教师亲历专业指导下的课例研究全过程，并辅之以总结梳理成文的课例研究报告现身说法，让教师逐步学会课例研究。指导者的专业引领是课例研究在中小学推广的关键，其中，指导者的亲身示范是教师在尝试课例研究的起步阶段最行之有效的专业支撑。

---

　　① 叶澜. 教育研究方法论初探［M］. 上海：上海教育出版社，1999：9.

下篇

课例研究的范例诠释

"告诉我，我会忘记；演示给我看，我会记住；让我参与其中，我就会明白。"今天的课例研究也依然遵循着这千古不变的法则。知与行的融合，理论与实践的对话，演绎出了一个个以课为例的研究和改进教学的范例。找找看吧，哪些例子中的情节唤起了你似曾相识的记忆和茅塞顿开的领悟？

范例1： 优化语文教学环节的课堂实践研究①

　　课堂教学环节既是一堂课的结构，也是为了实现教学目标而设计的一系列任务板块的组合，其间的协调与促进是课堂教学成败的关键。调研发现，在当前小学语文的教学过程中还存在以下方面的疑难与困惑：新编教材单元众多，课时调配余地有限；单元囊括字词句篇，听说读写样样俱全；教学设计沿袭教材，教教材胜过用教材；环节组合随意性强，过渡转换缺乏艺术；活动设置目标单一，三维目标疏于整合。

　　为了解决课堂教学存在的上述的疑难与困惑，本课例研究小组以诊断课堂教学环节设计常出现的问题和寻找课堂教学环节优化可行性的策略为目标，通过安排同一位教师在平行的不同的班级针对同一教学内容连续三次的"施教—研讨—改进"，在教学的过程中研究，在研究的指导下教学，直至所关注的疑难与困惑比较好地得到解决，最后总结梳理成本文。具体过程叙述如下。

一、研究的过程与发现

　　教师选择的是上海教育出版社出版的九年义务教育课本《语文》小学三年级第七单元的《猫是老虎的先生》。该文讲述的是猫和老虎的故事：原本老虎什么也不会，后来投到猫的门下学会了谋生的本领，因为贪心，还想杀掉师傅使自己成为最强的角色，没想到猫留有一手没教给老虎，还能上树的本领使猫技高一筹。

（一） 第一次课试教

　　执教教师为本节课确立了4个教学目标，即认识课文中出现的"趾爪"等10个生字词，发挥想象力讲述该故事，通过学习该故事学会自我保护，激发学生阅读鲁迅等名家名篇的兴趣，并设计了课堂导入、整体感知、课

---

① 胡庆芳. 优化课堂教学环节的实践策略研究［J］. 教育理论与实践，2011（9）：17-20.

文研读和综合提高4个教学环节展开教学。

- **教学探索值得肯定的方面**

首先，对于新语篇的学习，教师设计了对生字词和语篇阅读的检查与指导，突出了课堂知识与技能的目标。如，教师在讲"趾爪"一词时，首先在多媒体上呈现其拼音，随后又呈现了一张动物趾爪部分的图片，比较生动地解释了生词的含义。同样在讲"爬搔声"一词时，教师让学生用手模拟"搔"的动作，然后用"抓"字来解释，比较容易使学生理解。又如，在指导课文中长句（忽然，桂树上沙沙地/有趾爪的爬搔声，一对闪闪的眼睛/在暗中随声而下，使我吃惊，也将祖母讲着的话打断，另讲猫的故事）的阅读时，教师运用了以分隔线标识停顿的方法，让学生进行朗读练习。

其次，在细致研读环节，教师在课本中有关老虎想要吃掉猫和猫爬上树逃过一劫这两处情节处，设置了让学生发挥想象力来分别讲述此时此刻老虎和猫的心理活动，比较好地促进了学生对课文的理解以及基于想象和理解基础之上的语言表达。如，有学生这样表达老虎的心理活动："我的本领都学会了，谁也比不过我了，只有做老师的猫还比我强，要是杀掉猫，自己便是最强的角色了。"又如，有学生这样表达猫的心理活动："如果我把一切本领传授了，老虎就会来杀掉我，这样的话，我即便是爬上树的话，老虎也会爬上来，把我给杀掉的。如果我死了，我的朋友们怎么办？我的家人怎么办呢？"

最后，教师有些问题的设计引发了课堂比较丰富和精彩的生成。如，针对课本上描写老虎的句子"它打定主意，就上前去扑猫"，教师进行了以问题驱动文本的挖掘。片段节录：

师：从这一句，我们可以看出老虎什么样的性格？

生1：忘恩负义。

生2：自信。

生3：性急。

生4：狡猾。

生5：骄傲。

生6：恩将仇报。

生7：妄自尊大。

● 观察发现

课堂教学的主次不够突出，教学环节的时间分配不尽合理，教学计划的目标没有完成。

例1：据当堂回收的作业单中"对猫是老虎的先生，你是怎么理解的？"一题的反馈，29人中，2人答非所问（我是读课文理解的，我是看课文理解的），8人仅仅停留于把"先生"解释为"师傅或老师"，剩下的10人也主要只是讲到因为猫教了老虎的好几方面的本领。而本篇课文之所以以"猫是老虎的先生"为题，更重要的是猫察觉到了老虎想杀它后称霸的歹意之时，留了一手上树的本领没有传授而显得技高一筹，所以更可以看出猫是老虎的先生。显然，学生并没有理解到这一点。

例2：课堂最后的综合提升部分因时间不够，故本来设计的标题替换和明辨事理两项学习任务未能展开。

● 问题诊断

第一，课堂导入环节比较平淡，没有很好地激发学生学习新语篇的兴趣，过渡也比较机械。如，教师虽然以猫和老虎两个谜语竞猜的形式开始课堂的教学，但是谜语太简单，即"性儿温顺，喵喵叫；夜间行走，老鼠跳"和"性格暴躁，称大王；一声大吼，百兽逃"，学生一看便知，没有新意新鲜之感，随后教师便告知"今天，我们就要学习与这两个动物有关的课文……"

第二，整堂课教师注意运用了用问题驱动学生学习的策略，但是，课堂上没有形成核心的问题，所有的问题之间缺乏主线贯穿的脉络与联系，因此课堂上学生的学习活动显得比较松散，主题不够集中。

第三，整体感知的环节耗时比较长，前后用了10分钟，而在学生课前已经预习的情况下，教师按照教生字词的方法或教读音，或教意义，没有顾及学生学情，其中特别是对影响学生理解语篇的生词"侥幸"没有进行仔细分析，所以直接导致了学生产生"猫既然早知道老虎的歹意，为什么还要教它本领？"的疑问。其实如果学生明白了"侥幸"是"偶然获得成功或意外免于不幸"的意思，就会明白这里的"早"并非是在猫教老虎之前，而只是在老虎打定主意准备上前去扑猫的行动之前。所以如果老虎不那么性急，并且最终学会了上树的本领，则猫的命运将改写。

第四，对于涉及语篇寓意的理解，教师积极的引导不够，语文教学在彰显人文性的过程中应坚持的主流价值观被忽略。如，在理解"猫还没有将一切本领传授完"一句时，教师自问自答提问道"猫肯定知道老虎日后会杀它吗？""不是，只是一种猜测，一种防备，这说明猫对老虎存有戒心"。学生在老师引导下推断出"防人之心不可无"，教师对此也没有做出正面回应。

第五，有的课堂教学目标的设计不太现实，以至于落实有困难，事实上形同虚设。如，执教教师为本节课确立的第 4 个目标是"初步认识鲁迅，激发阅读名家名篇的兴趣"。事实上，节选自鲁迅先生《朝花夕拾》的这篇文章是介于文言文和白话文之间的文体，较多的语言行文离学生现实的语言环境较远，旨在通过本语篇的学习而喜欢鲁迅等名家名篇的目标不切实际。

● 改进建议

第一，增强课堂导入环节的趣味性或悬念，快捷有效地激发学生对于学习新课文的兴趣。如，可以先让学生说说对猫与老虎的印象，然后直接抛出问题"猫是老虎的先生，你们相信吗？"，利用认知冲突吸引学生学习新课。

第二，压缩整体感知语篇环节的时间，以检查指导学生认识生字词、读通长句和了解课文大意为主，同时教师注重朗读示范，落实阅读指导和增进整体感知。

第三，教师根据课文内容，确立一个诸如"为什么说猫是老虎的先生？"的主问题，然后基于主问题设计由一个个小问题组成的问题链，从而使教学环节环环相扣。

第四，在积极鼓励学生广开言路的同时，正确引导学生对课文旨在宣扬的"做人要善良又要自我保护"价值取向的理解。

（二）第二次课改进

● 课堂教学发现的积极变化

第一，教师完成了预计的教学环节，并且在细致研读环节新增了就老虎拜师学艺时情形的想象说话的活动，引发了课堂新的生成。

师：想象一下老虎向猫拜师学艺的情形。谁来说一说？

生1：老虎听说猫有许多本领，就想拜猫为师。一天，老虎投到猫的门下说："先生，听说您神通广大，可我什么也不会，希望您能教我几手。"猫见老虎这样诚恳，就答应收老虎为徒。猫说："好吧！你一定要认真学习……"

生2：老虎听说猫有很多本领，就想拜猫为师，一天它跑到猫的家里对它说："我听说你有很多本领，可是我什么都不会，没法生存，你能收下我吗？"猫见老虎这样诚恳，就答应收老虎为徒。还对它说："好的，但是你不能恩将仇报哦。"于是猫就教给它扑的方法、捉的方法、吃的方法。

第二，课堂上以"猫为什么是老虎的先生？"为主问题，依次设计了三个密切联系的小问题来引导学生研读课文。这三个问题依次是：作为先生的猫教了老虎哪些本领？老虎又是怎样对待它的先生的？面对老虎的歹意，猫又是如何应对的？使对课文的理解教学显得环环相扣。

第三，对于新课文的学习，教师在整体感知环节增加了示范朗读，在细致研读环节结束后增加了学生齐读，这些为后续综合提高环节里的故事复述打下了必要的铺垫。

课堂教学片段如下：

师：这是一个有趣的故事，我们学完了，那你能不能根据课文内容，加上合理的想象，把这个故事说给大家听一听？这里老师给了大家两种方法，第一种方法你可以根据老师给你的提示，把这个故事说完整，第二种方法你还能挑选这些词语小帮手把故事说完整，你可以任选一种，自己准备一下。

（学生练习讲故事，之后两个学生进行了复述）

生1：老虎听说猫有许多本领，就想：我什么也不会，就拜猫为师吧。一天，老虎投到猫的门下说："先生，听说您神通广大，特来拜您为师。"猫见老虎这样诚恳，就答应收老虎为徒，说："好吧，但你一定要勤学苦练。"猫教会它捉的方法、扑的方法、吃的方法。这些教完了，老虎想，本领都学到了，谁也比不过它了，只有做老师的猫比它强，要是杀掉猫，自己便是最强的角色了。它打定了主意，就上前去扑猫。猫早知道它的来意，心想：如果我把所有的本领都传授给了它，老虎就会把我给杀掉。幸亏猫还没有教给老虎上树的本领。

生2：有一只老虎一无所长，就投到猫的门下，苦苦哀求说："猫啊，我什么都不会，你收我为徒吧。"猫语重心长地说："好啊，你需要勤学苦练哦。"于是猫就收老虎为徒，教了它扑的方法、捉的方法、吃的方法。老虎想，我什么本领都学完了，只有猫比我强，不然我就可以独占鳌头了，于是它就向猫扑去。幸亏猫明察秋毫，一下子就跳到了树上，老虎只好眼睁睁地在树下蹲着。

（附复述方法一：老虎听说＿＿＿＿，就想＿＿＿＿。一天，老虎投到猫的门下说："＿＿＿＿。"猫见老虎这样诚恳，就答应收老虎为徒说："＿＿＿＿。"猫教给它＿＿＿＿。这些教完了，老虎想，＿＿＿＿。它＿＿＿＿。猫早知道它的来意，心想，如果＿＿＿＿，老虎就＿＿＿＿。幸亏猫＿＿＿＿。

复述方法二：运用下列词语复述课文：一无所长、苦苦哀求、语重心长、勤学苦练、独占鳌头、凶相毕露、明察秋毫、无可奈何）

● 观察发现

课堂上问题的设计虽加强了联系和相关，但是这些问题对学生构成的挑战性还不够，除了对角色心理活动进行想象之外，对于文本深入的挖掘不够，同时，情感态度价值观一维的目标达成也停留于表面化。

根据当堂课的作业单中"猫和老虎的故事让我们懂得了什么？"的反馈显示，全班32位同学，有31位学生的回答几乎一模一样，即在生活中要学会保护自己，防备像老虎一样心怀鬼胎的人。只有一位学生发表了不一样的感言："做任何事情都不能忘恩负义。"

● 问题诊断

第一，课文中"猫是早就知道它的来意的"中的"早"字，以及"这是侥幸的"中的"侥幸"等影响整篇课文理解的关键词没有设计高质量的问题来引导学生挖掘其隐藏的丰富信息，从而导致学生对课文的理解不深入，课堂缺乏更高质量的生成。

如，针对"早"字，教师可以提出"究竟是早到什么时候？"的疑问，因为学生对此的判断会直接影响到课文的理解：如果是早在教老虎扑、捉、吃的本领之前，猫就知道老虎后来会来杀它，说明猫不教老虎上树的本领是有远见且大智若愚，但是这与作者在文章的最后一段说"这是侥幸的"就自相矛盾了。既然是"侥幸"的，就说明猫没有教老虎上树的本领就纯属是碰巧和偶然，这完全是因为老虎的"性急"救了猫一命。由此还可以引出一个相关的问题即"猫为什么没有教老虎上树的本领？"

答案可能有两种：一是因为猫察觉到老虎有可能杀它，所以留一手上树的本领保命，这种预感只可能是在老虎来杀它之前，不可能再早，否则同样与"侥幸"一词矛盾。二是猫是准备教老虎上树的本领的，只是因为老虎性急地想要早逞强而起杀机，"教学进度"被意外打断了，如同本文开篇时讲到祖母给作者正猜着的谜语被猫的趾爪在树上发出的爬搔声打断随即改讲猫和老虎的故事一样，都同样是因为碰巧和偶然，否则，如果老虎不那么性急而学到了上树的本领，可能猫的命只有在天堂才能找到。

第二，在最后的综合提高环节，教师设计了故事复述、标题替换、寓意领悟和检测反馈四项任务，课堂剩下 14 分钟，故事复述用了 7 分钟的时间，标题替换比较用了 1 分钟，最后还要保证至少有 3 分钟的作业单反馈检测时间，所以在有限的 3 分钟，教师来不及通过组织学生讨论交流以领悟故事的寓意，而直接告诉学生教师认为的寓意和道理，造成了学生停留于人云亦云的认识状态。

如，明理任务的教学片段：

师：那么鲁迅先生想通过这个故事告诉我们什么道理呢？

（老师引导学生看板书）

师：在生活中，我们是不是应该像猫一样做一个善良的人？但是在面对像老虎一样心怀鬼胎的人时，我们是不是也应该要学会保护自己啊？

（老师出示寓意并朗读：在生活中，要学会保护自己，防备那些像老虎那样心怀鬼胎的人）

- 进一步改进的建议

第一，整合教学环节，将综合提高环节里的明理要求提前到细致研读环节来进行，在课文的理解中明白告诉其中的道理。

如，教师可以通过设计问题启发来引导学生达成领悟故事寓意的教学目标："如果老虎在学会了扑的方法、捉的方法、吃的方法之后不那么性急，想想看结果会是怎样？这次算是老虎的性急救了猫的命，下次还会这么侥幸吗？想想我们只有怎么办才能总是有安全感呢？"

第二，精简教学环节，在综合提高部分既有复述又有换标题比较，任务较多，可以重点让学生进行了比较充分的复述准备和表达，删减标题的替换比较。

第三，进一步优化综合提高环节中故事复述任务的任务设计，充分激发学生爱想象、爱表达、爱表现的天性，组织角色扮演活动。

第四，统筹课堂任务，将原反馈检测中的生字词的检查和对整个语篇的理解与感悟合二为一，即先精练地概括整个故事，将生字词的检查贯穿其中，有了这方面内容铺垫之后，接着挖掘学生的感悟就顺理成章。

（三）第三次课再改进

- 课堂教学发现的积极变化

第一，课堂导入环节进一步优化，同样是在出示了猫和老虎的图片之后让学生说对这两种动物的感受与印象，教师运用了强烈对比的词语激发学生阅读新语篇的兴趣，用时 1 分钟。教学片段如下：

师：请同学们说说你们对这两种动物是什么感觉？

生1：猫是漂亮的宠物，老虎是凶猛的野兽。

生2：猫是家养的，很温顺；老虎总是喜欢张着血盆大口吃其他的动物。

师：小小的猫是凶猛的老虎的先生，你们相信吗？

生（众）：不相信！

师：我们就要学习猫和老虎的故事。

第二，在整体感知环节，教师新增了通过阅读获得感受以及融进感受进行阅读的任务，很好地促进了学生对故事中猫与老虎两个角色的认识。

如，对于"老虎又是怎样对待它的先生的？"这样一个问题，很多学生都在书上找到了描述的语句，即"老虎想，本领都学到了，谁也比不过它了，只有做老师的猫比自己强，要是杀掉猫，自己便是最强的角色了。它打定主意，就上前去扑猫"。老师让学生体会这是一只什么样的老虎？先后有4个同学分别说出了"阴险狡诈""忘恩负义""凶猛"和"可怕"，老师分别让这四位同学把他们各自认为的那种老虎的感觉读出来，激发了学生阅读的兴趣和对于语篇的理解。

第三，在综合提高环节中的领悟故事寓意任务过程中，教师从语篇最后一段"这是侥幸的，我想，幸而老虎很性急，否则从桂树上就会爬下一只老虎，终究是很怕人的"一句入手，特别是以"侥幸"一词为突破口，让学生真正体会到猫逃过一劫纯属是偶然，很惊险。在此铺垫与引发的基础上，教师恰到好处地引入当堂反馈作业单让学生进行了寓意的体会和领悟，并且该作业单的设计以串联生字词并要求注拼音的形式言简意赅地叙述了故事的梗概，随后让学生思考蕴涵在故事之中的寓意，这样使得原本是两项的任务合二为一。从随后学生的表达可以看出，对于故事寓意的领悟与体会非常鲜活真实：

生1：我们不能把本领教给心术不正的人，要学会仔细观察他们。

生2：我们不能忘恩负义，要尊敬老师。

生3：做什么事情都要机警。

生4：做一个善良的人，也要学会保护自己。

[附当堂反馈作业单：

给画线的生字注拼音并完成随后的思考题。

猫本来是老虎的师傅（　　），由于老虎性急地想要成为最强的角（　　）色，竟要杀猫。幸亏猫还没教它上树的本领，早知道了它的来意，侥（　　）幸地逃过了一劫，所以我们今天还能听到猫的趾爪（　　）在树上的爬搔（　　）声……

这个故事告诉了我们＿＿＿＿＿＿＿＿＿＿＿］

第四，在综合提高环节中的故事复述，教师以角色扮演的形式让每三个同学进行情景化的故事剧表演，真正体现了寓教于乐，学生们积极融入角色扮演的课本情景剧之中，享受课堂，全身心地体验阅读带来的快乐，掀起了课堂学习的高潮。

- ● 三次课演进的脉络

第一次课，设计了"总—分—总"阅读教学环节的组合，细致研读环节有鲜活生成，但教学环节有机联系欠缺，课文整体理解不到位；第二次课，问题驱动课堂，想象说话有新意，但课文关键字眼分析不定位，挖掘文本力度不够；第三次课，朗读凸显课文感知，角色扮演盘活课堂。

二、阶段的共识与结论

基于优化课堂教学环节的专题实践研究，研究小组形成阶段的共识与结论如下。

1. 新授阅读课基本的教学环节

新授阅读课可以以"课堂导入—整体感知—细致理解—综合提高"这样四个环节展开，同时也体现了新语篇学习的"总—分—总"的思路。

在"课堂导入"环节，可以实践的策略包括以下两方面。（1）知识联系。教师可以通过复习已学过的知识，从而引出当堂课将要学习的新知识，这样在新旧知识之间搭起桥梁。如本次实践研究的第三次课，教师首先出示了学生都很熟悉的猫和老虎这两种动物的照片，让学生讨论对它们的感受。（2）悬疑激趣。教师可以采用视听刺激的方法，如利用具有视听冲击力的图片或声音吸引学生的注意；教师也可以提出有价值的问题来引起学生关注，本次实践的第二节课，教师让学生分别认识了猫和老虎两种动物之后，马上提出了"猫是老虎的先生，你们相信吗？"的问题，有意设置悬疑来引发学生思考，并带着对问题的思考去仔细学习新课文；教师还可以采用谜语竞猜等形式吸引学生的注意和参与，本次实践研究的第一节课就采用了此方法，只是没有形成对学生的认识挑战。

在"整体感知"环节，可以实践的策略包括五个方面。（1）自主阅读。如，本次实践研究的第一次和第三次课，教师都是首先让学生通读整个故事，看看写的是怎样的一件事情。（2）教师范读。教师的示范朗读可以比较好地体现教师对课文的理解以及所包含情感的把握，这样对学生是一种绘声绘色的言传。（3）角色朗读。可以让学生分课文中涉及的角色进行朗读，也可以分男女生或小组进行朗读，从而促使学生对课文更多感性的认识。这在本次实践研究的第三次课上，教师先后组织学生就对猫和老虎不同心理活动的想象进行了多人次表现式的朗读。（4）划分段落。可以通过让学生划分段落，从而使学生更好地理解课文的整体结构。（5）归纳段意。除了让学生划分出课文的段落之外，还可以进一步让其归纳出每一个段落的大意，以助学生对课文的大致了解。

在"细致理解"环节，可以实践的策略包括三个方面。（1）词语欣赏。教师可以就课文中写得精彩的词语进行品味和赏析。（2）语意揣摩。教师可以选择课文中重要的语句或语段让学生挖掘和思考其背后隐藏的意义。如，在本次实践的第三次课上，教师紧紧抓住"猫是早知道它的来意的"中的"早"字、"这是侥幸的，我想，幸而老虎很性急"中的"侥幸"两个关键词语引导学生细细揣摩，从而比较顺利地促进了学生对故事寓意的感悟。（3）替换比较。如，在本次实践研究的第一节课上，教师就让学生体会课文出现的"猫就教给它扑的方法，捉的方法，吃的方法"一句与教师改写成的句子"猫就教给它扑、捉、吃的方法"进行比较，仔细阅读发现，课文作者把各个方法一一分开来进行表述，可以比较好地体现当时猫教老虎时的耐心，与其后老虎的恩将仇报形成强烈的对比。

在"综合提高"环节，可以实践的策略包括五个方面。（1）故事复述。如本次实践的第一节课，教师就让学生在学习了新课文的内容之后，用自己的话复述课本上讲的关于猫和老虎的故事，促进了学生对课文的综合把握。（2）想象续写。故事往往可以使人产生丰富的想象，正如本次实践研究的第一次课上教师就让学生针对猫爬上树从而躲过一劫之后猫和老虎各自的心理活动进行想象说话，使故事在学生想象的世界里延续。（3）角色扮演。为了促进学生对语篇的切身认识与体会，可以让学生扮演其中的角色，深入剧情感受、体验和表现相关角色。如，本次实践研究的第三次课，教师就组织了学生分角色表演式复述故事活动，掀起了课堂学习的高潮。（4）交流心得。在学习了语篇内容之后，可以组织学生交流课文阅读之后的感受和体会，丰富对课文的认识。如，在本次实践研究的第一次和第二次课上，教师都组织了让学生通过学习语篇来言说猫和老虎的评价。（5）题眼征集。在学习了整个课文内容之后，还可以鼓励学生根据自己的理解，重新给课文起标题，这样可以更好地锻炼学生对课文的把握能力。如，本次实践研究的第二次课上，教师就组织了题眼征集的活动，有的说是"机灵的猫的故事"，有的说是"狡猾的老虎的故事"，最终通过比较发现，还是原题眼"猫是老虎的先生"更好地说明了两者之间的关系。

2. 优化课堂教学环节行之有效的策略

（1）设计统领全篇的问题链，使教学环节环环相扣

在课文教学过程中，如果能够设计出一个主问题，并由该问题生发一个个相关的问题，从而形成一个有机的问题链，往往可以使得课堂教学思路清晰、环环相扣。如，本次实践研究选择的《猫是老虎的先生》一文，就可以把"为什么说猫是老虎的先生？"作为统领整堂课教学的主问题，由此设计一个个具体的小问题，"先生是什么意思？""作为老虎的先生，猫传授了哪些本领？""作为猫的学生，老虎是怎样回报先生的？""面对老虎的杀机歹意，猫又是如何应对的？"……

（2）理清语篇学习的重难点，使教学环节重点突出

相对于学生的学习而言，每一篇课文都有重点要学习的内容和难以掌

握的内容，教师要善于分清重难点，在教学环节的设置中有意体现对其的克服。如，在本专题实践研究的第一次课中，教师就没有很好地体现对故事寓意的重点探索，在前面的整体感知环节用时太多，以至于重要的综合提高环节匆匆收场，没有实现教学目标的达成。

（3）整合教学目标的三维度，使教学环节融通渗透

知识与技能，过程与方法，情感、态度与价值观，是新课程改革对课堂教学提出的实现目标，不能孤立地看待其中任何一个维度的目标从而设置相应的教学环节，因为上述三维目标本身就是三位一体，执教教师唯有设计贴近学生认知规律和符合学科特点的教学过程与方法，以知识与技能的培养为载体，在此过程中渐进引发情感、态度、价值观的形成，所以，课堂教学的三维目标只能整合，并使其渗透和融汇在教学环节的各个环节之中。如，本次实践研究的第三次课上，教师就把细致研读和具有综合提高要求的寓意感悟任务进行了有效融合，顺利地完成了预期的教学目标。

（4）做好时间分配的加减法，使教学环节经济实效

课堂教学总是在课堂规定的有限时间范围内进行的活动，串联和聚合林林总总的教学活动的各个教学环节，其时间只是时间总量规定下的再分配，因此，课堂教学就必须保证各个教学环节耗时最省和效果最佳，为了能够实现这样的目标，教师只能在课堂教学过程中灵活调整各个教学环节的时间分配，根据学生课堂上的学情灵活做好时间的加减法，把有限的教学时间投入到最能解决学生学习疑难和整体提升学生能力的教学环节。正如本次实践过程中执教教师所表现的一样，第一次课在整体感知环节花费时间偏长而产生的效果并不明显，接下来的第二次课就进行了灵活的调整，由原来的 10 分钟缩减为第二次课的 7 分钟，进而在第三次课上缩减至 5 分钟，很好地适应了学生的学习需求，从而也产生了比较好的教学效果；同样，细致研读环节的时间也从第一次课的 17 分钟缩减到第二次课的 12 分钟，最后又增至第三次课的 27 分钟。

附：第三次课的课堂教学实录

猫是老虎的先生

上海市适存小学　许颖

师：今天老师给大家带来了两位动物朋友（课件出示动物的照片），猫和老虎，说说你印象中的这两种动物是怎样的？

生：我觉得猫是很漂亮的宠物，而老虎是凶猛的野兽。

师：好的。你来说。

生：我觉得老虎是老是张开血盆大口吃别的动物的猛兽。

师：嗯，猛兽。那猫呢？

生：猫是家养温顺的宠物。

师：那你可知道，小小的猫可是老虎的先生，相信吗？

生：不相信。

师：今天我们就来学习第34课。

（师板书课文题目）

师：举起你们的手，和老师一起把课文题目写一下。猫是老虎的先生。

（生一齐书写课文题目）

师：好，我们一起把课文题目读一遍，预备起！

生：34.猫是老虎的先生。

师：读了这个题目你有什么想问的吗？

生：猫怎么会是老虎的师傅？

师：猫为什么是老虎的师傅？那么你也就是解释了这个"先生"是什么意思啊？

生：师傅。

师：还有什么问题？你说。

生：老虎为什么只拜猫为先生？为什么不拜其他动物为先生？

师：为什么不拜其他动物为先生？好的。你说。

生：老虎为什么要拜猫为师傅？

师：那就让我们带着这些问题走进课文，打开语文书。

（师幻灯出示学习要求）

师：×××请你把学习要求给大家读一读。

生：1. 自由朗读课文，读准字音，不加字不漏字。2. 把课文读顺畅。

师：清楚了吗？

生：清楚了。

师：开始。

（生自读课文）

师：好，（出示生字所带的词语：一株大树，芭蕉扇，猜谜，师傅，传授，随声而下，眼睁睁，角色）这里有一些生字所带的词语，我请这个小组开小火车把每个词语读两遍，声音响亮。

（生读这些词语）

师：你们听出刚才的朗读中有什么问题吗？

生：××同学在读的时候有些问题，眼睁睁（yǎn zhēng zhēng）的时候读成了 yǎn zhēn zhēn。

师：他把这个"睁"的什么读成了什么？

生：他把"睁"拖长了。

师：他把"睁"拖长了？是这个意思吗？

生：我觉得××把"眼睁睁"的"睁"读成前鼻音了。

师：嗯，对，她听得很仔细啊，这个"睁"应该是什么？

生：后鼻音。

师：刚才他读成前鼻音了，是吗？你来纠正一下。

生：眼睁睁（yǎn zhēng zhēng）。

师：我们一起来。

生：眼睁睁（yǎn zhēng zhēng）。

师：好，刚才老师听到同学读这个字的时候，这个字应该读——

生：傅（fù）。

师：但是它放在这个词语中的时候，它就变成了——

生：傅（fu），轻声。

师：哎，对，它就变成了轻声，再读一遍。我们一起读一读。

生：师傅，师傅。

师：这个字啊，可是一个多音字，在这里它读——

生：角（jué）。

师：它还可以读——

生：角（jiǎo）。

师：你能给它找找朋友吗？你来。

生：角，角色。角，三角形。

师：嗯，好的。你们看看仔细，这个字和它有什么不同的地方吗？×××。

生：一个有言字旁，一个没有言字旁。

师：哦，那你能不能给这两个字分别地找朋友？

生：谜，猜谜；迷，迷路。

师：哦，好的，谁能够把这个长句子读通顺？×××。

生：忽然，桂树上有沙沙的趾爪的爬搔声，一对闪闪的眼睛在暗中随声而下，使我吃惊，也将祖母正讲着的话打断，另讲猫的故事。

师：噢，好的，他在读的时候，你们有没有听到他的一个字好像读得不是那么准确？你发现了没有？有人发现了吗？哦，你发现了，你来说说看。

生：我觉得他"趾爪"的"爪"，感觉有点读成——

师：这个"爪"字是不是没有读准音啊？哦，好的，请坐。这个"爪"字是一个多音字，它在这里读爪（zhǎo），它还可以读——

生：爪（zhuǎ）。

师：好，在这个句子中有两个生字，第一个读——

生：趾（zhǐ）。

师：它是翘舌音，我们不要读错了，第二个读——

生：搔（sāo）。

师：它是——

生：平舌音。

师：对，那么你知道什么是"趾爪"呢？看看图，×××你来。

生：趾爪的意思就是有趾甲的爪子。

师：噢，这个"爪"字下面是有趾甲的，那么这个"趾"就是什么意思啊？

生：趾甲。

师：好，猫用趾爪在树上抓爬的时候是什么声音？请你联系上下文说说是什么声音？

生：就是沙沙的声音。

师：啊，什么声音？

生：沙沙的声音。

师：那么，你能不能用一个动作来告诉老师这个"搔"是什么意思？

（生做动作）

师：哦，是这个意思。那么"搔"就是什么意思？

生：抓。

师：抓，对，但是我看到还有的同学他的动作是这样，这个叫——

生：爬。

师：噢，不正确了，请你们根据断句符号，用你们的朗读让老师感受一下一只精灵般的猫。我们女同学来试试看，女同学起立，预备起。

（女生读句子）

师：老师看到了一只精灵般的猫，请坐，男同学也来试试，起立，预备起。

（男生读句子）

师：读得不错，请坐，那你们能不能告诉老师课文的哪一小节写的是猫是老虎的先生这个故事的？哪一节啊？

生：第二节。

师：哦，第二节。请大家听老师来读读第二小节，边听边思考（师出示要求）：1. 作为先生的猫教了老虎哪些本领？2. 老虎又是怎样对待它的先生的？3. 面对老虎的歹意，猫是如何应对的？拿起书。

（师范读课文第二小节）

师：作为先生的猫教了老虎哪些本领？

生：作为先生的猫教给老虎扑、捉、吃的本领。

师：你用书上的语言说一说。

生：猫教给它扑的方法、捉的方法，吃的方法。

（师板书：猫 扑、捉、吃 老虎）

师：猫教给老虎扑的方法、捉的方法和吃的方法。

师：我请第六小组把这个句子读一读。预备起。

生：猫就教给它扑的方法、捉的方法、吃的方法。

师：有个同学没有看仔细，来，这组试试。

生：猫就教给它扑的方法、捉的方法、吃的方法。

师：那你们想象一下，当老虎来向猫拜师学艺的时候，会是怎样的一幅情景？请你和你的同桌说一说。

（师出示想象说话内容，生同桌练习）

师：我请你们来说说看。好，请你来说吧！

生：老虎听说猫有许多本领，就想拜猫为师。一天，老虎投到猫的门下，说："可敬的猫老师，我什么都不会，请你教我生存的本领吧！"猫见老虎这样诚恳，就答应收老虎为徒，说："好吧，只要你不要用我教的方法去残害其他的动物，我就可以把所有的本领都传授给你。"

师：于是它就——

生：于是，它就教给老虎扑的方法、捉的方法、吃的方法。

师：好的，还有谁来试试看？好，×××你来。

生：老虎听说猫有许多本领，就想拜猫为师。一天，老虎投到猫的门下来。

师：没有"来"的。

生：说："可敬的猫先生啊，我什么本领也不会，已经很久没有吃东西了。不知道您肯不肯收我为徒？教我生存的本领。"

师：猫见——

生：猫见老虎这样诚恳，就答应收老虎为徒，说："只要你不用学到的本领去伤害其他的小动物，我就决定把所有本领全部教给你！"

师：于是——

生：于是，猫就教给它扑的方法、捉的方法、吃的方法。

师：你好像说的跟×××的差不多的，是不是？还有其他说法吗？好，你来试试。

生：老虎听说猫有许多本领，就想拜猫为师。一天，老虎投到猫的门下，说："可敬的猫师傅，我已经好久没有吃东西了，而且还被那些凶残的野兽攻击，你能不能教给我几招，让我在这个世界上生存下去？"猫见老虎这样诚恳，就答应收老虎为徒，说："只要你能够勤学苦练，我就可以把所有的本领都传授给你！"于是，猫就教给它扑的方法、捉的方法和吃的方法。

师：看到老虎这么可怜，猫就交给它那么多的——

生：本领。

师：你们觉得这只猫怎么样啊？

生：很善良。

（师板书：善良）

师：这是一只善良的猫，还有吗？

生：这是一只好心的猫。

生：这是一只助人为乐的猫。

师：哦，愿意帮助别人。

生：有爱心的。

生：很热情。

生：这是一只助人为乐的猫。

师：小朋友说过了，你要听仔细哦。

生：这是一只热心的猫。

师：那老虎学了本领以后，它是怎么想的？怎么做的？书上是怎么说的？

生：老虎想：本领都学到了，谁也比不过我了，只有做老师的猫还比我强。要是杀掉猫，我便是最强的角色了。

师：这是它的想法，后来呢？怎么做的？

生：他打定主意就上前去扑猫，猫是早就知道它的来意，一跳便跳上了树。

师：这个是讲老虎的吗？

生：不是。

师：你要看仔细，还有刚才你在读这句话的时候，这里是"自己"，不是"我"。是不是？要看清楚哦。

师：其实呀，老虎的想法就是它在脑海里对自己说的话。那你们能不能把它的想法，变成它说话的内容？

（出示：老虎想，本领都学到了，谁也比不过它了，只有做老师的猫还比自己强，要是杀掉猫，自己便是最强的角色了。老虎暗暗地在心底里说："＿＿＿＿＿＿＿＿。"）

生：老虎暗暗地在心底里说："只有做老师的猫还比我强，要是杀掉猫我便是最强的角色。"

师：它怎么突然一下子说这句话的？请坐。

生：老虎暗暗地在心底里说："从今以后本领都学到了，谁也比不过我了，只有做老师的猫还比我强。要是杀掉猫，我便是最强的角色了。"

师：是呀。老虎的得意扬扬尽显现出来了。于是它这样想，于是它——它怎么做？

生（齐读）：它打定主意，就上前去扑猫。

师：那你觉得这是一只怎么样的老虎？

生：这是一只阴险狡诈的老虎。

（出示句子：老虎想，本领都学到了，谁也比不过它了，只有做老师的猫还比自己强，要是杀掉猫，自己便是最强的角色了。它打定主意，就上前去扑猫。)

师：那就请你来读一读，把你的感受读出来。

(师板书：阴险)

生：老虎想，本领都学到了，谁也比不过它了，只有做老师的猫还比自己强，要是杀掉猫，自己便是最强的角色了。它打定主意，就上前去扑猫。

师：老师觉得这只老虎不够阴险。你来。

生：我觉得这是一只忘恩负义的老虎。

师：那用你的朗读来告诉我们好吗?

生：老虎想，本领都学到了，谁也比不过它了，只有做老师的猫还比自己强，要是杀掉猫，自己便是最强的角色了。它打定主意，就上前去扑猫。

(师板书：忘恩负义)

师：我看到了一只忘恩负义的老虎。好像有点可怕。还有吗?

生：这是一只凶猛的老虎。

师：请你用你的朗读来告诉我。

(生读句子)

师：这只老虎好像还有那么一点点的温柔噢。

生：这是一只可怕的老虎。

(生读句子)

师：老师听出来了，挺可怕的。不过啊，我们的猫先生是早就知道它的来意的，什么来意啊?

生：杀猫。

师：谁要杀猫啊?

生：老虎要杀猫。

师：噢，老虎要杀猫。

(师板书：杀)

师：那你们猜猜看，猫先生早在什么时候知道了老虎有这个来意?

生：老虎在拜猫为师的时候。

师：老虎在刚刚投到猫的门下的时候，猫就有这个感觉了。是哇？那我觉得这只猫挺傻的，既然它已经知道老虎来杀它了，那它为什么还要收老虎为徒？还想要教老虎那么多的本领呢？

生：就是……老虎觉得……

师：回答我刚才那个问题！你觉得这只猫怎么样？

生：我觉得这只猫很善良。

师：哦，应该是很善良，是不是啊？它有可能是在老虎刚刚来的时候就已经察觉到了，但是它还是愿意教它，它还是很善良的！

生：我觉得它应该是在老虎心底里暗暗想的时候，它就知道的，就是，一边想，一边它会自言自语地说，这些说的话被猫听到了。

师：你刚刚说老虎在想的时候，这只猫就已经知道了。那岂不是这只猫钻到它脑袋里去了，是不是啊？你刚才自己又补充了，它在想的时候可能又在自言自语，它说的话被猫听到了，你觉得这只猫怎么样？

生：很机灵。

师：除了机灵，它是不是有点儿——

生：机警。

师：除了机灵，它还有点儿怎么样？还有点儿警惕是吗？

（师板书：机警）

师：我们的猫先生很机警，它早就知道了老虎的来意，所以当老虎向它扑来的那一刹那，猫——

生（齐）：一跳便上了树。

师：老虎无可奈何——

生：只能眼睁睁地在树下蹲着。

师：那你们想一想，猫先生当时会怎么想？请你们在小组里先讨论一下。

（师出示：猫是早知道它的来意的，猫想，如果____老虎就____）

（生分组讨论）

师：好！谁来说一说？

生：猫是早知道它的来意的，猫想，如果我把一切本领传授完，老虎就会把我给吃掉。

师：好的，还有呢？有不一样的吗？

生：有！

师：你来讲！

生：猫是早知道它的来意的，猫想，如果我先把爬树的本领教给老虎，老虎就会把我给吃了。

师：好！你来！

生：它想，如果我把上树的本领也教给老虎……

师（提示生按提供的填空语段来讲）：猫是早知道它的来意的——

生：猫是早知道它的来意的，猫想，如果我把上树的本领也教给老虎，老虎就会张开血盆大口吃掉我。

师：这只猫教了老虎许多的本领，可是老虎反过来却想要——

生：杀猫。

师：因为猫有了警惕，所以它最后逃过了这一劫。因此，猫确实是老虎的先生。

（师指板书中课题"先生"旁边的"？"）

师：这个问题我们解决了吗？

生：解决了！

（师擦去问号）

师：那就请你们带着你的感受，我们一起把书拿起来，读读课文的第二小节。你知道吗？预备起——

（生齐读第二节，个别生读到了第三小节）

师：思想集中，听清楚要求，书放下。

师：这个"猫与老虎"的故事最终以老虎的落败结束了。本文的作者是大文学家鲁迅，他在文章的最后一节说："这是侥幸的。"你知道"侥幸"是什么意思吗？

生：我是用查字典的方法知道"侥幸"就是由于偶然的原因而得到成功或免去灾害。

师：你是用查字典的方法理解"侥幸"的。其他同学还有用其他方法的吗？

生：我是用找近义词的方法理解"侥幸"的，"侥幸"就是幸运。

师：哦，幸运的意思，那你们说说看，这里的幸运是不是事先就料到的，那么猫侥幸在哪里？×××。

生：猫侥幸在老虎很性急。

师：还有呢？×××。

生：猫侥幸在还没教给老虎上树。

师：上树的本领。

师：你说。

生：老虎很性急没有教给它上树的本领。

师：老虎很性急没有教给它上树的本领。老虎很性急，猫还没有教给它上树的本领。是的，猫的幸运是因为老虎太性急，这个偶然的因素才获得的，所以，这就叫——

生：侥幸。

师：好，我们拿起课本，这只老虎还没学完本领就要扑猫，它也太——

生：性急了！

师：机警的猫因为没有教它上树而逃过了一劫，这就是——

生：侥幸的。

师：要不然——

生：从桂树上就会爬下一只老虎，终究是很怕人的。

师：好，课本放下，那么你们知道鲁迅先生通过这个故事想告诉我们什么呢？请你把那张练习纸拿出来，想一想，把你想的写在纸上，同时根据文章的内容把前面的小练习也一起完成。

（生完成练习）

师：好，我们来交流一下。

生：这个故事告诉我们不要把本领教给那些心怀鬼胎、心术不正的人，要学会观察和防护。

师：那你觉得课文中谁是心怀鬼胎的？

生：老虎。

师：哦，老虎，好的。

生：这个故事告诉我们不能像老虎那样，要尊敬自己的老师。

师：你说。

生：要像猫那样有机警性。

师：要像猫那样机警，你说。

生：这个故事告诉我们要像猫那样做个善良的人，同时也要保护好自己。

师：那么故事中善良的是谁啊？

生（齐）：猫。

师：我们要像这只猫一样要做一个善良的人，但是对于像老虎那样心术不正的人我们也要学会防备，也要机警一些，也要学会保护自己，刚才几个同学都提到了。

（师出示媒体，归纳：在生活中，要学会保护自己，防备那些像老虎那样心怀鬼胎的人）

师：这就是鲁迅先生通过这个故事告诉我们的道理。

师：好，课文到这里学完了，那你们能不能根据课文，展开合理的想象加上自己的语言，把这个故事讲给大家听一听，老师给了大家一些提示（出示提示要求），用下面两种方法中的一种把故事讲完整。第一种找你的好朋友，两个或三个，合作把故事讲完整。第二种就是有能力的同学就一个人把故事讲完整。我们来分一分，用方法一找朋友的同学就站这边，用方法二的小朋友站到那边，当你在理解的故事中你能加上一些动作，这样就更好了。

（生分组练习）

师：好，你来。你是——

生：用方法二。

师：用方法二，好，面对大家。

生：老虎听说猫有许多本领，就想拜猫为师。一天，老虎投到猫的门下，说（生蹲下）："可敬的猫先生，我已经仰慕您很久了！（生站起）您有这么多本领，能教我几招吗？"猫见老虎这样诚恳就答应收老虎为徒，说："看你这么可怜就收下你吧。"猫教给它扑的方法、捉的方法、吃的方法。这些教完了，老虎想：本领都学完了，谁也比不过我了。只有做老师的猫还比我强，要是杀掉猫（生做杀的动作），我便是最强的角色了。它打定主意上前去扑猫（生做扑的动作）。猫早知道它的来意，心想：如果我把本领都教给了老虎，老虎就会把我吃掉。于是，猫一跳便上了树，老虎只能眼睁睁地蹲在树下，幸亏猫还没有教老虎上树的本领。

师：他说得好不好？

生：好。

师：我们鼓掌表扬他。

（生齐鼓掌）

师：再请一组同学。

（三生上）

（师给三人佩戴好猫与老虎的头饰，一生做旁白）

生1（旁白）：老虎知道猫的本领很强，就想拜猫为师。一天，老虎投到猫的门下，说——

生2（饰虎）：（跪地）尊敬的猫先生，我什么本领也不会，听说您有很多本领，我就要饿死了，您就收我为徒吧！

生1：猫见老虎这样诚恳，就答应收老虎为徒，说——

生3（饰猫）：好的，只要你不把我教会你的本领用来残害其他小动物，我就把所有的本领都教给你。

生1：猫就教给它扑的方法、捉的方法、吃的方法。（生3做动作）。这些教完了。老虎想——

生2：本领都学到了，谁也比不过我了，只有做老师的猫还比我强。要是杀掉猫，我就是最强的角色了。

生1：它打定主意就上前去扑猫。（生2做扑的动作）猫是早知道它的来意的，心想——

生3：如果我把所有的本领都传授给它，我就会被它吃掉的。

生1：于是，猫一跳就上了树，老虎只能眼睁睁地蹲在树下，幸亏猫没有把所有的本领都传授给它加上老虎很性急，猫才逃过了这一劫。

师：他们演得怎么样？

生（齐）：很好！

师：就你们组来吧。

（又三生上，师为他们戴上头饰）

生1：听说猫有很多本领，一天，老虎就投到猫的门下，说——

生2：可敬的猫先生啊，听说您有很多本领，我什么本领也不会，我已经很久没有吃东西了，不知道您肯不肯收我为徒？

生1：猫见老虎这样诚恳就答应收老虎为徒。猫说——

生3：好吧，我可以把全部的本领都教给你，但是你不能把学会的本领用来残害其他小动物。

生1：猫教给它捉的方法、扑的方法、吃的方法。（生2、生3做动作）本领学完了，老虎想——

生2：本领都学到了。只有做老师的猫还比我强，如果杀掉猫，我便是最强的角色了。

生1：猫早知道它的来意，心想——

生3：如果我把所有的本领都教给老虎，老虎就会爬上树把我给吃掉。

生1：于是，猫就一跳上了树，老虎只能眼睁睁地在树下蹲着。幸亏，猫没有把所有的本领教给老虎，再加上老虎也很性急，所以猫就逃过了这一劫。

师：不错。由于时间关系，我们今天的故事扮演只能先到这里。今天，我们学习了课文，懂得了一个道理，大家还讲了故事，你们的收获真不小，好，今天的课上到这里。

范例2： 提升课堂提问品质的英语教学研究①

课堂教学提问在课堂教学目标的达成方面往往起到举足轻重的作用。在促进课堂生成和加强过程体验的课程理念指导下，没有问题设计和实施的课堂要实现教学目标的达成是难以想象的。在当前英语教学过程中，课堂提问还存在着诸多值得改进的问题，诸如所问的问题与课堂主题关联性差，问题突如其来；针对问题的问法有失妥当，以致答非所问或事与愿违；问题本身缺乏挑战性，学习处于原地踏步，等等。

本文采用行动研究方法，深入课堂教学的过程之中，针对课堂教学提问存在的问题进行了持续的改进，最终得出了有益的经验与启示。

一、第一次课试教

执教教师选择的是人民教育出版社出版的义务教育课程标准实验教科书《英语》（*Go For It*）八年级下册第八单元的 Section A "I'll help clean up the city parks"。执教教师设计了7个环节：（1）以手势引导学生猜测表示的含义；（2）接触课本"做志愿者"内容，并引导学生设想更多的途径；（3）听录音，完成句子；（4）联系生活现实引出真实问题，继续探讨如何做好志愿者工作；（5）听录音，核对答案；（6）设计一个在校内或社区里做志愿者的方案；（7）选择一份志愿者工作，做一个发动招贴。

在本次课上，教师注意到了课堂提问的运用，据统计，整个一堂课设计问题42个，其中也有引发的课堂生成出现。例如，教师针对受伤女孩痛苦表情的照片提问 "What can we do to help her" 引发学生回答如下。

"I'll give her some money."

"I'll give her some food."

"I'll give her some clothes."

---

① 胡庆芳. 课堂教学提问有效性的实践研究［J］. 中小学外语教学：中学篇，2009（6）：15.

"I'll talk with her and cheer her up."

"I'll help her to go to school."

教师注意到了把现实中发生的真实事件灵活运用到课堂，成为问题设计的来源。例如，教师以刚刚发生不久的杭州地铁隧道坍塌事故为例，提问学生"How can we help the people in trouble"。

● 观察发现

课堂提问引发学生的思考与生成不足，气氛趋于沉闷；教学内容比较庞杂，环节之间关联性欠缺，整堂课显得松散；课堂师生互动面较小，学生表现机会异常不合理。

● 问题诊断

第一，教师在提出问题时缺乏必要的铺垫，问题本身显得生硬。

例如，教师做出手势：大拇指、食指和中指三根指头揉搓，直接提问"What does it mean"，没有学生知道是"No problem"。同样，教师用食指指到自己前，再伸直大拇指而不断弯曲其他四指做扇风状，然后拍手，最后用食指指向学生，直接提问"What does it mean"，被问的几个学生都不知道是"I can help you"。

第二，教师面对一个本身可以引发想象的情景，人为地回避挑战性而采用简单化的选择性提问方式，从而丧失生成机会。

例如，当教师呈现一张鼻孔插着氧气管的女孩子的照片时，教师只是对着学生提问"Is the girl happy or sad"。同样，当教师提问"What makes her so sad"，一个学生回答"Because of the earthquake"，教师停止继续征集答案，马上肯定学生的回答"非常正确"。

第三，教师面对学生的回答，难得有的几次新问题的追加，其质量本身并不高。

例如，在面对带着痛苦表情的小女孩的照片时，教师提问"What could you do to help her"，一个学生回答"I'll give her some money"。教师于是追问"How much money"，学生回答"14 yuan"。在这里引发的学生捐钱数额的生成，意义甚微。

第四，教师设计问题时没有从学生实际出发，完全以教师的理解来期待学生的回答，差强人意。

例如，教师在设计猜测游戏时，分别列举了周杰伦、马云、比尔·盖茨、清洁工四个人物。让学生猜测这四个人物分别能够为刚刚发生不久的杭州地铁隧道坍陷做什么。教师本来期望的是周杰伦唱歌让受伤者快乐、马云利用互联网让更多人帮助受伤者、比尔·盖茨捐钱、清洁工清理事故现场。结果学生一致认为前三者可捐钱给予帮助。

第五，教师提问存在随便问的现象，致使学生的反馈显得多余。

例如，在两次检查学生听听力材料完成填空作业时，都提问道："How many students are right"，但是针对学生的举手情况，教师没有进行仔细观察，几乎问完就开始下一项的内容。

第六，教师在提出的问题得不到学生回答的情况下，先后5次点同一学生回答以打破冷场的尴尬。

第七，教师的教学拘泥于教材本身的编排，还停留在"教教材"的阶段，没有从话题"志愿服务"的角度来渐进展开。

例如，当教师用手势艰难引出"志愿者服务"的话题之后，借助课文谈起出外清理公园的事情，并设想还可以做其他什么事情，接下来就是听课本上四段对话的录音并完成句子，其间衔接显得生硬。随后在引入杭州地铁隧道坍塌事件之后，又是听课本另外六句的录音，并完成句子的填写。因为每一个句子里都涉及新词组，以致播放了四遍之后还有学生没有填写完全。教材内容的处理与现行话题的持续之间的衔接与铺垫没有做好。

● 改进建议

第一，以话题为中心展开教学，突出主题性。本次课的主题是"做志愿者"（volunteering），因此，在课堂教学的各个环节要反映和突出这个主题，即坚持主题教学。

第二，以问题为主线驱动课堂，加强连贯性。本次课堂上所提问题比较琐碎，使得教学环节之间过渡生硬和关联性不够，因此，要加强问题的环环相扣，即紧紧围绕"volunteering"渐进展开 what，why，以及 how 引导的问题。

第三，以问题为手段引发思考，加大生成性。本次课堂上很多生成的机会皆因教师不恰当的处理方式使得生成机会错过。所以要改进提问方式，积极回应学生生成。

二、第二次课改进
● 课堂教学发现的积极变化

首先，整堂课"志愿服务"的主题突出，问题引导下的教学环节清晰，环环相扣。

例如，本次课设计了6个教学环节：（1）音画导入，问题跟进，呈现歌曲《感恩的心》和一系列志愿者服务的图片，并提问"What can you see"；（2）小组活动，问题讨论，小组讨论"What do you think of the volunteer work in the video""Why is it important"；（3）听力引入，问题拓展，提出"Let's see what other people think of it""In what other way can we do it better"；（4）小组活动，问题继续，"If you've a chance to be a volunteer, what will you do"；（5）音乐渲染，升华主题，播放歌曲《爱的奉献》呈现主题句子；（6）教学反馈，问题检查，目标词汇和志愿服务的心愿与计划的表达。

其次，学生情感体验的机会比较充分，志愿服务的愿望表现积极。

例如，教师在课堂的首尾两部分都采用了相关主题的歌曲进行渲染和烘托，让学生充分体验献出爱心、助人为乐、服务社会的情感主题。学生在即兴的作业单写道："I want to be a teacher for poor children, because everyone has a right to get education""I want to be a tour guide for foreign friends, because China has changed a lot and there are more and more foreign visitors""I want to help old people at Old People's Home, because it's getting colder and colder"。

最后，教师通过环环相扣的问题链引发了多处集中的课堂生成。

例1，对于问题"What do you think of the volunteer work？"引发学生诸

多见解。

"It's very interesting, but tiring."

"It's educational."

"It's dangerous sometimes."

"It's helpful and can make people happy."

…

例 2，对于问题"If you have a chance to be a volunteer, what would you do?"引发学生回答如下。

"I want to be a superman and let the sick children fly in the sky and make them happy."

"I want to be a spiderman and give the poor kids sweets." "Mrs Wang, what will you do?"

- 课堂上表现出的不足

首先，课堂上教师充分发挥了预设问题的作用，但对于学生回答追问得不够，因此失去了诸多潜在信息的生成。

例如，教师播放歌曲《感恩的心》之后提问"What's the name of the song"，一个学生回答"《感恩的心》"。教师追问"Can you say it in English?"学生回答"No"，问其他学生也没有人知道。教师没有转而直接告诉，其实歌名是什么远没有其内容主题重要，所以如果改问"What does it tell us to do"，则会让学生有话可说。

例如，针对学生天马行空式的"superman"和"spiderman"的想象，本可以利用追问把学生拉回到现实中做切实可行的行动表达，如"If you cannot be a superman or spiderman, what will you do then"。

其次，课堂上目标词汇的学习主要以汉语注释或直接告诉的方式告知学生，学生的运用水平远低于认知水平。在当堂课 6 个目标词汇的检测中，写出汉语解释和选择填空的作业中，全对的有 20 人；但运用目标词汇完整造句的只有 1 人，完整造出 3 个句子的 2 人。

• 进一步改进的建议

首先，扩大问题在教学全过程中的渗透性，使其不仅在主题理解和情感体验方面表现突出，同时在目标词汇的掌握方面也发挥积极的促进作用。

其次，增强问题在教学真情境中的灵活性。不仅充分运用预设的问题，而且加强追问的力度。

最后，突破师生问答式的互动模式，构建生生问题互动的新格局。

三、第三次课再改进

首先，教师注意让学生自己生成新问题，并展开对话互动，列举如下。

生 1：If you have a chance to be a volunteer, what will you do?

生 2：I want to help old people.

生 1：Good idea! How will you help them?

生 2：I will give them some food.

生 1：But how can you have food?

生 2：I will ask for my mother.

其次，教师运用问题检查的方式，让被提问到和暂时没有被提问到的学生都参与到学习的过程之中。

例如，教师请学生做配对对话的环节，每对学生对话结束后，教师都注意随机请其他的同学复述刚才的主要内容。

最后，教师以问题解决为真实任务，用英语字母歌的曲调进行了目标词汇的串词练习，有效地促进了目标词汇认知运用水平的提高。教师设计的串词练习歌曲如下。

Volunteer, volunteer, volunteer from today

Clean up rivers and streets

Cheer up the old and sick

Set up a food bank

Hand out food and homes

If you want more people to join it

Put up signs on the wall

在当堂课 8 个目标词汇的检测中，有 3 名学生全对，另外有 3 名学生对 5 个。其中不少英语解释具有创造性。如，hunger：have no food to eat；put off：do something in a later time。

- 课堂教学尚存在的不足

第一，系列问题的设计逻辑连贯性不够，环节过渡流畅性欠缺。例如，教师在呈现志愿服务的图片之后提问学生"看到了哪些活动"（环节①）；随后进行问题拓展："除此之外，你认为还有其他什么方式可以帮助别人"（环节②）；接着深化问题："你怎么看待志愿者活动？"（环节③）；接下来进入听力，接触文本（环节④）。而听力材料中的 4 句内容讲的是不同的四种志愿者服务活动。在环节①②，目标词汇集中出现。教师主要用询问的方式看学生是否知道其意思，并用英语解释给学生以帮助学生记忆。在最后一个环节，教师设计了一个针对目标词汇以节奏进行串联的活动，并以"What's your rhyme"提问学生以检查创作情况。

第二，教师利用问题引导学生的力度还不够大，特别是以追问的方式挖掘生成的效果还不显著。例如，教师在提出问题"What do you think of volunteer work"之后，没有等学生回答，教师直接自问自答式地说出了"interesting""important"等看法。另外，尽管尝试了学生相互问答的问题处理模式，但是教师就每对学生的回答向全班追加的问题都停留在重复刚才听到的内容本身，教师本可以自己或让其他同学追问被点名互动的学生，或提出建议，但没有实践，以致生成机会被放弃。

四、研究形成的结论与观点

基于研究专题"提升课堂提问的品质"的目标定位，三位不同的教师针对同一教学内容进行了"接力棒"式（试教课→改进课→再改进课）的教学实践与研讨，研究小组得出以下方面的结论与观点。

1. 有效的课堂教学提问判别的四个标准

①引发有意义的内容生成。如果教师的提问只是换来学生不假思索、异口同声地回答，这样的提问其有效性肯定值得怀疑。②实践挑战性的思维训练。教师的提问应当起到启发学生思考的作用，让学生经历思维挑战的过程。③驱动持续性的学习过程。教师的课堂如果以问题为引导，环环相扣，循序渐进地实现了课堂教学的目标，这样的课堂注定精彩。④实现预设性的教学目标。实现当堂课的教学目标是检验一切教学手段是否有效的重要标准，没有促进教学目标达成的任何策略与方法，其有效性都注定是有这样或那样的缺陷和不足。

2. 有效的课堂教学提问要加强三个环节

以学生的学习起点为出发点，加强新旧知识之间的联系；以学生最近发展区为参照系，促进知识学习的拓展升华；以课堂的真实情境为反光镜，调整原有问题的内容形式。

3. 有效的课堂教学提问要坚持五个原则

①以教学内容的深化为目的设计问题。问题的设计主要是以促进学生对学习内容更深入的理解，尽可能设计一些有意义的和具有一定挑战性的问题。②以教学目标的达成为标准筛选问题。能够促进教学内容向纵深方向发展的问题可能会有很多，但最终要以能够有助于实现当堂课教学目标为选择依据。所以，即便是富有挑战性的问题也需要经过筛选。③以相关知识的联系为桥梁铺垫问题。问题有时出于顺利引出新知识的目的，课堂教学往往需要设计一些回顾旧知识的提问。所以尽管其挑战性可能不够，但是也有不可或缺的作用。④以课堂生成的促进为目的完善问题。任何课前教学问题的设计都要接受课堂真实情境的检验，要合乎情境地进行适切性的完善。⑤以全体学生的参与为保证提出问题。课堂教学问题的设计和实施一定要面向全体学生，以促进每一位学生的发展为最高宗旨。

附：第三次课的课堂教学实录 ①

UNIT 8　I'LL HELP CLEAN UP THE CITY PARKS

浙江省杭州市余杭区临平三中　祝小华

Step 1　Lead-in

T：Hello, class.

Ss：Hello.

T：Nice to meet you.

Ss：Nice to meet you , too.

T：Let me introduce myself first. My name is Shirley. I come from Linping No. 3 Middle School. I am very happy to be your English teacher in this class. OK. At the beginning of the class, we are going to enjoy a video of a song. When you are listening and watching , please find out what is the name of the song. Second , find out what the song is about. The third question, what are they doing ? Understand ?

Ss：Yes.

T：OK. Now let's enjoy the song.

（放录音）

T：It's a beautiful song, isn't it? Do you know the name of the song? What's the English name of the song?（停顿几秒钟） The Chinese name of the song is...

Ss：《感恩的心》。

T：And in English, we can call it " Grateful Heart". （板书 "grateful heart") Read after me：Grateful.

Ss：Grateful.

T：Heart.

---

① 本实录由浙江省杭州市余杭区领雁工程初中英语课例研究小组整理。

Ss：Heart.

T：Grateful heart.

Ss：Grateful heart.

T：What is the song about?

Ss：Volunteers.

T：Great. Yes. It is about volunteers. （板书"volunteer"） Yes. Now, read after me：volunteer.

Ss：Volunteer.

T：OK. The song is about some volunteers. What are the volunteers doing in the video? Can you remember?

S：Clean up the street.

T：Some of the volunteers are cleaning up the street. Class, do you think so?

Ss：Yes.

T：Thank you. Sit down, please.

（出示一位妇女在公园清扫的照片）

Now, look. Yes. Some of the volunteers are cleaning up the park, the streets. Very good.

Class, do you know the meaning of "clean up"?

（板书"clean up"）

Clean up means make something clean. Do you understand? Read after me：clean up.

（生跟读）

T：OK. What about other volunteers? （停顿） Yeah. You, the second girl, please. （示意另一位女生回答）

S：Some of them are helping the old people.

T：Are any of the volunteers helping the old people?

Ss：Yes.

T：Great. Look, some of the volunteers are helping old people. （图片再现）

Look at the boy, he is so young. A young volunteer . He is looking after the old man and he is also（停顿了一下等生接） cheering the old man up. You know the meaning of "cheer up"?（板书）

S：让人高兴。

T：In English it means make sb. happy.

Yes.（领读） Cheer up. What about the other volunteers. Er, yeah, that girl , please.

S：Plant trees .

T：Some volunteers are planting trees, do you think so?

Ss：Yes.

T：Thank you, sit down, please. Yeah, look!（呈现图片） The volunteers are planting trees.（板书：plant trees） What other things are they doing? Now, class. Look at the picture. What is this young volunteer doing?

S：Helping the old man cross the street.

T：Help the old man cross the street.（板书） What is this volunteer doing? What is he doing?

S：Help the policeman .

T：Yes, he is helping keep the traffic order, do you think so?

S：Yes.

T：So, from the pictures you know the volunteers are volunteering in different ways. Can you think up other ways to volunteer? In what other ways can volunteers help others? Yes, you, please.

S：Help poor people.

T：Help poor people. Yes, helping poor people is a good way , but what kinds of people do you think are poor? What do you mean by poor people?

S：Hungry people.

T：Yes , hungry people are poor.

Ss：Homeless.

T: Homeless people are poor. Thank you, sit down, please.

（板书）

T: Follow me , homeless.

Ss：Homeless.

T: What does "homeless" mean?

Ss：无家可归。

T: In English, that means? What does it mean? You know? OK! The third girl, can you try ? No. 3, yeah, it's you. And now what's the meaning of the homeless?

S：Er, er, it means the people have no home.

T: Yeah! Homeless means having no home, thank you, sit down, please. Just now that girl said "helping poor people", it is a usual way for volunteers to do. Yes? And now do you have other ways? What other ways can volunteers help others. OK , this girl , please.

S: There are teachers in hoping school.

T: I beg your pardon?

S: There are teachers in hope school.

T: Do you mean "set up a hope school", right?

S：Yes.

T: Good, setting up a hope school is a very good way. Anyone else?

S: Providing clothes for the poor people.

T: Providing clothes for the poor people, that sounds great. OK, that girl, please?

S: Visiting the people in hospital.

T: Visiting the people in hospital . Very good. Anything else?

Now you, please.

S：Cleaning up the city parks.

T: Cleaning up the city parks . OK, thank you. Just now we have thought up many ways to volunteer. That means there are many kinds of volunteer work, what do you think of volunteer work?

T: Is that interesting?

Ss: Yes.

T: Is that tiring?

Ss: Yes.

T: And any other description words about that? What do you think of volunteer work? Interesting, tiring...Is it important?

Ss: Yes.

T: Yes, it is also important. Now we know volunteer work is important. But in what ways can we students volunteer? And how can we do it better? After listening to the two conversations, you will know more about that.

Step 2　Listening

T: Before listening, let's look at this picture. It is a bulletin board in No. 4 middle school. Look at this picture, please. You can see a boy and a girl . What are they doing?

Ss: They are looking at the posters.

T: Yes, they are looking at the signs on the bulletin board. Let's look at the signs and talk about them. What does the first sign mean?（无人举手）OK. Say together, please.

Ss : Cleaning up the city parks.

T: Yes, that means students can help clean up the city parks.

T: What does the second sign mean?

Ss: It means visit sick kids in the hospital.

T: The students can help the sick kids in the hospital. What does the third sign mean?

Ss: Help stop hunger.

Ss: Stop hunger.

T: OK. There are some signs on the bulletin board. Many students are talking about them. Now listen to them and try to complete the short conversations. Understand? Now begin. Before that, you'd better read the sentences.

（让生开始听录音并做填空练习）

T: Have you completed the blanks?

Ss: Yes.

T: OK, you can discuss the answers with each other.

（生互对答案）

T: OK, now stop, please. Please tell us your answers in pairs. Which pair can tell the first conversation. Yes, you, please, that's right.

S: I'd like to work outside.

S: You could help clean up the city parks.

T: Do you think so?

Ss: Yes.

T: That's right, sit down, please. Conversation 2. Yeah, these two girls.

S: I'd like to help homeless people.

S: You could give out food at the food bank.

T: Do you agree with them?

Ss: Yes.

T: Yes, great. And conversation 3. Yes, that pair please.

S: I'd like to cheer up sick kids.

S: You could visit them in the hospital.

T: Do you agree with them?

Ss: Yes.

T: That's right. The last one. What about the boys? OK, that pair, please.

S: I'd like to help kids with their schoolwork.

S: You could volunteer an after-school study program.

T: Very good. That's great. Yes, OK. You know, after looking at these signs and talking about the volunteer work, many children are planning to do it. Now one of the groups are planning to clean up the city parks. But there are so many city parks, so they are planning to tell others to help them, understand? They are planning a City-Parks Clean-Up Day. Understand?

Ss: Yes.

T: Yes, Clean-Up Day.

Ss: Clean-Up Day.

T: Yes, but in what ways are they going to tell more people about that. Now look at the five signs. Listen and check what they are going to do. I think before listening, we'd better try to understand the signs. Now what does the first sign mean?

T/Ss: They are going to make an ad on TV.

T: That' great. What does the second sign mean?

Ss: Put up signs.

T/Ss: Yes, put up the signs. What does the third sign mean?

Ss: Call up.

T: Yes , call up people. Yes, what does the fourth sign mean?

Ss: Write down on the newspaper.

T: You mean "make an ad on the newspaper". OK , very good. The last one.

Ss: Hand out the advertisements.

T: OK. Class, the five signs show the five ways, but what are the students going to do really? (让生做另一段听力练习)

T: OK. What are the students going to do? Now, please hands up. That girl, please.

S: They will put up signs.

T: Any more? The boy, please.

S: They will work outside.

T: Umm. Good, sit down please. And what other things? That girl, please.

S：They are going to call up other people.

T：They are going to call up other people. That's great. And the last one, they are going to hand out the advertisements. OK. Read after me, please. (生跟读) "Hand out".

T：And "hand out" means "give out". We're going to listen to the conversation. Before listening, read the sentences. OK, now listen to the tape and fill in the blanks.

(生听听力材料)

T：Have you completed the blanks? You can see the answer to the first sentence. What's the next?

Ss：Put off.

T：What's the meaning of "put off". That means "delay". Read after me. Yes. No. 3. The first boy, please. Can you have a try?

S：Sorry. I can't.

T：It doesn't matter. Next boy, please.

S：I'll write down all my ideas.

T：I'll write down all my ideas. Do you think so? (生齐答 Yes) OK. That's great. Thank you, sit down, please. What about No. 4? Next boy, please.

S：We could put up signs.

T：We could put up signs. Is that right? (生齐答 Yes)
Next one, please.

S：I'll hand out advertisements after school.

T：Very good. Hand out (呈现答案) OK. Next one. (指一男生) Excuse me? Yes. Can you tell us your answers? OK, the last boy, can you show us your answers?

S：We could each call up ten people and ask them to come.

T：We could each call up ten people...Class, do you think it's right?

Ss：Yeah.

Step 3　Share ideas

T：I think after listening to the two conversations, you know more about volunteer work. Is that right?

Ss：Yeah.

T：So now, if you have a chance to be a volunteer. What do you want to do? Let's share our ideas.（生思考5分钟）

T：This girl, please.

S：I'd like to visit sick children in the hospital.

T：Help sick children …

S：In the hospital.

T：Hospital. What will you do for them?

S：Play with them.

T：Maybe, you think playing with them can cheer them up. Thank you. Sit down, please. That's great. Yes, and next one. Yes , you please.

S：I want to visit the old people's house.

T：Visit old people's house?

S：Yes.

T：What are you going to do in the old people's house?

S：I want to talk with old people.

T：Talk with old people?

S：Yes.

T：Yes. Talking with others is a good way to cheer them up, too?

S：Yes.

T：OK. Thank you. Sit down, please. OK. What about other students? Oh, next one, please.

S：I'd like to set up a food bank.

T：You'd like to set up a food bank.（把 set up 写在黑板上）

How can you get the food? Where is the food from?

S：My mother gives me. （全班笑）

T（笑着说）：Great, you want to set up the food bank with the help of your mother. What about other students?

S：I can help people who are homeless. （坐下）

T：You are really kind. Excuse me, how can you help them? （又把生叫起）

S：Cheer them up.

T：Yes, maybe give something good to eat. OK, sit down please. What about other students?

S：I'd like to help people cross the streets.

T：What kind of people?

S：Old people and some students.

T：Very young students.

S：Yes. And the disabled.

T：Disabled, er . OK. That's good. Sit down, please. OK, just now, we shared some of Students' ideas. Do you want to know about your friends' ideas? You can choose one or two friends to ask. Yes , you can stand up to ask your friends.

（生讨论）

T：Now. Would you like to show your conversations? Put up your hands, please.

OK , that pair, please.

S：What would you like to do?

S：I'd like to clean up the parks. What about you?

S：I'd like to help the old man.

T：Is that all? （转向其他学生） What is he going to do? What is he going to do as a volunteer? Do you know? He wants to...

Ss：He wants to clean up the parks.

T：And what is he going to do?

（无人回答）

T：OK. This boy. Repeat your idea, please. What do you want to do?

S：I would like to help old people.

T：Yes, he wants to…

Ss：Help old people.

T：You should listen carefully when other students are telling their ideas.

Ss：OK.

T：So much for this pair. Other pairs? Now, this girl, please!

S：If you have a chance to be a volunteer, what do you want to do?

S：I want to stop hunger.

T：Now, OK, sit down, please. What does this girl want to do? Now, you please?

S：She wants to stop hunger.

T：She wants to stop hunger. Other pairs?

S：What do you want to do if you have a chance to be a volunteer?

S：I want to be a volunteer in a hope school.

T：And you please?

S：If you have a chance to be a volunteer, what do you want to do?

S：I'll help the old people to cross the road. How about you?

S：I want to hand out food to hungry people.

T：OK, just now, you shared some ideas for what to do as a volunteer if you have a chance. OK, now, we have a real chance.

Step 4　Survey

Today is November 8th. A week later（重复）, it is December 5th. And December 5th is a special day. Do you know why it is special? Please guess why it is special?

Ss：Volunteer Day.

T: Very Clever! It is International Volunteer Day. Are you going to do some volunteer week on International Volunteer Day? What about your friends? Please make a survey among your classmates and then gives a report.

（师巡视各个小组，进行指导）

T: Now, class. Please try to give us your report. That girl, please try first.

S: I want to help the old people.

S: Why do you choose to help the old people?

S: I am good with them and can cheer them up.

T: Thank you. Sit down, please. But just now I told you to give a report like this（指出课件上的示范）. Do you understand? OK, this girl wants to have a try.

S: December 5th is International Volunteer Day. My friends and I are doing some volunteer work. Cheng Weichao will give out food to the homeless people, because she can cook some delicious food. Chen Siyuan is going to visit the sick people in hospital, she's going to sing for them and tell jokes to them.

T: Is that great?

Ss: Yes.

T: Let's give her a big hand. Anybody else? This girl, please.

（一位女生站起来也做了报告）

T: Yes. That's a great idea. You can go on sharing your ideas after school if you want.

Step 5　Summary

T: OK, till now, we have nearly come to the end of the class. Can you remember what we have learned in this class? First, we have learned some new words and phrases. Can you find easy ways to remember them? For example, you can make them into some English songs or make them into chants. Do you think so?

Ss: Yes.

T：Let me have a model. We can make an easy song like this：

Volunteer, volunteer, volunteer from today.

Clean up the roads and streets,

Cheer up the old and the sick,

Set up a food bank,

Hand food out to the homeless.

If you want more people to join in,

you can put up signs on the wall.

T：OK! Can you find easy ways to remember them like this ?

Discuss with your classmates. （两分钟后）

T：Have you found any good ways ? Believe in yourself. OK, yes, this girl, try, please.

S：The girl joins all of the new words and phrases into a wonderful chant.

T：Do you think that's a wonderful way? Thank you so much, please sit down.

After class, please try to use the words and phrases. Clear? OK .

What other things have we learned in this class?

S：We should have a grateful heart.

S：We should help others.

T：Yes, we should have a grateful heart . We should help others. Helping others is...

T/Ss：helping ourselves.

T：Please remember this. That's all for today's class. Goodbye, everyone.

Ss：Goodbye.

范例3： 扩大小组学习实效的英语课堂研究①

小组合作是中小学英语课堂教学的一种常态，因为语言的学习需要通过人际互动来实现，包括语言知识的巩固以及语言运用的实践。但是，在具体的教学过程中，小组合作学习从设计到实施，尚有很多的问题值得再思考，例如，小组合作的内容如何确定？小组合作的形式如何创新？小组合作的分组如何合理？课题研究小组希望通过深入课堂的实践研究，实现以下具体的目标：诊断影响小组合作学习实效的教学原因；寻找促进小组合作实效提高的策略方法；提炼形成组织小组合作学习的理性认识。

一、第一次课试教

教师选择的是人民教育出版社出版的义务教育课程标准实验教科书《英语》（Go For It）三年级第六册第三单元 My Birthday Part B Let's Talk，当堂课的教学目标设定为能够熟练运用十二个月份和30以内的序数词以及 When is your birthday？和 What's the date？两个句型进行有关生日、节日、纪念日的英语会话实践。

第一次课试教过程中有如下两个方面值得肯定。

教师在课堂上组织了大小3次的小组合作学习活动，针对学生的兴奋点进行了有意义的生活联系，以生日话题为中心，活动主题与单元内容密切相关，很好地突出了单元主题。如，第一次是小组针对周杰伦等5位明星的出生月份进行问答，第二次是小组针对周杰伦等5位明星出生月份及日期进行问答，第三次是小组内做生日调查的活动。

在部分小组活动过程中教师进行了有意义的自由分组尝试，促成了学生积极学习情形的出现。如，在针对周杰伦等5位明星进行生日问答的环节，教师让学生自由结对，针对自己喜欢的明星进行合作问答，学生表现

---

① 胡庆芳．扩大小组合作实效的课堂实践研究［J］．北京：中小学外语教学：小学篇，2009（7）：21．

得很积极。

● 观察发现及问题诊断

1. 小组合作的形式主要以问答为主，形式比较单一

课堂上组织的 3 次活动基本上都是以 When is your birthday? 和 What's the date? 来展开，主要是问答的训练。如：

When is Pan Weibo's birthday?

It's in July.

What's the date?

It's July 6th.

…

2. 小组学习的内容局限于 12 个月份和部分序数词，课堂学习过程中的信息量偏少

课堂上教师唯一添加的内容就是 5 位流行明星，但也局限于生日信息，致使课堂上小组活动的内容显得单薄。

3. 部分小组合作学习活动的设计不周全，目标词汇运用出现错误的比例较大

如，选取周杰伦等 5 位明星生日时，所有日期没有涉及 1、2 和 3 做序数词时词形需要做特殊变化的情形，致使在最后一个小组活动即"做生日调查"中，10 个小组的学生采访员在针对 36 名学生的出生日期记录中，有 7 处出现错误。

4. 部分小组合作学习活动的指导不到位，致使活动实效性的折扣不小

如，在最后一个环节"做调查"的小组合作活动中，教师让 4 人一组，其中一个学生对全组做调查，本来是需要采访员与小组成员就"name/birth-day/favorite food/ability"这 4 方面进行英语采访并做要点记录，但很多组的采访员都是用汉语提问，只是在机械地完成填空任务。

5. 部分小组合作学习活动的设计，在内容上有些重复

如，有关周杰伦等明星的生日话题就细分成了月份和日期来组织两次合作活动，任务划分不太合理。

• 改进建议

第一，在课堂导入环节，可以针对月份和表示一个月里 30 天的序数词来设计小组的接龙游戏，既可以活跃气氛，又可以复习前面刚学习过的词汇，为新课的句型运用做充分的预热及准备。

第二，在有关生日的小组合作学习过程中，也可以适当进行拓展，比如，可以与季节相联系设计问题，还可以引入六一儿童节、国庆节、母亲节、父亲节、感恩节等节日的日期、星期等信息进行交流互动。

第三，在小组活动设计上，考虑以恰当的梯度编排，从而循序渐进地开始学习进程。

二、第二次课改进

• 课堂教学发现的积极变化

1. 教师在小组活动的组织形式上做了新的尝试

如，设计了学生两两面对面听音乐练习 Chant 的游戏。本次小组活动既调动了学生的学习状态，又复习了表示 12 个月份的单词。Chant 内容如下。

When is your birthday? When is your birthday?

Listen and do! Listen and do!

January and February, raise your hand!

March and April, up you stand!

…

又如，在小组练习一起练习月份和序数词时，教师也编排了简单易学的 Chant：

January, January, the first is January.

February, February, the second is February.

…

2. 教师根据课堂上动态生成的信息组织展开小组的问答活动，任务显得真实和有吸引力

如，教师把 12 个月份和 30 个日期组合设计成一个坐标，教师说出自己的出生月份和日期并填写之后，开始询问 3 名学生的生日并填写进坐标中，然后组织学生分组针对坐标上的信息进行小组合作问答。 （Apr. 7th，Apr. 21st，Aug. 23rd，July 1st）

- 课堂教学尚存在的不足

第一，对创新的小组合作形式利用不充分，本可以高涨的学习热情没有出现。

如，在课堂导入环节引入的 Chant 练习的小组活动中，本来是需要边念 Chant 边根据指令做相应动作的，教师简单化地让学生两人一组从头至尾和着节奏说唱了一遍。活动中应有的一部分人说唱指令，一部分反应做动作的怡情益智的效果错失。

第二，教师对小组合作学习的内容拓展不够，学习的机械重复性使课堂导入环节激起的学习兴趣开始减退。

如，在经过了 Chant 练习的课堂导入部分，和教师组织学生代表在设计的月份与日期组成的坐标上填写自己的生日之后，在大约 10 分钟的时间里，教师组织的小组合作学习就是针对 4 位同学的生日信息进行记忆游戏，意义与价值大打折扣。

在课堂最后生日调查记录的环节中，10 个小组的记录员在组内调查到的 33 名学生中，有 4 项生日记录出现错误。

第三，教师在组织小组合作学习时，指令不清楚，致使学生茫然无措的情形屡屡出现，影响了活动本身的顺利开展。

如，课堂导入部分的听音乐进行 Chant 说唱练习，教师直接播放音乐，接着让学生两两面对面站立，学生机械地站立，等教师下一步安排，教师和着节奏说唱到第二句时学生才反应过来跟上。

- 进一步改进的建议

1. 周全地设计小组合作学习的任务，要求明确，结果检查，从而使得知识的学习收到切实成效；

2. 进一步创新小组合作学习的形式，喜闻乐见，身心投入，从而使得情感的体验表现刺激快乐；

3. 整体地权衡小组合作学习的布局，由浅入深，由易到难，从而使得学习的进程体现循序渐进。

三、第三次课提高

● 课堂发生的积极变化

第一，小组活动增强了趣味性、竞技性，学生积极投入。如，教师引入了由 12 个月份名称改版的 *Happy Birthday to You* 歌曲，让小组练习歌唱，因旋律熟悉，改版有时下流行的"山寨"风格，课堂学习气氛一开始就变得高涨。部分歌词如下：

My birthday is in January,

My birthday is in January,

My birthday is in January,

When is your birthday?

…

接下来，教师组织了 4 个小组之间的歌唱比赛，每个组都尽力表现得声音洪亮，歌唱流利，课堂学习气氛一下子掀起了高潮。

第二，小组活动增加了真实性，生成变得灵活而丰富。如，教师在最后一个环节设计了学生两人一组对前来听课的 20 来位教师进行有关生日的采访并记录，合作学习过程新鲜而真实，灵活动态地生成了很多信息。

第三，小组活动加强了指导和示范，保证了活动顺利进行。如，在最后做采访的环节，教师给出了一个充分样例，并与另一位教师现场示范，包括怎样问，怎样做记录。教师提供的采访提纲如下。

方案 A

A：What's your name?

B：…

A：Is your birthday in…?

B：Yes.

A：What's the date?

B：It's…

方案 B

A：What's your name?

B：…

A：Is your birthday in…?

B：No.

A：When is your birthday?

B：My birthday is in…

A：What's the date?

B：It's …

第四，小组合作活动的设计体现了递进，整堂课的小组合作学习循序渐进。如，练习月份和序数词的小组合作活动属于"基础巩固性"，根据示范创编 Chant 的小组合作活动则属于"语言创造性"，最后要学生两人一组完成的生日调查任务则属于"综合实践性"，这样，小组合作的学习活动表现出了层次感，而不是在同一水平线上的重复。

第五，小组活动设计有精致化的体现，且突出了目标达成中的难点，针对性强，达成度高。如，在练习序数词的小组活动中，教师做了许多盘折纸，每一张折纸上都写有一个序数词。装满折纸的盘子一开始藏在每一组一个学生的座位抽屉里。其中特别罗列了 1、2、3、21、22、23、31 这样 7 个由基数词到序数词需要做特殊变化的序数词。

最后回收的生日采访记录显示，17 项生日记录，其中错误的只有 2 项。

- 进一步改进的建议

第一，小组活动的时间根据任务完成情况，适当留有余地。如，最后两人一组做充分调查的小组合作环节，时间比较紧，15 个小组只有 5 个小组完成了对两位教师的采访记录，7 个组完成了对一位教师的采访，还有 3 个小组未能完成采访任务。

第二，小组活动设计的精致化还有进一步加强的空间。如，在练习序数词的环节，还可以增加写有基数词和月份的折纸。这样就可以让手持基数词的同学寻找对应的手持序数词的同学，寻找本身就是一种复习。在后面的环节还可以让手持月份的同学和手持序数词的同学配对做日期练习。

- 三次课演进的脉络

在第一次课上，小组合作有机会，自由分组有尝试，但是合作形式单一，内容拓展有限，层次递进缺乏。第二次课，小组合作有创新，情感体验有快乐，不过内容拓展仍有限，层次递进仍不足，活动设计欠精致。第三次课，小组合作层次感明显，活动设计精致化有体现，情感体验创新高，当然活动设计精致化仍还有进一步上升的空间。

四、研究形成的共识与结论

1. 小组合作学习可能的分组形式

（1）位置相邻：位置决定组织，成组快捷简单。这种形式在上述三次课中的很多小组合作活动都是这样分组进行的。（2）自由组合：选择注定默契，投机收获快乐。比如在本研究的第一次课中针对流行明星的自由组对选择自己喜欢的明星进行互动问答。（3）性别分组：性别决定组别，优势成就特色。在语言学科的学习中，分性别角色的小组准备和接下来的男女生对比表现，往往可以充分发挥学生的性别优势。（4）差别搭配：先进带动落后，群体底线提升。这种分组比较适合教师对学生比较熟悉的班级，分组时让学生好中差搭配。（5）正反分组：立场划定阵营，对决演绎精彩。这种分组的方式比较适合思维发展到一定程度的高年级，因有自己的观点所以可以争鸣碰撞出新知。

2. 小组合作学习可能的表现形式

（1）分组练习：目标知识通过小组合作来巩固强化，如，固定内容的对话。（2）分组讨论：目标知识通过小组合作来建构拓展，如，开放性/争议性话题的讨论辩明。（3）分解任务：目标任务通过分组分工来合作完成，如，全班齐动员，各组任务各不同。（4）分组表演：目标情感通过小组合作来充分体验培养，如，角色扮演。

3. 小组合作学习的实效性判别标准

（1）有目标知识准确而熟练地掌握。基于目标词汇的认知和记忆的小组合作活动，尽管新的生成没有，但只要学生经历了小组合作学习的活动之后对目标词汇能够准确而熟练地掌握，就是有效的小组合作学习活动中。（2）有新的、有意义的内容的生成。基于目标词汇和句型等进行理解和运用的小组合作活动，其有效性就是要考查其过程中的生成性。（3）有积极的思维活动过程的锻炼。在各种小组合作学习活动中，只要学生在活动过程中经历了积极的思维活动，得到了有意义的思维训练，小组合作学习就是有效的。（4）有愉快的情绪情感生发的体验。有些小组合作学习活动可能新知识的生成很少，但是学生经历了教师设计的一段小组合作学习活动之后，学习的兴趣提高了，合作的愿望增强了，这样的活动是有效的。（5）有全小组学生参与融入的效果。这是从学生参与性的角度来考查小组合作学习的有效性的，它要求教师设计的任何小组合作学习活动，都要充分地关注学生，要保证每一位学生在教师设计的学习活动中学有所获。

4. 小组合作学习的实施原则

（1）整体把握教材，在重点难点上设计活动。比如在本研究的三次课中，教师都比较集中地围绕有关月份和序数词以及针对生日提问的句型来设计小组合作学习活动，所以从内容上而言，小组合作学习的内容紧扣了教学目标。（2）周密地设计合作，在活动前做好说明示范。在本研究的第三次课中，因为教师做了明确的说明和充分示范，所以学生对小组合作学习任务非常清楚。（3）零盲区实施导控，在巡回视导中恰当介入。小组合作学习的活动主体是学生，但是并不意味着教师可以放任自流，相反，特别需要过程的指导与维护。（4）尽可能扩大分享，在组内组际间共享智慧。组织小组合作学习活动不能只满足于小组内的任务圆满解决，还要特别注意组与组之间的交流共享，这样小组合作活动的意义就会放大。（5）及时地给予评价，在评价中突出激励肯定。对于每一次小组合作学习活动，教师都要注意运用评价的激励功能，从而使学习能够可持续进行。

附：第三次课的课堂教学实录①

PEP BOOK 6 UNIT3 MY BRITHDAY PART B LET'S TALK

浙江省杭州市余杭区信达外国语小学　钟琼

T：Class begins.

S：Stand up.

T：Good morning, boys and girls.

Ss：Good morning, Miss Zhong.

T：Yes. I'm Miss Zhong. OK. Sit down, please.

Ss：Thank you.

T：Now first, please listen to a song. If you can sing, please sing with the computer, OK?

（师用一手靠近耳朵，示意生听，并一手做出拿话筒的动作，然后指向电脑，示意生跟着电脑一起唱）

Ss：OK.

T：OK. Now let's listen to the English song. （师转身走到电脑前播放歌曲，音乐响起）

T：Ready. Clap your hands. （示意生拍手）

（师生拍手齐唱）

My birthday is in January.

My birthday is in January.

My birthday is in January.

When is your birthday?

（伸出一根手指表示1月，并走到黑板前，指出贴在上面的单词January）

（师伸出双手表示"你"的动作，然后指向大屏幕，轻声说） When is

---

① 本实录由浙江省杭州市余杭区领雁工程小学英语课例研究小组整理。

your birthday?

（生接着唱）My birthday is in July.

My birthday is in July.

My birthday is in July.

When is your birthday?

（师走到黑板前在众多表示月份的单词前来回移动，找到月份 July）

（歌曲唱完前，师再次伸出双手表示"你"的动作，音乐停止）

T：Can you sing the song? Can you sing the song?

I can sing the song. So let's sing it, sing it, OK?

（师走近黑板，用一手做出拿话筒唱歌的动作）

Group by group. OK?（师双手表示一组接一组的动作）

Ss：OK.

T：OK. If you are good, will up, up, up. OK?　（伸出大拇指表示"棒"的意思，并在黑板上示意小组比赛一步步升高的意思）

Now the first group, you can sing：

My birthday is in January. Ready, go!

（用一手示意第一组并指着黑板上的月份单词 January）

（第一组学生唱，师生边拍手边一起唱）

（接着第二组唱）My birthday is in February.（师伸出双手指向第二组，并用手指做出 2 的动作，提示 February）

My birthday is in February.

My birthday is in February.

When is your birthday?

（师指出黑板上的月份单词 February...等到生练习唱到 6 月时）

T：My birthday is June ninth.（同时在黑板上写上 June）OK! Now,（伸出手指做成 9）show me your fingers. Nine.

（师接着伸出手指做出 1 的形状，让生回答）

Ss：One.

T：I can say one one first.

Ss：One，one，first.

（师伸出两个手指）

Ss：Two，two，second.

（师走向另一边生）

Ss：Two，two，second.

（师伸出三个手指）

Ss：Three，three，third. Three，three，third.

（师又伸出四个手指）

Ss：Four，four，fourth.

（师伸出五个手指）

Ss：Five，five，fifth.

（师用手指做十形状）

Ss：Ten，ten，tenth.

T：Ten，ten …

Ss：Tenth.

（师让生练习几组基数词和序数词后）

T：Yes. OK. My hand is so small. OK. So open your eyes. Ready？（背对着生，手举高做出 32 的形状）

Ss：32nd.

T：Yes. OK. Thirty…

Ss：Second.

T：Great. 32nd.

Ss：32nd.

T（拍手）：You are great. So you can up, up, up.（走向黑板，将每组的旗子升高一位）Go up.（走近生）OK, now boys and girls, you can look at my fingers and say, and you can read.（走向讲台）Can you read?（拿起讲台上装着纸片的杯子）I have many numbers（指着杯子）on the paper. Let me try first. Let me try first. OK？（从杯子里拿出一张纸片）I will choose one and open it and see.（边说边打开纸片）I can read. I'm… OK. I can read. Er, I'm good. 11th.（展示纸片给生看）Yes or No?

Ss：Yes.

T：Thank you. OK. Who wants to try?（拿着杯子走近生）Oh, you want to try.（个别生说 me，me）Me, me, OK. I hear, me, me. OK?（让一位生从杯中拿一张纸片）Can you say?

S1：25th.（读音不准）

T（拿起纸片展示给生看）：Twenty…

Ss：Fifth.

T：Twenty…

Ss：Fifth.

T：Fifth. Yes. Great.（与生击掌）Yes. OK.（走向生）Do you want to try?（一手放在耳边做听状）Do you want to try?

S2：Yes.

T：（又让一生从杯中拿一张纸片）You want to try. OK.

S2：9th.（读音不准）

（师拿起纸片展示给生，做 9th 的口形）

Ss：9th.

T：Yes or No?

Ss：Yes.

T：Do you want to play this game? Ah, you have a plate in your desk. Let's play this game in four groups. Four groups, OK?（手势示意四人小组活动）Please take out the plate（做从抽屉里拿出盘子的动作）and play this game in four groups. Choose one and read aloud. OK?

Ss：OK.

T：OK. Please look at your desk.（看生的抽屉）Where is the plate? Plate.（有个别生拿出抽屉中的纸）No, no, not paper. Plate. Do you know plate? （手做托盘子状）Yes, here, good. （拿起生找到的盘子展示）Clever boy. OK, where... Take out, take out, take out. （示意每组生拿出一张纸片）Play in four groups.

T（用手势帮助生理解）: Play in this four group. Ready, go. （生开始操练，师巡视，并亲自到每组进行指导，对部分表现好的生给予表扬，对部分差的生进行指导纠正，并与其操练句型，用 right, great 等语言鼓励生）

T: Are you ready? Yes? Ready? （师走上讲台，用肢体语言示意生停顿）Yes, put the paper, the piece of paper on the plate and put the plate in the desk, put the plate in the desk. （边说边不停地用肢体辅助生便于理解）Yes, right. Which group can try? （师做举手的动作，示意生踊跃举手）Which group can try? （重复问题）And stand and say the numbers, who can try? （边说边切换幻灯片，播放了生日歌，师马上说）I'm sorry. （更换幻灯片后）I have many numbers. Who can try? Who can read? （师边说边举手用手做出读的模样，让生明白）This group. OK. And? （一直做举手状，示意生举手）Who can try? You. （师请了一组生中的一位）And you. （又请了另一组中的一生起立）OK, stand. Please look and read quickly. （师边说边把手放在额头上做看的动作）OK? Read quickly. OK.

S（个别）: OK!

T: If you are good, you will up, up, up. OK? （边说边走到黑板前用肢体语言让生明白，接着走上讲台去切换课件，并说 read. 出示 1st. ）

S（个别）: 1st.

T: Wow. Which one is the... （用肢体语言提示生抢答）

S（个别）: 1st. 1st.

T（师用手指着一生）: Oh, this one is the first. So group 1. （边说边走到黑板前给一组奖励）

T（走向讲台）: Wow! Are you ready? Try again.

Ss: Twelfth.

T: Wow! Good! And this boy. (师走向黑板，给一组评价)（走回讲台）Now, are you ready?（点击鼠标）

Ss: 18th.

T: 18th, yes.（指向两生）Boy, boy. Sit down!（拍手并竖起大拇指）Wow! You are so smart.（走向黑板给予评价）

T（指黑板上的旗子）: Oh, flag, flag, get the flag. Who can try?（指向一组）This group, stand up. And, this group. And who wants to try? Try?（指向另一组生）You, please.（转身走向讲台）OK. Are you ready? One, two, three, come on!

Ss: Third.

T: Yes or no? Three groups.（转向一听课老师问）Miss Feng, can you help you, oh, help me? Sorry, help me. OK. Three, each group, up, up, up. OK?（转向生）Are you ready?

Ss: Yes, 9th.

T（示意听课的冯老师）: Wow, each group. Ready? Go! Boy: 12th, Ss: 25th.

T: Yes, the boy is first. Group 3. Now, sit down. Let's say it together.（指向各组）One, two, three, big group. Are you ready? Are you ready?

Ss: 31st.

T: 31st. Oh, each group, up. Ready?

T（转头看黑板，出示一手指）: Wow, one flag.（指向第一组）You have one flag.（转向另两组）Come on, boys and girls. Are you ready?

Ss: 2nd.

T: 2nd, Yes or no?

Ss: Yes. Umm, each group can go up.

Ss: 20th.

T: 20th, yes or no.

Ss: Yes.

T：Yes, thank you. Miss Feng. Each group.

冯老师：Each group?

T：Yes, each group. （看黑板，一手指黑板） Wow, now, group one and group three, you have got one flag. Come on, OK?

T（走向讲台）：Wow, I feel happy? Are you happy? Let's look at the picture.

（师点击鼠标）

T（举右手指向大屏幕领读）：What day is it? What day is it? Is it National Day?

Ss：No.

T：Is it Children's Day?

Ss：No.

T：No, OK. What day is it? （用手放耳边做听音状）

Ss：Teachers' Day.

T：Yes. It's Teachers' Day. （走向讲台，点击鼠标） Follow Miss Zhong. It's Teachers' Day. （指向大屏幕中句子）

Ss：It's Teachers' Day. （点击鼠标） What's the date? （做看状手势并指向屏幕中黑板） You can see the date in the picture. What's the date? （走向生，右手指向一生） You can try? Girl, please.

S：It's September tenth.

T：It's September tenth. Yes or no? Clap your hands.

T：And say, and say… （师用手做张嘴的动作，小声说 Me，手指向大屏幕，提示生看大屏幕回答）, and say… （师用手做张嘴的动作，小声说 Me）

S1：Me. （有一生小声回答）

T：Wow, great! Clap your hands, OK? （拍手走向生，生跟着拍手） Stand up! （叫起生） Stand up! This girl has a birthday in September. （走向黑板，指着板书） So, let's ask her （小声说） What's the date? Ready? Go.

Ss：What's the date?

T：What's the date? （重复，同时给表现好的组加分）Look at me, you say and I will write it down, OK, please!

（没有应答）

T：What's the date? September... （停顿，指向黑板）

Ss：...25th

T：Oh, September the... Ready? Go. （示意学生再说一遍）

T & S：September 25th （师边说边板书）OK, September 25th. （写完面向生）Yes or no? What's your name? （走向生把手放在耳朵上，做倾听的动作）

（生答非所问）

T：What's your name? （笑着重复，面向生提问）Please tell me，who is she? What's her name? （师把手放在耳朵上，做倾听的动作）

Ss：Jiang Ruocheng.

T：OK, Jiang Ruocheng. （重复，走向黑板板书）Jiang Ruocheng, Yes or no? （写完名字，转向生）Yes or no?

Ss：Yes.

T：Yes. Thank you Jiang Ruocheng. （示意生坐下）OK, now, who has a birthday in September? （指向黑板）

Ss：Jiang Ruocheng.

T：And anyone else? anyone else? Only Jiang Ruocheng? Only Jiang Ruocheng's birthday is... （有一生回答，师停下来，走向该生）

T：is in... （提示）

S：in September.

T：OK, Thank you （双手搭在生肩膀上）OK, OK, you has a birthday in September. （小声提示 What's the date?）Ready? Go.

Ss：What's the date?

T：What's the date? （走向黑板）September... （提示）

S2：September 5th. （生不流利地回答）

（师做手势确认是不是五）

T：It's September 5th （一边书写一边重复，写完面向生）Yes or no?

Ss：Yes.

T：Yes. What's your name?

S2：My name ia Zhang Xuecheng.

T：Oh, Zhang Xuecheng. （在黑板上板书名字，写完面向生）Yes or no?

Ss：Yes.

T：Oh, who has a birthday in September, too? （指向黑板，然后把手放在耳朵上，做倾听的动作，小声提示）

Ss：Zhang Xuecheng. （少数回答）

T：Who has a birthday in September, too? （提高音量再次提问）

Ss：Zhang Xuecheng. （音调随师提高）

Ss：Zhang Xuecheng. （音调随师再次提高）

T：What's the date? （指向黑板提示）

T（边指着黑板边带读）：Date.

Ss：Date.

T：/ei/, /ei/, date.

Ss：/ei/, /ei/, date.

T：d-a-t-e, date.

Ss：d-a-t-e, date.

T：（走向讲台，教室中间）d-a-t-e, date.

Ss：d-a-t-e, date.

T：Er, in our class, there're two people, two students have a birthday in September. Let's listen to the music and guess, OK?

（新年的音乐声响起）

T：What day is it？OK, you please.

S1：It's…

T：It's… （边哼曲调，边提醒生回答）

S1：It's New Year's Day .

T：Yes or no ?

Ss：Yes .

T：Great！You're so smart！（和生一起鼓掌，接着再次播放刚才的音乐，确认）

T：OK！It's…

Ss：New Year's Day！

T：Very good，it's New Year's Day！

Ss：It's New Year's Day！Let's say（轻声地提醒全体生说：What's the…）

T：Ready go！

Ss：What's the date?

T：Yeah，what's the date? What's the date ?（边说边走向黑板）It's New Year's Day. What's the date ? What's the date ? What's the date ? Boy ?

S2：It's January 1st.

T：Yes or no ?

Ss：Yes.

T：It's January…

Ss：First .

T：Follow me，January 1st .

Ss：January 1st.

T：Who has a birthday in January ? Oh，sorry，nobody. OK. No one, no one. OK, now let's look. Oh, sorry. OK, now let's listen and…（边播放音乐边问）

T：What day is it?

Ss：It's…

T：It's…It's Christmas Day. Yes or no ?

Ss：Yes.

（师哼起曲调：We wish you a merry Christmas…）

T：It's Christmas Day！Now what's the date? Christmas Day, what's the date? What's the date？It's…It's…

（师边问边走向黑板，指导生回答，接着，指着其中一生）

T：Go, last…

S3：December fif…twenty-fifth.

T：Yes or no？

Ss：Yes.（师边鼓掌边说，同时走向讲台）

T：Great！It's December 25th.（又走回黑板，将第二小组评比的磁铁挪上一格后，走向讲台）

T：OK, please look at…（音乐响起），oh, sorry. Now let's look. It's December 25th.

Ss：Twenty-fifth.

T：Who has a birthday in…December？

（师走到讲台前，点击鼠标，课件中对话横线上 January 1st 后面出现 December 25th. 接着师手指大屏幕领读）

T：Now，let's learn. December 25th.（下面有一部分生一起在跟读）

T：Who has the birthday in… December? Who has the birthday in…（并把右手放在耳边，做"听"的姿势，好像听到了什么。一男生站起来回答）

Boy：My birthday is in December.

T：OK, right.（竖起大拇指，接着指着那个男生）You，your birthday is in December.

T：What's the date?（故意把这句话说得很轻，示意全班同学一起问）Ready? go!

T & Ss（面向那位男生）：What's the date?

Boy：My birthday is December 11th.

（师快速走到黑板前）

T：Oh, December 11th.（边说边把 Dec. 11th 写在黑板上）

December，D-e-c.（一边拼写）11th, OK.

December 11th. Follow me. 11th.（边说边用两根手指做 11 的动作）

Ss：11th.

T：Let's ready together. Ready go.（边指着黑板边领读）

Ss：December 11th.

T：1，2 and 3，who has the birthday in December?（做听的动作）

Ss：Wu…

T：Who has the birthday in December?（指着一生）

Ss：Du Shucheng.

T：Oh, Du Shucheng. OK, I know. I write here.（回转身，在黑板上写上 Du Shucheng, 边说边写）Yes or no? Yes or no?

Ss：Yes.

T：Yes, Du Shucheng is my friend. Are you right? Du Shucheng. OK?（指着句子）What's the date? What's the date?

Ss：It's December 11th.

T：It's December …

Ss：11th.

Ss：11th.

T：OK. Let me…ready? Look at, look at me. OK, ready, go.

T & Ss：Who has the birthday in…（指着 June 这个单词）

Ss：June?

T：Who has the birthday in June?（一个劲地指着自己）

（在座的一生脱口而出 Me，师指着 June 这个单词，也有个别生说 Miss Zhong）

T：Miss Zhong, and…（示意一生回答）

T：You, please.

（一个女生站起来回答）

S：It's June 21st.

T：Oh, what's the date? It is June…

Ss：21st.

T: OK, June 21st.（边说边在黑板上写上 June 21st）What's your name?

S：My name is Jiang Yixing.

T: OK, Zhang...（在座学生提示写错了名字）Oh, sorry, Jiang Yixing, OK? Jiang Yixing.（在黑板上写上那个女生的名字）

T: OK, now, what's the date? The date is...It's June 1st. OK, so , I can say a chant, OK. I can make a new chant, OK.（播放幻灯片）

June, June.

June, June.

Who has a birthday in June?

Me, Me.

What's the date? What's the date?

It's June 9th.

June, June.

Who has a birthday in June?

Jiang Yixing, Jiang Yixing.

What's the date? What's the date?

It's June 21st , it's June 21st（师一边做手势，一边打节奏）

T（回到讲台放出音乐）：OK, can you make the new chant? I can make new chant. Let's listen and say. First, let me try. Let me try. OK, I choose December.

December, December.

Who has a birthday in December?

Du Shucheng, yes or no? Du Shucheng, Du Shucheng.

What's the date ? What's the date?

It's December 11th, OK, can you make a new chant? You can choose one and make a new chant, OK? OK.

Ss：OK.

T：Make a new chant in pairs, OK? One ask and one answer. OK?

Ss：OK.

T：OK, you can choose one（指着黑板做出手势）choose one OK, are you ready？Ready? Go.（播放音乐，生练习编 chant）

T：In pairs. In pairs OK.（师做手势两人一组练习）One ask, one answer, OK. Ready, ready（一边巡视，一边鼓励生）You can choose Li Xi. You can choose "Miss Zhong", you can choose "Zhang Pengcheng", also can choose Zhang Xuecheng, yes, you can choose .

September, September.

Who has a birthday in September?

Zhang Xuecheng, Zhang Xuecheng.

What's the date? What's the date?

It's Sep 5th. OK, choose one. Ready? Go.（师走向生，做手势鼓励两人一组练习）

（小组活动时间，师巡视、听和指导）

T（走向黑板上画出个别信息）：You can choose this one, this one, you can choose this one…Who wants to try?（做举手状）Who wants to try? OK , who want to try? OK?（走向某组生）this…You two , yes, ready? Go…

S：October. October. Who has a birthday in October? Me, me, what is the date? It is October. 1st.（一生回答）

T：OK, you can say by yourself, but you can make a new chant with your deskmate. OK? OK? you can make another one. Ready? Who can try? Who can try? OK?（指某一组生）This group try.

S（一问一答）：June, June, who has a birthday in June? Miss Zhong, Miss Zhong. What is the date ? It is June 9th.

T（引导）：It is June 9th.（指向黑板，鼓掌、奖励）Who can try? Who can try?（某一生回答）OK, please, make a new chant with Miss Zhong, OK? Make a new chant with Miss Zhong. OK? I ask, you answer. OK?

T：Now please , read these questions. （边说边指着大屏幕） There are three questions . The first question…Group 1, Ready? Go! （说完后马上把手放到耳朵边示意生接下去说）

T & Ss：Who has a birthday in October ? （听到全班齐读问题） Oh , Miss Zhong said Group 1, but 3 groups can read . Er, yes , so smart . （竖起两只手的大拇指表扬） OK, but so great. （把三个组的磁铁都往上升了一格） Now Question 2, Ready? Go!

T & Ss：What's the date?

T：Yes, what's the date ? This one louder, the girl louder.

Ss：What's the date. （生又很响亮地说了一遍）

T：Wow , great. Yes. OK. （把三个组的磁铁都往上升了一格） Now ready go . Ready? Go!

Ss：What about Sarah?

T：Yes, what about Sarah? （师手指大屏幕领读）

Ss：What about Sarah?

T：What about Sarah?

Ss：What about Sarah?

T：OK. Please think and think （手势） Listen again （手势） OK? （回到讲台，点击小喇叭图标）

Ss：OK.

T：OK, who has a birthday in October ? What's the date ? What about Sarah? （生听录音，当录音说到 What about you? /March 12th 时，师用口形再重复说了一遍。录音结束后师举手示意） OK, who can answer the first question, the first question, the first question （很多生举手） Who can? Who can? Who can? OK, this one can, this one can , this one , this one can. （边说边指着举手的生，但是师走到第二组的倒数第二位女生旁边）

T：But I will choose another one, the girl, please. Try , who has a birthday in October ?

S：Er, it's October…

T：Zhang Peng or Sarah. （前面的男生帮着她回答，于是师用手势请他安静）

T：OK, who has a birthday in October？Zhang Peng or Sarah.

S1：Zhang Peng…

T：Yes or no.

Ss：Yes. （带头拍手鼓励）

T：Great. OK, now…

T：This girl is in group…2. （跑到黑板前把她所在组的磁铁往上升了一格）

T：OK. The second question：What's the date？What's the date？（指向举手的生）This girl.

S：It's October 11th.

T（走向讲台，拿起鼠标）：It's October 11th. Sit down. （很多生踊跃举手）

T：Oh, oh, oh. October. （指向一位男生，做听的动作）

Boy：October 1st.

T：It's October 1st. Yes or no?

Ss：Yes.

T（一边走向黑板，一边说）：Yes, you're right. Which one? Group…（拿起磁铁，往上移一格）Group three. （画上一面小旗子）Now two flags. （鼓掌，走向讲台）Congratulations. Come on. （拿起鼠标）And look…What about Sarah?

T（走下讲台）：Don't open your books. Don't open your books. OK. Who can try? What about Sarah? Sarah. Sarah.

Ss（很多生举手）：Me. Me. Me.

T（指向三生）：You, you and you. Stand up. （三生站起）（指三生）You, you, you. It's…Ready…Go!

Ss：It's March 12th.

T（示意生坐下）：OK. OK. Now, sit down.（走向黑板）You're all right. OK. Oh, Oh...（一边说一边给第二组加上小旗子）Two flags.（走向讲台）It's March 12th. OK. It's March 12th. Do you know March? Do you know March?（指向月份的纸条）Which one?（做听的动作）Yes, OK. Follow me. It's March.

Ss：March.

T：March.

Ss：March.

T：March.

Ss：March.

T：March 12th.（做听的动作）March 12th.

T：March 12th.

Ss：March 12th.

T：March 12th.

Ss：March 12th.

T：Do you know what day is it? March 12th. It's...（做锄地动作和树的形状）It's Tree Planting Day. It's Tree Planting Day. OK?

Ss：OK.（指向屏幕）Now do you know August 1st . What day is it? It's our...

Boy：National Day.

T：Yes. You are good if you hands up. （师给第三组旗子移上一格）Yes, It's National Day.（指向屏幕）National Day.

Ss：National Day.（师做打开的动作）Open your books. Turn to page 32（手指做 3、2 的动作）Open your books. Turn to page 32. OK. OK. Thirty two. Let's read.（拿起鼠标转到 survey 的表格）

T：Let's read, let's read. OK, ready. Are you ready?

S：Yes.

T：Are you ready?

Ss：Yes.

T：Yes. OK. Who has a birthday in October? Ready? Go!

（师手势示范，来回走动）

Ss：Who has a birthday in October? Me！What's the date? It's October 1st. What about you? My birthday is March 12th . （此处发音含糊）

T：March …

Ss：12th.

T：Read. Ready? Go!

2and 3：Who has a birthday in October?

Group 1：Me！

2and 3：What's the date?

Group 1：It's October 1st. What about you?

2and 3：My birthday is March 12th .

T：OK. Good！（走向讲台）（双手做交换动作）Exchange. OK?

Ss：OK！

T：Exchange. OK?（继续双手做交换动作）

Ss：OK！

T：Ready? Go!

Group 1：Who has a birthday in October?

2and 3：Me！

Group 1：What's the date?

2and 3：It's October 1st. What about you?

Group1：My birthday is March 12th .

T：Mmm. March…（做 12th 的口形）

Ss：12th.

T：12th.

Ss：12th.

T：Close your books. Do you know when is, when is Zhang Peng's birthday? Please tell me. When is Zhang Peng's birthday? Please tell me, together, together（做一起的动作）. Ready? Go!（手做倾听状）

Ss：It's March...（此处含糊）

T：October...

T and Ss：October 1st.

T：Follow me. October（手做"十"的形状）1st（手做"一"的形状）.

（师做"十"和"一"的形状）

Ss：October the 1st.

T：When is Sarah's birthday?

Ss：It's March（师伸出 3 个手指）12th.

T：March（伸出 3 个手指）12th.

Ss：March（师继续伸出手指）12th.

T：We know, Zhang Peng and Sarah's birthday. What about our teachers' birthday? What about our teachers'... You can see（做观望的动作）, many teachers（手指向教室后面）in this room. You can see many teachers, yes or no?

（生头转向后面）

Ss：Yes.（轻声回答）

T：Do you want to know?（手指向后面某师）When is...（指向后面某师）the teacher's birthday? When is（指向另一师）that teacher's birthday? And when is that teacher's birthday? OK?

Ss：OK.

T（走向讲台，手指向大屏幕）：OK! Now, let's read. OK?

T（手指向课件）：My birthday is in..., OK?（然后面向生提示，继续指着课件）What's the date?（走上讲台）Follow me. OK. What's your name?

Ss：What's your name?

T：Is your birthday in... （继续指着课件的文本）

Ss：Is your birthday in... （师右手做倾听状）OK.

T：When is your birthday? （继续指着课件的文本）

Ss：When is your birthday?

T：My birthday is in... （继续指着课件的文本）

Ss：My birthday is in...

T：What's the date? （继续指着课件的文本）

Ss：What's the date?

T：It's... （继续指着课件的文本）

Ss：It's...

T：OK, let me try first. （走到讲台边，拿起调查表，走下讲台，走到第一排生前问道）Oh, I have no pencil. Can I use your pencil? （看生没明白，再次说道）Can I use your pencil?

（生拿出笔递给师）

T：Wow, thank you, boy. （接过生递给的笔，开始示范如何调查）Now, I will choose ... （见生也开始拿出笔和调查表，马上举起双手制止），please look at Miss Zhong. Please look at Miss Zhong. Put down your paper. Put down. （自己将调查表放在桌上暗示，然后做小手放好状）Sit up straight. （自己也做立正状）Sit up straight. （然后看第三组的同学有无坐好并提示）Hi, boy. （朝他招招手）Look at me please. Are you ready? （面向全体生）Please look at Miss Zhong. Miss Zhong will try. （走到某女老师前面）I will choose this teacher. OK. （面对师打招呼）Hello, what's your name? （女老师起立）Hi, my name is Huang Xia. Oh, Miss Huang. So, （面对全体师）I write Huang. （在纸上边写边念 Huang.）Huang, Miss Huang. Is your birthday （然后指向自己：My birthday is in June.）Is your birthday in June? （黄老师答道）No. （师重复）No. When is your birthday? （黄老师答道）My birthday is in Dec. Oh, December. （师在纸上边写边念）I will write Dec. （面向黄老师）And What's the date? It's Dec. 21st. （在纸上边写边念）21st, oh, Dec. 21st .

OK. Thank you. （黄老师）You 're welcome. Goodbye.

T（走向讲台）：Wow. The teacher's birthday is Dec. 21st. Yes or no?

Ss：Yes.

T：Oh. Now look at me . （招一下手，表示两两合作）Each pair. One piece of paper. （手里扬起调查表）One（用手势表示一个）ask and one（用手势表示另一个）write down. OK?

Ss（生点头回应）：OK.

T：Ready? Go.

（生开始起立离开位置）

T（再一次强调）：One ask，one write.

T（拿着表格走回生中间）：The teacher is…The teacher's birthday is December 21st. Yes or no?

Ss：Yes.

T：Oh. Now look at Miss Zhong. （走到第一排生前面，说完做手势，示意生同桌之间进行合作）

T：Each pair. You have one piece, one piece of paper. （边说边拿起生桌上的纸片）One ask, and one write down. （边说边做写的姿势）OK?

Ss：OK!

T：Ready? Go!

（生开始离开座位，到后排的听课老师那儿进行采访。师在旁提醒）Hello! What's your name? Hello! What's your name?

S（一女生走到一位听课老师那儿）：Hello! What's your name?

T：My name is Yu Guodi.

S（把名字记在表格）：Is your birthday in January?

T：Yes.

S：Oh. When is…Er…What's the date?

T：My birthday is January 2nd.

S：Oh! Thank you! （说完马上跑开了）

T：You're welcome!

T（在大声提醒）：You also can ask a man. OK? Woman or man. The man is a teacher, too.

T（过了 13 秒钟，又继续提醒）：You can ask…if OK, you can ask two teachers, three teachers.

T（过了 15 秒钟，又说）：You also can ask Miss Zhong. OK?

T：Who has a birthday in May?（指着黑板上的 May）

（学生没有回答）

T：No one. OK. Who has a birthday in June?（指着黑板上的 June）

June? June? June? June? Who has a birthday in June?（师指着自己）Who? Ready? Go.（做倾听状）

Ss：Miss Zhong.

T：Yes, you forgot me.（做伤心状）I'm so sad. OK. I'm a teacher, too. OK. What's the date?

T & Ss：It's June 9th.

T：Yes, right, OK. It's June 9th.（走到黑板处，为每组的奖励再上升一格）Up, up , up.

Now, OK. Please, July. Who has a birthday in July?（师指着黑板上的 July）

Boy 1：It's Miss Shen.

T：Miss Shen or Mr Shen?

Boy 1（生没听明白老师的问题，回答说）：It's October 4th.（发音像 1st.）

T：Good. October 1st.（对于生刚才没回答的问题，再问了一遍）Miss Shen or Mr Shen?

Boy 1：4th.（发音不是很清楚，像是 4st）

T：Oh, 21st?（师用手势写出 21）

Boy 1：No, 4th.

T：October…?

S（其他生帮忙一起说）：4th.

T：October 1st? Yes or no?

Boy 1（生摇头，用手指做出4）：4th.

T：4th.（师做出4，恍然大悟。师生都笑了）

T：October 4th, not 1st. OK? I can't hear clearly, OK. Now. This one.（指着黑板上的 November）November. Please，boy.

（生回答说：名字叫不出）

T：Oh. You don't know the name. What's the date?

Boy 2：Er…What's the date? Er…It's November the…

T：It's November the…

Boy 2：November 25th.

T：November the twenty…（伸出一只手，显示5）

S：5th.

T：5th. OK. Group3. Oh.（指着黑板上奖励栏中的第三组）Wow. OK. Now. December.（指着黑板上的 December）Oh，you please.

（一位男生站起来回答）

Boy 3：Miss Zhao. December …

T：December…

Boy 3：December …

T：What's the date? December…

Boy 3：It's December 12th.

T：12th or 20th.

Boy 3：Er, 20th.（生在师的指导下，马上改正）

T：20th. Yes. And you?

Boy 4：Miss Xu.

T：Miss Xu.

Boy 4：It's December 21st.

T：21st. December 21st. Oh. OK. （示意一位女生回答）Girl, please.

（两位女生站起来了，一位又坐下）Two girls. OK.

Girl 1：Miss Ding.

T：Miss Ding. OK.

Girl 1：December 3rd.

T：December 3rd. OK? This girl. Yes.

Girl 2：Miss Mao.

T：Miss Mao.

Girl 3：December... （声音很轻）（女生回答说：我不知道她的生日）

T：December... Oh, you just know December. What's the date? You don't know the date. Now, follow me. Date.

S：Date.

T：Date.

S：Date.

T：You don't know the date. Time's up. OK. Now, thank you. Boys and girls. Let's look, which group is the best? Which group is the best? Group?

T & S：Three. Yes, today's homework. Please make a survey of your family members' birthdays. OK? OK, and next English class, please tell Miss Zhao. OK? Tell Miss Zhao. OK?

S：OK.

T：See you.

S：See you.

T（向生挥手）：OK.

范例4： 超越说教的思品教学有效策略研究[①]

当前中小学思想品德教学的实践过程中面临着诸多实际的困难，其中既有教师因是兼任而专业素质不够的问题，也有因学校过多关注其他所谓大学科而致使该学科被边缘化的问题，但是，很大程度上还是思想品德教学自身的问题，比如，把思想品德当做知识来教，学生知道不等于做到；把思想品德采用说教来教，学生恭听不一定接受；多把思想品德从正面来教，学生阳奉也可能阴违。

基于新课程"参与社会和学会做人"的目标要求，中小学思想品德的教学从根本上要顺应时代做出积极的改变，进行超越说教、还原生活、触及心灵的多种途径的探索实践，探索思想品德教学有效的方法，形成思想品德有效教学的理性认识。本研究小组正是以"超越说教"为课堂教学改进的起点，安排同一教师、选择同一单元内容、在不同的班级进行了连续三次的、尽可能的教学策略尝试与探索，并在每次课结束后都及时进行问题发现、原因诊断和改进策略的研讨，终于促使课堂教学的效果一次比一次更加感人至深，理解也因此更加深入人心，最后总结提炼出研究小组基于研究专题的结论与观点。

一、第一次研究课

第一次课执教教师选择的是浙江教育出版社出版的义务教育教材五年级《品德与社会》第五单元《让我们同行》，教学目标是让学生认识相互帮助在我们生活中的重要性，懂得帮助他人就是帮助我们自己，愿意去帮助需要帮助的人，以及同学之间学会相互帮助。

执教教师设计了这样四个环节：游戏导入，感受助人的重要；故事讲述，体会帮助的快乐；视频播放，重温助人的感动；格言会聚，表达助人

[①] 胡庆芳．思想品德课有效教学策略的课堂实践研究［J］．思想理论教育，2009（24）：29.

的意义。

- 课堂教学出现的亮点

第一，教师采用了游戏活动、故事讲述、视频播放、格言会聚等多种策略进行教学，课堂气氛活跃，较好地突出了教学主题。

例1：教师采用游戏导入的策略，让学生蒙上双眼，在没有任何人帮助的情况下绕教室一半的空间走一圈，随后又鼓励被蒙双眼的学生在其他同学积极的帮助下再走一圈。游戏结束，教师让该生说出两次"摸索前进"时不一样的感受。学生从第一次的"紧张、害怕"到第二次的"放松了许多"的对比中切身体会到了帮助的重要性。这样很自然地导入了当堂课的主题。

例2：教师截取了一段"公益广告"和一段汶川地震救援的视频，深深地感动了全班的每一位学生。公益广告讲的是在月黑风高的夜晚，一位夜深回家的女孩，因有特意晚收摊的老大爷点亮的明灯照亮回家的路而感到温暖和安全；地震救援的视频呈现的是救援工作人员因争分夺秒成功地救出了被埋学生而欢欣鼓舞的画面。两段视频让学生深深体会到了得到别人帮助和帮助别人都能够获得的快乐。

第二，课堂教学的层次感清晰，教师围绕主题比较好地实现了对学生步步深入的引导。

例1：教师课堂上把教学目标化解成以下几个环节来落实：首先是以游戏活动的方式感受帮助的重要性；其次是以故事讲述的方式体会自己得到帮助时的快乐、自己帮助熟悉的人时得到的快乐，以及体验陌生人帮助陌生人时表现出的快乐，从而引导学生体验从小爱到大爱的人性温暖；最后是总结有关帮助的认识，实现认识的升华。

- 观察发现

学生经历的感动还不是很持久，情绪情感的酝酿还不是很充分，以至于学生有感而发的表现与表达还不够深入。

- 问题诊断

首先，教师在故事讲述环节所用的时间较长，学生停留于一件件小事的列举，透过这些平凡小事获得快乐体验的表现还不明显。

例如，在本次课上，教师为了让学生体会帮助别人和得到别人帮助都会感到快乐，以及"帮助别人就是帮助自己"的道理，点了7名学生面向全班讲述了7个故事，教师自己也讲述了一个故事，两个部分共花费时间9分钟。其中学生的故事基本上都是一句话，如"有一道题不会做，是同学帮助我才得以完成""一次忘了带橡皮，同学主动借给我用"……

其次，教师在有些环节没有很好地把握住促进学生体验生成的机会，使课堂缺少了更多的精彩。

例如，在学生讲述帮助他人的故事时，有同学讲到自己给汶川地震灾区的小朋友捐了款，这时有很多的学生纷纷表示自己也捐过，气氛变得热烈起来。这时老师没能抓住机会因势利导地去挖掘学生当时最真实的情感，接下来继续的是其他小事的列举。

最后，课堂教学以"写互助格言"作为结尾，没有很好地总结和展现通过教师超越说教的多种策略教学的尝试引发的属于学生的理解与感悟，因为在学生看来，只有名人说过的话、书上写的句子，还有教师讲到的精练的句子才能算得上是格言。另外，特别是针对学生体验生成的不正确的理解，教师没有抓住时机恰当地引导。

例如，学生写的格言基本上是教师在多媒体课件上演示的句子，"助人者自助""帮助别人，快乐自己"……有同学总结道："帮助别人，别人就会回报你"，教师让学生表达了，但没引导。

• 改进建议

第一，游戏活动的设计还可以更加精致化，使学生在没有得到帮助和得到帮助的两种情形下感受更加鲜明，从而达到活动的重要目的。

第二，充分利用课堂上感动学生的课程材料，放大其感动的效果。

第三，填写格言改为抒写学习的收获和感言。

第四，继续探索除游戏活动、故事讲述和会聚感言之外的其他有效策略。

二、第二次研究课

- 课堂教学发生的积极变化

第一，课堂上教师进一步完善了第一次课已用的教学策略，并增加了新策略的尝试，使围绕主题进行情感渲染的力度进一步增强，学生的心灵受到了更强烈的震撼。

例1：在蒙眼送花的游戏环节，教师把第一次课上用来蒙眼的红领巾改为了围巾，另外，为了使得学生切身体会到帮助的重要性，特别明确了游戏规则，学生的第一次试走，其他同学不能有任何提示。

例2：教师在视频播放公益广告"平安中国"的环节，首先把这个故事绘声绘色、饱含深情地讲述了一遍，为学生的情感激发进行了"预热"："在一个夜深人静的夜晚，一个小女孩骑着自行车回家。当时啊，大街上空无一人，小女孩越骑越害怕。骑着骑着，连街道两边的灯都熄灭了。呼呼的风吹得小女孩心里直发毛。她越想越害怕，赶紧唱着歌给自己壮胆。正当她骑到一个拐弯处的时候，突然发现前面卖夜宵的老爷爷居然还在那里。"接下来再播放整个视频让学生经历更直观的视觉冲击和感动，此时此刻，"帮助在生活中很重要"和"得到别人帮助，感到快乐"已在每一个学生的心里有了深深的体验……

例3：在"画出自己的爱心故事，打造爱心小屋"的环节，教师选用了充满无限爱心和童心的《熊猫咪咪》的儿童歌曲作为背景进行情感的烘托，其中主题句"请让我来帮助你，就像帮助我自己；请让我去关心你，就像关心我自己"的重复，把"帮助别人，快乐自己"主题渲染得淋漓尽致。

第二，教师以问题为引导增加了让学生情感表达的机会，不少环节都收获了意想不到的精彩。

例1：在故事讲述的环节，有一个同学讲了一次跑了400米比赛后有同学帮助了他。教师马上问"怎么帮你的?"学生说是搀扶了一段，还给他倒水喝。接着老师问"当时你是什么感受?"学生说觉得很高兴。老师接着问，"对帮助过你的同学有什么需要真情表白的吗?"这位同学激动地说：

"××同学和××同学，感谢你们有力的搀扶，还有解渴的水，我的奖牌有你们的一半……"

例2：在课堂最后写感言的环节，教师引导说："今天听到了那么多的爱心故事之后，哪些故事深深地感动了你们？你们有最想要说的话吗？把它写下来。"

学生写出了自己这样的真情实感：

"要是我们每一个人都能帮助别人，这个世界就会变得更美丽。"

"赠人玫瑰，手留余香。"

"帮助别人不仅可以拥有快乐，还可以多一个朋友。"……

● 观察发现

对学生情绪情感的激发还不够，学生在接受课程材料的过程中没有受到多大的挑战，思维锻炼不够。

● 问题诊断

首先，教师在课堂教学的过程中也存在直接替学生表达的情况，引导还可以更充分一些，让学生有感而发效果更好。

例1：在开始的游戏环节，当被蒙双眼的学生在同学们的帮助下完成闯关游戏之后，问帮助过这位同学的其他同学有什么感受的时候，见同学们没有马上回答时就自己直接感叹道："帮助别人也是很快乐的事情。"

例2：在讲述故事（一个登山者在暴风雪中迷了路，又发现了另一个比自己状况更糟的登山者时，毅然停下脚步给予帮助，得到帮助苏醒过来的是一位气象学家，结果，前者在后者的专业指引下终于走出了困境）后，教师没有让学生仔细体味而是自己表达了故事要表达的主题："有时候，帮助别人就是帮助自己。"

其次，课堂上教师所采用的几乎所有材料都是正面反映一个积极的主题，让学生直接地有感而发，而没有给学生经历一个由认知冲突到价值判断最后做出正确行为选择的机会，学生明辨是非的能力发展被忽略了。

● 进一步改进的建议

第一，选择一个有代表性的反面例子，让学生去评说，从而提高自己明辨是非的能力。比如，街上看到"指路两元"的牌子，某学生"我帮助别人，别人没有帮助我"的困惑，等等。

第二，抛出一个话题"帮助，需不需要回报？"让学生展开讨论或进行辩论，增进对"帮助"这个教育主题的理解。

三、第三次研究课

● 课堂教学发生的积极变化

第一，教学策略进一步拓展，通过多种教学策略的协同运用，学生经历的感动此起彼伏，课堂教学深入人心。

例如，在游戏导入的过程中，教师看到蒙眼送花的学生碰到障碍物的时候，教师主动扶着学生的手说"我来帮你"，绕过第一个障碍物之后，过道旁的学生纷纷伸出小手引导该同学前行，真正完成了一次爱心"接力"，该同学深有感触地说"有别人的帮助真好，我很安心"；两个学生主动帮助脚扭伤的同学上下楼梯长达一个月，他们汇报说"同学有困难，帮助是应该的"；一个同学汇报说一次他把新买的尺折成两段分给同学用……在最后写感言的环节，出现了"发自内心去帮助别人，就不需要去想回报""帮助别人就是为了让别人快乐""帮助别人，别人感到了快乐，我会更快乐"……

第二，新尝试的策略即小组讨论把对"帮助"主题的理解引向深入，学生的认识和境界得到了实实在在的升华。

例如，在小组讨论环节，执教教师讲述了一个学生的困惑，即班上有一位平时非常热心帮助同学的学生，最近因为自己需要帮助时，他平时帮助过的同学不愿意反过来帮他，很困惑，不知道自己是应该继续帮助同学还是从此不帮助。请同学们小组讨论一下，给这位同学出出主意。

经过讨论，学生表达了各自的看法。

生1：以后即使他不帮我，我还是会帮他的。如果大家都不帮助，这样下去不好。

生2：应该不帮助他，因为他不愿帮我。

生 3：还是继续帮他，终究他会被感动的。

……

教师抓住时机又做一个帮与不帮的举手表决，结果几乎全部学生（只有三个学生没有）举手表示愿意帮助，教师于是引导：既然有这么多的同学还是选择帮助，"看来帮助别人是不需要得到别人的回报的"。

当然本次课有些教学环节还略显仓促，交流还没有充分展开。比如，在讲述自己的爱心故事，并要求画出简笔画贴进爱心小屋的环节，学生的交流还不充分，有的同学还没有全部画完，教师就开始宣布全班同学进行汇报。

- 三次课演进的脉络

第一次课的情况是：教师尝试多种教学策略，学生参与积极主动，但是对学生真情实感的激发还不够，充分细致的表达还欠缺；第二次课发生的变化是教学策略更加优化，情感体验表达提升了，但是让学生体验正面事例的比较多，不同观点的碰撞还不够；第三次课的亮点在于教学策略更加丰富，话题讨论升华了主题，当然各环节还可以更紧凑些，学生交流还可以更充分些。

四、研究形成的共识与结论

在连续三次课堂教学实践探索过程中，研究小组对当前思想品德课教学的转变和提升以及行之有效的实践策略进行概括和总结如下。

（一）思想品德教学可以尝试的六个实践策略

一是以故事讲述的形式让抽象变为具体。教师通过讲故事的形式，可以把抽象的道德品质融汇在生动的故事里，从而达到深入浅出、潜移默化的作用。例如，本专题三次研究课上，执教教师让学生讲爱心小故事，同时自己也讲述了登山者的故事，这样使得"帮助在生活中重要"以及"帮助别人和得到别人帮助都会很快乐"等理解就会变得更容易。二是以问题引导的形式让生成更加鲜活。教师可以设计贴近实际生活的问题引起学生对课堂学习的关注，在教学过程中还可以灵活生成新的问题进一步挖掘更为丰富的内容，于是，课堂变得真实而鲜活。本次专题研究的三次课上，执教教师都突出地尝试了问题引导的教学策略，引发了学生的生成。三是以图片或视频的形式让视觉感受冲击。通过图片或视频中相关情境的展现使视觉产生非同一般的感受，从而让人触目惊心，发人深省。例如，本次专题的三次研究课执教教师选择的公益广告和汶川救援的报道就是很好的尝试。四是以音乐歌曲的形式让心灵经历感动。音乐歌曲的旋律之美往往可以产生语言本身所达不到的效果，让心灵经历不可言传的感动。在本专题的第二、三次中执教教师都使用了极富有主题表现力的歌曲《熊猫咪咪》，非常到位地渲染了气氛。五是以专题讨论的形式让思想碰出火花。一种思想和另一种思想的碰撞往往可以生成更加深邃、新异的思想，精神的欣慰只有深入其中的主体才能切身感受到。六是以活动表演的形式让体验有感而发。参与一个活动，参加一个表演，既可以获得一种切身的体验，也可以把内在的体验与理解恰到好处地表达表现出来。例如，本专题的三次研究课上执教教师都使用了"蒙眼送花"的游戏，让学生切身体验到了"帮助在生活中的重要"。

（二）思想品德教学要促进五种策略的完善

一是在谆谆教诲的过程中突出师生的心灵对话。思想品德课的教学是一门美化心灵、塑造品格的课程，因此，教学的方法更多的应该是心灵之间的对话与交流。正如本次研究活动中，教师以故事讲述等形式加强了师生之间以及生生之间的对话与心灵交流。二是在以理服人的过程中注重柔性的以情动人。强势地以理服人拉开了师生之间的距离，把师生关系直接放到了说服与被说服的位置上，而温暖的人性与情感往往更能触及学生的心灵。在本次研究活动中，教师特别精选了一些足以打动人的视频材料与歌曲来进行情感的渲染，就收到了比较好的效果。三是在书本学习的过程中借助创设的情境领悟。思想品德的教学一定不能仅仅停留于书本知识的识记，否则由此而获得的知识终究还是会还给书本，而通过对教师创设情境的感悟却是属于学生自己的实际所得。在本次研究活动中，教师让学生讲述的一个个爱心故事本身就是一个很好的温馨情境，既鲜活又真实。四是在促进领悟的过程中强调外在的表现表达。思想品德的教学始终要坚持和突出"实践性"的课程特征，换言之，思想品德的教学不是仅仅停留于学生养成良好的公民素质而是最终促进具有良好公民素质的个体更好地参与社会和服务人类。在本次研究过程中，教师创造了比较多的爱心表达的机会，从而使得对于主题的理解更加清晰和明确。五是在表现表达的过程中增设冲突的价值判断。教师除了创设有助于学生理解领悟的直观情境使得可以有感而发之外，还可以把情境的创设变得复杂些，让冲突的价值取向融入其中，从而使学生在价值选择过程中发展起价值判断力。在本次研究活动中，教师设置的"继续帮助还是不再帮助"的问题情形就比较好地让学生进行了价值判断的情境过程。

（三）思想品德教学要追求四个阶段的提升

基于对思想品德课标的理解，以及本次课对于有效教学策略的不断实践尝试，我们可以比较明晰地看到真正入心见行的思想品德教学要追求这样几个阶段的层层提升：第一，从教师的讲解提升为学生的理解，教师的讲解属于教师自己的见解与认识，最终学生的理解才是课堂上学生实际的获得。本研究的第一次课上教师设计的"蒙眼送花"游戏就是旨在让学生通过亲身的游戏体验来理解帮助的重要以及助人为乐的快乐，如果执教教师用讲解的方式来展开教学，思想品德的课堂很有可能是极为单调和苍白的。第二，从学生的理解提升为主体的行动，学生的理解属于认知层面，学以致用才是真正体现出知识学习的价值。同样是在三次课都用到的"蒙眼送花"的游戏环节，执教教师都注意让学生在通过力所能及的方式帮助蒙眼走过自己身边的同学，因为知行合一是思想品德教学的基本要求。第三，从主体的行动提升为处世的习惯，主体一次的行动也许并不难，难就难在能够形成处世的一贯做法。在本研究的第三次课上，执教教师有意设计了生活中帮助了别人但别人未必也以帮助回报的情形来考验学生如何面对的话题讨论，就是旨在使学生曾经乐于助人过的行为能够成为一种习惯，不是偶尔才为之。第四，从处世的习惯提升为人生的信念，习惯也可以因外部要求而不断操练形成，所以能够形成主体自己的信念并主动维持才是最高的境界。同样是本研究的第三次课的话题讨论环节，教师面对几乎全部选择继续帮助那些自己曾经帮助过的人的时候，执教教师一语中的的总结（"看来帮助是不需要任何回报的"）就是化为人生信念至理想境界的最好诠释。

附：第三次课的课堂教学实录 [①]

牵手　让我们同行

浙江省杭州市余杭区乔司小学　陈春雨

师：这节课，我们先来做一个游戏，怎么样?

生：好。

师：不过呀，你们可不要高兴得太早，这个游戏是有点儿难度的（打开PPT），这是游戏规则，谁来给大家读一读。

师：你来。

生：《蒙眼送花》，用布蒙上眼睛，手捧鲜花，从讲台出发，沿着规定路线走一圈，途中不能碰到障碍物（凳子）。

师：谢谢你。这里说的沿着规定路线走一圈，就是这样绕一圈（师做手势，指明方位），回到讲台这里，如果你碰到了途中的障碍物，那就算游戏失败，听明白了吗?

生：嗯。

师：谁愿意来接受挑战? 噢，这位同学举手了。来，请上来。

（一生上台）

师：好，先送给你一束美丽的鲜花。看来，你很高兴来做这个游戏。

---

① 本实录由浙江省杭州市余杭区领雁工程中小学思想品德课例研究小组整理。

看得出吗？

生：看不出。

（师给生蒙眼）

师：好，我想先问你一下，蒙上眼睛之后有什么感觉？

生：我感觉到处黑黑的。

师：心里害怕吗？

生：有点儿紧张。

师：噢，有点儿紧张。那同学们我们静静地坐在座位上，不要发出声音，看他是不是能够独立完成这个游戏，好吗？

生：好。

师：好，出发。

（生手捧鲜花，蒙着眼开始游戏，台下生比较安静）

（生走了一半，遇到障碍物，师拉住生）

师：哎呀，很遗憾地告诉你，游戏失败了。没关系。（师解下蒙眼的纱巾）

师：来，跟着老师到前面来。你刚才只走了那么一段路，就碰到了那张凳子，还哇地叫了起来，跟我们说说当时的感觉。

生：我感觉好像一下子碰到了，心里触了一下。

师：是吗？真的是这样啊。哎呀，我想问一下，当你找不到方向，又碰到了障碍物，你最希望的是什么？

生：我最希望给我一盏灯，可以照亮前进的路让我走过去。

师：我想你说的这盏灯也许就是我们同学们的帮助吧？

生：嗯。

师：同学们，你看她多么需要得到帮助呀。你们愿不愿意帮助她？

生（齐答）：愿意。

师：那你们想想看，当你坐在座位上的时候你有什么办法帮助她避开障碍物，然后顺利地完成任务呢？你说。

生：要用嘴巴告诉她。

师：嗯，怎么告诉？

生：就是告诉她往左走还是往右走。

师：给她指明方向是吗？

生：嗯。

师：好的，真棒！我们在提醒她的时候，声音可以集中一点，这样能让她听得更清楚。对她的帮助可能会更大。这是一种用语言来提醒她的帮助。还有别的办法吗？

（生沉默）

师：老师想问问坐在两边的同学，你们有什么办法帮助她？好，你说。

生：我想，我们可以拉着她的手，让她从旁边走。

师：你的意思就是说，我们可以扶她一把，是不是啊。当她碰到障碍物的时候拉一拉，对吗？是的，请坐。我们坐在边上的同学可以来个爱心接力，让她从自己的双手一个一个地传递下去，是不是？

生：嗯。

师：这位同学，你愿意在同学们的帮助下再来一次吗？

生：愿意。

师：哦，你说得真响亮。那你估计这一次能成功吗？给她信心好不好？

生：好。

师：那我们再来一次。好，同学们，你们有没有准备好？

生：准备好了。

师：两边的同学准备好了吗？

生：准备好了。

师：准备好了，可以开始了。

生：第二次游戏开始。

师：我看见有个小朋友已伸出了手想帮助她了。哦，越来越多的小手伸出来了，有的同学还用语言在轻轻地提醒她，后面的同学加油啦！

（生一手传一手……向前……转弯……向前）

师：加油，还差一点点啦！哎呀，这位同学帮得真好啊！

师：这一段让老师牵着她的手走过来吧！好！第二次终于走到了这里，是吗？那么和第一次比，你感觉这一次有什么不一样？

生：我感觉有同学在旁边拉着我，安心多了。

师：是这样吗？你为什么笑得这么开心？

生：我终于走过来了。

师：很高兴是吧？唉，我刚才看到有些同学好像脸上也笑眯眯的，我想问这位同学，你怎么也笑得这么开心呀？

生：我高兴的是一位同学能得到大家的帮助而走完这段路。

师：你说得真好，请坐。

师：是啊！下去吧！当我们遇到困难的时候，有人帮助是多么高兴的一件事。而当我们帮助了别人之后，同样也很开心，是吧！

生：是的。

师：游戏当中是这样的，我们学习生活中更需要同学之间的互帮互助，一起前行。

师：一起把课题读一遍。

生（齐读）：牵手——让我们同行。

师：现在老师想做一个小小的调查，请你坐在座位上静静地想一想，到目前为止，你碰到过困难吗？碰到过的同学请举手，大的小的都可以。

（生举手）

师：所有的同学都举手了，放下，是呀，人生的道路不可能是一帆风顺的，多多少少总会碰到这样那样的困难，老师还想调查一下，请你静静地想：当你碰到困难的时候，你得到过别人的帮助吗？得到过的请举手。

（生举手）

师：也有那么多，来，老师想问问这位同学，你碰到过什么困难，又得到过谁的帮助？

生：我们学校六一儿童节举行活动，有些同学去临平大剧院排练，一直到放学了才回来，我回到学校，看见黑板上回家作业都擦了，有一位叫徐玉华的同学，他帮我把作业记好了，使我知道了作业，回家能够完成。

师：我听出来了，当时你们在大剧院排练回来已经很晚了，你刚才说教室里的同学都已经走光了，是吧？

生：嗯。

师：那么你刚才说的这位同学，是你提前叫他帮你抄写的吗？

生：不是，是他主动来帮我的。

师：他帮你记好了回家的作业，而这时黑板上的回家作业都已经擦掉了，那你当时的第一感觉是什么？第一反应是什么？

生：我想谢谢他，谢谢他帮我抄。

师：是的，那么你的心情怎么样呢？

生：我感到很高兴，有一位同学能这样帮助我。

师：是呀，你看有同学帮助多好呀，排练学习两不误，是吗？

（生点头）

师：请坐，很好，是呀，当我们得到别人帮助的时候是一件多么快乐的事情。（师板书：得到帮助　快乐）

师：我想这样的事情肯定不止一件，别的同学想一想，你又碰到过什么困难，又得到过哪些同学的帮助呢？好，你说。

生：有一次考试的时候，我的自动铅笔写不出字来了，没有笔芯，这时候，旁边有只手伸过来，给了一个笔芯，我见了很高兴，连忙把笔芯装了进去。考完试，同学告诉我，原来是后面的×××给了我笔芯，使我答完了这张试卷。如果没有他的帮助，我一定答不好这张试卷的。

师：你说是你后面的同学，现在他还在你的后面吗？是哪一位？就是他呀！老师感觉这件事情呀，虽然很小，是不是？可是你为什么还记得那么牢呢？

生：因为那次是在考试，我没有笔芯就答不了这张试卷了，而他这么一个小小的帮助，对我有很大的帮助。

师：说得真好呀，小小的一个笔芯却给人家那么多的帮助，你高兴吗？

生：很高兴。

师：真好，请坐。还有吗？别的同学呢？老师想问问不举手的同学，有没有过这样的事情，来，这位同学。

生：有，数学要背的我很久都没有背出来，王涛就帮我背了，让我过了数学老师的关。

师：我帮你改正一下，不是他帮你背，是指导你背，最后在他的帮助下，你背出了，好的，请坐。

师：老师从你们班主任那里了解到你们班是一个非常爱学习的班级，平时在学习上这种互帮互助的事情是层出不穷的，真好，还有吗？刚才这位同学也举手了，你跟大家说一说。

生：有一次，我的脚扭了，而且还包了石膏，是一些好同学，像×××他们每天扶我上下楼的。

师：哦，那看来这是一个不小的困难啊，连石膏都包上了，是吗？那肯定很不方便吧？你跟大家说说有哪些不方便？

生：上下楼梯有时候要用一只脚跳的，而且很酸。

师：那么我听说你们四年级是在四楼。

生：嗯。

师：四楼那么高，那时候肯定很不方便吧？

生：是的。

师：那么，同学们是怎么帮助你的呢？

生：他们两个人扶着我的手，然后从四楼跳到一楼。

师：扶到一楼是吗？看来这两位同学帮了你很多忙是吗？是哪两位同学？让我看看。

生：这位还有这位。

师：请站起来，哦，就是这两位同学。老师想问问你们，你们帮了他多久？

生：嗯，应该有一个月，从脚扭伤就开始了。

师：大约有多久？

生：大约一个月吧。

师：一个月，这么长时间！你们每天都这样帮助他，是吗？

生：嗯。

师：这位同学，你为什么要这么帮助他？

生：因为我觉得同学有困难我应该帮助他，这样自己也会感到快乐。

师：说得真好，请坐。同学们，你们听到了吗？在我们帮助别人的时候同样也是非常快乐的。（板书：帮助别人，快乐）是啊，帮助别人其实很简单，有时候帮助就是黑夜里的一盏灯，这位老爷爷，你们肯定不陌生吧？（播放视频）

生：嗯。

师：这边同学有话要说。

生：这个广告上有的。

师：是吗？请坐。是呀，那是一个黑漆漆的夜晚，一个小女孩骑着自行车往家赶，当时，整条街上空无一人，小女孩越骑越害怕，骑着骑着，连道路两边的路灯都熄灭了。呼呼的风吹得小女孩心里直发毛。当时小女孩为了给自己壮胆，赶紧哼起了歌。当她骑到一个拐弯处的时候，突然发现前面那个卖夜宵的老爷爷还在那里。你们看到过那个广告吗？

生：看到过。

师：后面发生了什么事情？你说。

生：后来那个小女孩问好之后继续骑车走。那个老爷爷用头上的灯为小女孩照亮前面的路。

师：没错，请坐。那现在我们来重温这个画面。

（生观看视频）

师：看了这个视频，最让你感动的是什么？

生：爷爷竟然用他自己的灯为小女孩照亮前面的路。

师：好的，还有吗？这位同学你想说什么？

生：我想说在小女孩转弯的时候，老爷爷他居然用那盏灯照亮了前面的路。

师：是的，老爷爷真的这么晚回家吗？他是在那里等这位小女孩，给她照亮前面的道路。是啊，有时候，帮助就像黑夜里的那一盏小小的灯，照亮小女孩前进的道路，温暖着她的心。其实，帮助别人很简单，也许它就是你手中这一把小小的尺，也许是风雨中那一把小小的伞，有时候啊，也许当别人摔倒时，你伸出的那一双手，甚至是老爷爷去送信的时候，你帮他送的那封信，相信同学们也有自己帮助别人的事吧！下面就请你们把自己帮助别人的那件事四人小组先交流一下，记住了，待会儿你们四人小组选择其中最想跟全班交流的那件事，用简单的方法把它画在纸上，好不好，听明白了吗？好，开始吧！

生：四人小组讨论交流自己的爱心故事。（背景音乐响起）

（师巡回指导）

师：好，有的小组已经画好了。（继续巡视）

（其中一组在师授意下上台展示板贴）

（师继续巡视）

（第二小组在师授意下上台展示板贴）

生：我们好了。（其中一个小组）

师：好的，可以举手了。

（师继续指导巡视，第四个小组上台展示）

（第五小组主动上台展示）

（第六、七、八、九小组主动上台展示）

师：好，有的同学说爱心屋里都贴不下了。好，老师看啊，这里有几样东西特别有意思。你们看，这里有一封信，是哪一位同学的？

（生举手示意）

师：对！是那位同学的。你能不能跟我们讲讲这件事情？

生：我们小区有一位老爷爷生病了不能送信，我就帮他去送信。

师：嗯，那么你知道这封信是送给哪里的吗？

生：是送给他在外的儿子的。

师：哦，是的，我想这封信对他的家人来说是非常重要的，是不是啊？

（生点头）

师：嗯，你做得真好，你真是一位乐于助人的孩子。再来看看，这里还有好几把尺子，我觉得这把尺子它很特别，是哪一位同学的？来跟大家讲一讲。

生：就是那一次考试的时候，我的同桌他没有尺，然后我就把新的塑料尺子折成两段借给他。

师：新的尺，刚买来的，你把它借给他，是吗？

（生点头）

师：我想这个举动真是非常令人感动啊，她当时借给你的，是吧，你心里怎么想？

生：我心里十分地感谢她。

师：是的，好。我们看看这里还有一把雨伞是谁画的？你跟大家说一说这个故事吧！

生：有一天放学，五点多了，我帮老师做完事，准备回家的时候，看到屋檐下面有一个小女孩，外面下着很大的雨，她躲在那里走不出去，她爸爸又没来接她，我爸爸已经来了，就把雨伞送给她了，哦不，把伞借给她了。

师：是借给她。

师：那么那位小朋友你认识吗？

生：我不认识。

师：你不认识，你还把雨伞借给她，是吗？哎呀，你真是热情，好，同学们你们继续看，我们的爱心故事虽然很小，但是乐于助人的心灵却和做大事是一样的，同学们是否还记得，去年发生在汶川的 5·12 大地震？

生（齐说）：记得。

师：是呀，当汶川发生大地震的时候，所有的人、所有的心都牵挂着灾区的人民，一方有难，八方支援，抗震救灾的人在那个时候付出了他们所有的帮助，下面我们一起来看其中一个画面。（播放视频）

师：同学们，看完这段录像，你有什么感受，你有什么想说的？好，你说。

生：我想说这个被救的小女孩不是这个救援人的女儿，可是当他们救出这个小女孩时，心里非常的高兴，欢呼起来了。

师：是的，就好像看到自己的女儿一样，是吧？你说得真好。你说。

生：我想说汶川当时非常危险，还可能有余震，但是救援人员还是积极去做。

师：你刚才看到他们脸上洋溢着……

生：微笑。

师：快乐的微笑，请坐，好，你说。

生：我觉得这些救援人员十分勇敢，不顾自己的安危和自己的家庭，去救一个完全不相识的小女孩，而且救出了他们很开心，我觉得我很佩服他们。

师：说得真好，请坐，是呀，抗震救灾人员把救出一个个生命看做是自己最大的快乐、最大的幸福，其实在这一次地震中，帮助他们的人何止是这些抗震救灾人员，老师知道坐在这里的每位同学也献出了你们的爱心。是吗？当时你们是怎么做的？

（生举手）

师：你说。

生：我们是通过学生组织捐款，捐钱给他们。

师：你当时捐了吗？

生：我捐了。

师：你当时为什么要捐给他们？

生：因为我觉得四川汶川地区的人民很可怜，自然灾害把他们的家园毁坏了，所以，他们要重建家园，我们应该多多帮助他们。

师：是的。明明知道自己的帮助可能是微不足道的，但是你还是伸出了援助之手，是吗？一个人的帮助小，但是大家的力量会怎么样？

生（齐答）：大。

师：大了，别的同学呢？你们是否帮助了他们？哪位同学说的？好，你说。

生：我帮助过他们，我捐了钱。

师：为什么？

生：因为四川的人民，他们因为地震而死，他们的家园被毁坏了，他们非常可怜，没有了家园，没有了……没有了……

师：你很想帮助他们，虽然我们不能到那个地方去，但是我们在这里同样也可以帮助他们是吗？

生：嗯。

师：是的，坐下去。

师：小家需要小爱，大家更需要大爱，只要人人献出一份爱心，那么世界将变成美好的明天，帮助别人是很快乐的，其实有时候，帮助别人获得的不仅仅是快乐，下面，我们一起来听一个登山者的故事。（播放幻灯）

师：有那么一个登山者，在山中，遇到暴风雪，因而迷了路。他的四肢冻得麻木，双脚也越来越沉重，如果不尽快找到避寒处，他将会被活活冻死。这时他遇到了一个比自己更不幸的人，那人已经快冻僵了，倒在地上不能动弹。登山者发现自己面临一个困难的选择，是继续赶路，还是设法拯救生命垂危的陌路人？（停顿）同学们，你们帮他分析一下，如果他继续赶路的话，他会怎样？

（生举手）

师：你说。

生：如果他继续赶路的话，可能会找到避寒处，保住了生命。

师：有这个可能性，有不一样的吗？你说？

生：我觉得，如果他继续赶路的话，那个受伤的人会死去，他自己如果因为找不到避寒处，也会死去。

师：也有这个可能性。请坐。请你们再帮他分析下，如果他设法拯救这个生命垂危的陌路人的话，又会怎么样？好，你说。

生：他很可能自己也会死去的。

师：为什么？

生：因为，他救了他，已经没力气了，再加上山上的寒冷。

师：很有可能，请坐。

师：你呢？（换了学生）

生：还有一种可能，就是他如果救了那个被困的人，他们两个人一起去寻找避寒处，可能会更快地找到。

师：请坐，其实我们大家讲的都有可能，那么你们想不想知道最后的结果呢？

生（齐答）：想。

师：我们继续往下看。（师播放图片）这个登山者慢慢地向那个陌路人走去，登山者跪在那人的身边，甩掉手套，开始按摩他的双手和双脚。没多久，那个人血液流通了，而登山者在助人的过程中，也暖透了自己的双手乃至全身。

师：后来的攀谈过程中，他知道原来被他救的这个人是一个气象学家，最后他与那气象学家一起搀扶着，在他的指点下走出了大山。那么听了这个结果你有什么想说的吗？

师：好，你说。（指生）

生：为此，我感到非常的高兴，因为那个攀登的人不顾自己的生命而去救一个并不认识的人，而且最后他们还得到了好报，两个人都获救了。

师：是的，还有吗？请坐。

生：自始至终我们还是回到了有时帮助别人也是在帮助自己，没有了。

师：没有了，说得真好，请坐。是呀，在当时看来，登山者如果继续救他的话，等于是给原来已经困难的他多加了一个累赘呀，他根本没想到自己在获救的同时还能在别人的帮助下走出大山。所以说救人者自救。当我们在帮助别人的时候，也许还能够得到别人的帮助。帮助别人等于帮助自己。（生也说帮助别人等于帮助自己）

师：同学们，在这儿老师不得不说一件事，嗯，老师教的班里也上了这节课，有一位同学给我留了一张纸条，写了一件很困惑的事情。老师想读给大家听一听，看看你们能不能帮他解决解决，好吗？好，他说啊，我是一个非常乐于助人的同学，谁有困难我就去热心地帮助他，可是有一天，我忘记带尺了，我曾经经常帮助过的同学竟然不愿意借给我，我很苦恼，小小的一把尺子他还不借给我，以后他有困难，我是继续帮助他呢，还是不帮他，你们听了这件事后，有什么想说的？

师：先四人小组讨论一下吧，待会儿把你们交流的结果跟大家说一说。

（生讨论）

师：好，讨论好了吗？哪个小组先跟大家说一说你们小组的看法，大家可以积极地发表自己的意见，给他出出主意。你说。

生：我认为后面那段时间可以不帮助他，让他也尝试一下如果没有别人的帮助，他的感受好吗？接着，如果他反思之后悔改了，他们两个还可以互相帮助。

师：如果他不悔改……

生：不悔改的话可以跟他讲道理，直到他知道帮助的好处，再去帮助他。

师：你的意思也就是，认为他要帮助你的时候再去帮助他，是吗？是不是这样？请坐。

师：有没有不一样的？好，你说。

生：我觉得他说得不太好，我觉得应该先去帮助他，然后，如果帮助他一段时间之后，他还是不改的话，那时再用另外一种方法，不然的话很可能起反作用。我觉得自己太不负责任了，不去帮助他可能会起反作用。

师：如果他一直不帮助你，你以后再帮助他，你认为他以后会怎么办呢？

生：我觉得以后还是要帮他的，不然的话，这位同学在各方面没有我的帮助会失去一些。

师：好，看来他的心地非常善良。

师：好，你说。

生：我们小组认为应该不帮助他，因为我们帮助了他，当我们需要帮助的时候他却不帮助我们。

师：你觉得不应该帮助他。好，这位同学。

生：应该继续帮助他，帮助一起帮助过的人，因为没有一个人是非常固执的。久而久之，那个同学会被同学的热心所感动。所以我觉得应该去帮助他。

师：老师想要用举手的方法表示，认为要继续帮助他的人举手。这么多啊，刚才有些同学的发言，已经代表了你们的想法，是吧？是的。请把手放下去。

师：当我们在帮助别人的时候，别人的确不一定会来帮助我们。帮助别人不一定要得到别人的回报。帮助只是自己的一种心里的想法，是吧？那么课上到这里啊，我想同学们肯定有很多感受，请把你们的感受用一两句话写在这张记事贴上。把你想说的话待会和大家一起交流。

（师播放音乐）

（生开始写感言）

生：帮助一个人不需要回报。

师：非常好。

生：我觉得帮助别人不应该是为了寻求帮助而帮助，而应该是发自内心的。

师：说得真好。

师：好，你说。

生：我觉得帮助是不需要回报的。

生：我觉得生活中要多帮助别人，别人快乐自己也是很快乐的。

师：我想你已经体会到了快乐。

生：当别人需要帮助的时候我们应该及时地帮助他们，这样自己会得到快乐，别人也会快乐。

师：说得好，及时地去帮助别人。

生：我觉得让别人得到帮助自己也能得到快乐。

师：不应该得到报酬。

生：帮助了别人，别人快乐我们也快乐。

师：好，那今天我们这节课就上到这里，没有写好的同学可以到教室里去继续把它写完。老师建议把它贴在铅笔盒里，或贴在书本里。下课，同学们再见！

生：老师再见！

范例5： 突破机械记忆的历史教学策略研究①

历史课程的教学重在引导学生学会用辩证唯物主义和历史唯物主义的方法，对发生过的历史现象和历史事件以及其中的重要历史人物进行客观的分析与评价，理解人类历史发展的必然规律，自觉培养起促进社会发展和服务当今社会的历史责任感和时代使命感。但是，在当前的初中历史课教学过程中还存在着这样或那样的一些突出问题，与新课程的目标要求还存在着较大的距离，主要表现如下：注重历史知识的获得胜过学生深入的理解，历史教学等同接受学习；强调教师课堂的讲授胜过学生讨论的发现，认识历史陷入人云亦云；忠实课本教材的范围胜过课程的二次开发，以本为本代替全面学习；追求课堂知识的目标胜过其他两维目标的达成，讲练结合无视导学育人。

针对上述种种亟待解决的突出问题，本课例研究小组侧重以突破机械记忆的教学方法为研究的切入口，着力探索符合新课程标准要求的行之有效的教学策略，并确立了有效识记、深化理解和激发情感的探索方向，最后基于实践探索经验提炼形成历史课教学理性的认识与见解。本次实践研究以同一位教师针对同一教学内容进行了连续三次的教学探索和持续改进，最终取得比较满意的教学效果，并在此基础上最后综合整理形成初中历史课教学改进的专题研究报告。

一、研究的过程与发现

（一）第一次课试教

执教教师选择的是浙江教育出版社出版的义务教育教材八年级《历史与社会》第六单元"席卷全球的工业文明浪潮"第三部分"汇入工业文明大潮的中国"的第一课"屈辱的岁月"。内容主要是讲述从19世纪40年代

---

① 胡庆芳. 新课程指导下的初中历史教学研究［J］. 中学历史教学研究，2010（4）：3.

至 20 世纪初西方列强对中国发动的鸦片战争、第二次鸦片战争、甲午战争以及八国联军的侵华战争和面对列强入侵中国掀起的悲壮反抗史实，以及在此期间清政府与西方列强签订的《南京条约》《北京条约》《马关条约》和《辛丑条约》。教学目标主要有两个，一是引导学生自主学习，了解近代资本主义列强对中国发动的侵略战争和强迫中国签订的不平等条约以及帝国主义瓜分中国的狂潮，认识殖民主义的侵略本质和清政府的腐败无能；二是通过讨论、比较归纳等活动，引导学生分析不平等条约对中国历史进程的深远影响。

● 课堂教学值得肯定的方面

第一，执教教师采用了看图说话、对照比较和小组讨论等教学方法，对机械记忆型的传统教学方法有所突破。

如，为了引入鸦片战争、第二次鸦片战争、甲午战争，执教教师分别出示了虎门销烟、圆明园残垣断壁和邓世昌与致远舰同存亡的图片，并让学生来叙说相关的内容。

又如，为了让学生对鸦片战争、第二次鸦片战争和甲午战争发生的时间、交战的双方以及结果有一个了解，执教教师设计了一个表格把这些信息进行了比较对照。在接下来对三个条约的了解环节，执教教师组织了小组讨论的形式让学生来比较上述三个条约的共同点。

第二，执教教师比较恰当地补充了一些课程资源，促进了学生对相关历史概念的了解。

如，讲到"半殖民地半封建社会"时，执教教师展示了一张知识卡："半殖民地，是相对于完全殖民地而言的。它是形式上独立，但政治、经济、军事、外交等受到帝国主义控制和压迫的国家。半殖民地是从国家的政治地位上看的。半封建，是相对于完全的封建社会而言的。指原有封建经济遭到破坏，资本主义有了一定成分，但仍保持着封建剥削制度。半封建是从社会经济结构上看的。"

● 观察发现

学生机械识记的现象依然存在，学生分析理解能力的培养没有落实，完整性的知识目标没有达成。

- 问题诊断

第一，在有关"鸦片战争、第二次鸦片战争和甲午战争"的看图说话环节，在学生还没有对文本作基本了解的前提下进行相关知识的迁移和应用显得不切实际，致使学生只能被动地从课本上找相关信息并作机械的回答。

第二，在让学生运用表格对三个条约进行内容对照的环节，表格是执教教师事先设计的而不是学生比较了三个条约之后自主完成的，所以在这个环节，学生只是机械地把书本上的信息搬迁到相应的表格里，有意义的学习没有体现。

第三，在"细看条约"的教学环节，执教教师没有设计有启发性和挑战性的问题引导学生分析和思考，历史知识的学习基本上还停留于识记水平。如，在讲到《南京条约》的签订对中国造成的影响即"中国开始丧失独立自主的地位，一步步沦为半殖民地半封建社会"时，执教教师没有用相关的问题来引导学生从条约本身的内容来进行理解。而当时相关的问题本可以起到顺水推舟的学习效果，如"为什么说《南京条约》的签订使中国开始丧失独立自主的地位？从哪里可以看出中国一步步沦为半殖民地半封建社会？"

第四，在本课教学内容方面，执教教师把有关关天培、邓世昌等民族英雄进行的"悲壮的抗争"的内容板块和《辛丑条约》的内容移至第二次课教学，这使得第一次课教学的内容本身变得不完整，因为前者本身就是鸦片战争和甲午战争过程中的事件，后者是和《南京条约》等并列的四大条约之一。

- 改进建议

第一，增加学生文本预习的机会，在了解基本史实的基础之上展开有序的教学；

第二，增加清政府在鸦片战争时期年度财政总收入等信息，以便学生对一次次巨额的赔款有一个相对明确的概念；

第三，增加鸦片战争之前中国、英国和法国等国家发展情况方面的信息，以便于学生对英国等国之所以能够侵略中国等问题有一个基本的了解；

第四，增加问题的设计，引导学生对四次战争以及四个条约的分析与理解；

第五，在课的最后有关四次战争和四个条约及其对近代中国发展进程的影响作一个总结梳理，以便学生整体掌握当堂课的主要内容。

(二) 第一次课改进

● 课堂教学发现的积极变化

学习内容组织得全面，多种不同于机械记忆的教学策略协同作用，学生在有效识记和深化理解方面得到提高。

具体表现如下。

第一，教师增加了自主预习的环节，使学生一开始就对发生在 19 世纪 40 年代至 20 世纪初的西方列强对中国发动的四次主要战争以及强迫清政府签订的四个不平等条约的内容有了一个基本的了解，为后续的学习做了必要的准备。

第二，教师在课堂上采用了背景铺垫的方法，补充了英国的工业革命、清末的财政状况、清政府的闭关锁国政策以及当时英国对华鸦片输出数量逐年递增的态势等背景信息，对学生理解这段屈辱的历史做了比较好的铺垫。

如，关于清政府当时的财政状况，教师补充了这样的信息：道光二十一年 (1841 年)，清政府财政收入为 4125 万两。中日甲午战争期间清政府一年的财政收入约 8000 万两白银，相当于日本当时 7 年的财政收入。1903 年清财政收入为 10492 万两。2100 万银圆指的是西班牙本洋，2100 万银圆约为 1470 万两白银。这样让学生对各个条约中索要赔款的数额有了一个直观的比较与掂量。

第三，教师加强了问题探究的力度，分别对四次战争、四个条约的内容通过一个个问题的形式来引导思考和发现，促进了学生的理解走向深入。

如，教师设计了这些问题：资本主义国家为了打开中国的市场，对华发动了哪几次战争？战争的情况如何？结合条约的内容说明这些条约的签订给当时的中国社会造成了什么样的影响？

● 观察发现

学生对整堂课内容的主线梳理与总结缺乏，针对单元整体内容的把握不够；教师对学生学习过程中的情感激发不够，学生有感而发的学习状态没有出现。

● 问题诊断

第一，教师在引导学生对四次战争和四大条约的基本内容了解之后，也试图用主线串联和问题探究予以总结提高，但是由于主线的串联用了1分钟不到的时间就一带而过，没有起到梳理的作用，同时，最后提出了诸如"清政府屡战屡败的主要原因是说明？当时首要的任务是什么？"等问题束缚了学生思考的广度，停留于主次选择而不能充分展开和全面总结。

第二，教师在某些重点内容上对问题的设计不到位，以至于散见于文本的诸多信息未能形成情感激发的合力。

如，教师在讲到西方列强对华发动的四次战争以及由此而签订的四个不平等条约时，都会提到清政府的腐败无能，但是学生只是停留于固有结论的接受上，而没有变成真正属于自己的理解。如果教师设计了相关的问题如"从哪些方面可以说明清政府的腐败无能？"就会引发学生在列举一个个史实的过程中亲历情感体验的过程。这些事件包括：清政府夜郎自大，愚昧无知（自视为世界的中心，不知英国属何许）；墨守成规，抵制先进文明（重箭矛轻枪炮，几十万清军竟败在只用了50艘舰船和7000名士兵的英军进攻之下）；割地求和，丧权辱国（尤以慈禧太后的"量中华之物力，结与国之欢心"论调令人发指）；助纣为虐，革职忠良（清政府竟将虎门销烟的民族英雄林则徐革职查办，而与之相对照的是林则徐"苟利国家生死以，岂因祸福避趋之"的浩然正气）。

第三，本单元的主题是"屈辱的岁月"，当时的中国可谓已经到了"中华民族最危险的时候"，但是整堂课这种"悲情"的基调与底色教师没有突出出来，历史教学应有的感染力和教育力没有体现出来。

- 进一步改进的建议

第一，在了解和分析四次战争和四个条约内容的基础上，加强统领作用的问题设计，全面盘活单元内容。这样的问题包括：简述中国是如何从封建社会一步步沦为半殖民地半封建社会的？从哪些方面可以看出清政府腐败无能？导致中国在这些战争中失败的原因有哪些？

第二，进一步探索新的教学方法，突出学生对这些悲情史实的情感体验，增加学生情感表达的机会。这些方法可以包括视频播放、歌曲渲染、诗文诵读、剧情表演等。

（三）第三次课提高

- 课堂发生的积极变化

学生对本单元的知识内容有了比较清晰和深入的理解；在历史学习的过程中，教师对学生情感的激发初见成效。

第一，教学环节环环相扣，从鸦片话题的引入，到四次战争和四大条约内容的了解与分析，再到整体的串联回顾，其间图片展示、背景铺垫、对照比较、概括总结等多种方法得到运用，学生对基本知识的了解变得充分。

第二，在学生对基本内容有了比较清楚的把握之后，教师采用了具有统领全篇作用的问题展开对这段历史的整体探讨，使得学生整体分析与理解水平得到提高，同时也尝试了用愿望表达的方法来开展对学生民族爱国主义和历史责任感的激发与教育。

如，教师提问道"清政府屡战屡败的原因有哪些?"学生从各个方面找了原因，包括清政府腐败无能、当时清政府防守不严、科学技术落后、知识欠缺、经济实力不强，以及军队没有全力迎战，等等。随后教师因势利导地追加提问：如果你作为当时的一个中国人，怎样来改变这种社会现状？几位学生表达了自己的想法，包括团结全民族起来勇敢反抗外国侵略、推翻腐败的清政府并发展科学技术，学习西方先进技术。

● 课堂教学尚存在的不足

当学生在表达感言和愿望的时候，教师对学生的回应不够，基本上停留于一个学生一个想法的陈述状态，并且匆匆以"看来大家都是有责任感的"这样一句评论作为结束，接下来开始历史知识的作业完成与答案校对，致使刚刚萌发的情感表达兴致与机会消失，与历史人文教育应有的鲜活与激情失之交臂。

● 三次课演进的脉络

第一次课试教：图片展示、对照比较和问题探究等多种教学方法有尝试，但铺垫不够，分析不到位，致使整体的知识目标没有达成，激发情感被忽略。第二次课改进：背景铺垫和视频播放等方法引入课堂，促进了学生对知识的理解，但主线串联不够和问题探究开放性差，学生对知识的整体把握与理解不全面，情感激发过于机械，停留于教师现成的结论。第三次课提高：问题探究由小到大、主线串联多次进行，学生对知识的整体把握与理解得到提高，历史学习过程中的情感激发初见成效。

二、研究形成的共识与结论

（一）突破机械记忆的历史课教学可以尝试的实践策略

机械记忆型的历史课教学可以从有效识记、深化理解和激发情感三个方面进行突破，当然在实际的教学实践过程中这三个方面可能是交叉和渗透而不是明显分割开来的。其中，有效识记主要是让学生能够快捷地掌握有关时间、地点、人物和事件等基本历史信息，深化理解主要是深究事情的来龙去脉中存在着的因果逻辑联系，激发情感则是创造环境与氛围让学生感受历史的厚重和表现表达肩负的责任与心中的情怀。具体而言，在上述方面可以尝试的实践策略如下。

1. 有效识记

①图片展示。这种方法主要是把语言信息转化为图画信息，从而显得直观形象。正如本专题研究的三次课上执教教师都演示了一些与主题相关

的图片，很形象地再现了那段历史的风貌。②影视播放。这种方法通过视频、音频等多种渠道能够让学生全面感知，从而获得切身的体会。如执教教师在第二次课上播放的《鸦片战争》片段就非常生动地表现了清政府风雨飘摇的境况。③列表比较。这种方法主要是对信息进行了分类，突出了重点。如第一次课上执教教师为剖析四个条约的内容而设计的表格，让学生分别从割地、赔款、通商、影响等方面加以对照比较。④文本预习。这种方法主要是让学生能够在问题引导下有针对性地发现问题的答案。如第二次课上，执教教师让学生事先预习课本相关的内容，这样展开后续的学习就比较有效。⑤巧记创编。这种方法主要是对信息进行了节奏和音韵方面的处理，从而阅读起来朗朗上口，便于记忆。⑥背景铺垫。这种方法主要是补全信息，便于理解当前内容。如第二次上执教教师就对鸦片战争爆发前相关的社会背景进行了补充，比较好地让学生了解了鸦片战争出现的必然性。⑦总结概括。这种方法主要是把林林总总的信息进行了提炼，从而可以使内容简化，便于突出主线主题。如在第二次课上执教教师就尝试把四次战争和四个条约串联起来进行了概括解说，达到了理清主线和突出主题的效果。

2. 深化理解

①问题探究。这种方法主要是使视角聚焦，并深挖隐含在表面现象背后的原因。在本次专题研究中，执教教师就设计了许多问题来展开对战争情况和条约内容的探究。②专题讨论。这种方法主要是让学生学会提出自己的观点，并与其他人进行思想的碰撞，从而生成更为丰富的信息。如第二次课上执教教师提出有关清政府为什么会战败的话题就引发了学生各种各样原因的总结。③认识评价。这种方法主要是让学生对历史事件或历史人物进行是非曲直等的判断。

3. 激发情感

①主题歌曲渲染。这种方法主要利用音乐歌曲的力量来烘托主题。②历史剧情创编。这种方法主要是让学生通过表演活动来体验历史人物与事件。③诗歌诗文诵读。这种方法主要是通过有感情地朗读文本来体验其

带给自己的感动。④心声感言表达。这种方法主要是让学生在历史学习获得的情绪情感得到彰显与表达。如在本研究的第三次课上，执教教师设计的心愿表达活动即"如果你作为当时的一个中国人，怎么样来改变这种社会现状？"就很好地引发了学生的情感表达。

（二）突破机械记忆的历史课教学探索形成的实践经验

根据三次课持续的改进与研讨，为了突破机械记忆的历史课教学现状，行之有效的实践经验可概括成如下四个方面。

一是以问题为引导，加深学生对历史事实的分析与理解。教师在历史教学的过程中要注意设计一些有价值的问题，促进学生进行思考，针对出现的历史事件和历史人物进行分析，从而获得超越机械记忆层面的深入理解。在本研究中，执教教师就多次运用了问题探究的方法。二是对内容作拓展，丰富学生对历史事实的认识与见解。课本是历史学习的主要参考文本，但是历史教学不能把课本当做唯一的课程资源，而是应当进行合理的资源拓展，积极补充一些相关的内容信息，以丰富学生的认识，从而更好地促进学生自我见解的形成。这在本研究的第二次课和第三次课上就有比较明显的体现。三是以联系为桥梁，促进学生对历史知识的融会贯通。历史的教学一定要坚持普遍联系的哲学观，把当前学习到的历史事实与先前学习到的相关史实进行联系，可以是作列举，也可以是按一定条件作排序，还可以将历史与现实教学联系，作对照和比较，而不是孤立地看待一个个的历史事实。四是视表达为学习，提升学生对历史学习的情感与责任。历史的教学同样需要创造让学生在理解内化的内容进行外显，这种外显可以是通过多种形式的表演来实现，可以是有感情的心声抒发，也可以是一个历史还原的情景剧的角色扮演，通过凡此种种的形式主要是让学生充分体验历史的情感和肩负的责任。

（三）突破机械记忆的历史课教学提升的途径

阶段性课堂教学改进的实践研究，使得促使课堂教学种种问题产生的背后原因得到发现和剖析，针对一个个问题的有效解决策略经过尝试获得明显的课堂教学效果。基于上述这一切，可以概括出历史课教学提升的如下途径。

第一，从历史事实的记忆拓展到历史事实的迁移。历史课的教学不是停留于让学生记住一大堆属于过去的史实，而是要发挥出活学活用的水平，使得本来看似"死"的知识在一定的条件下能够迁移，在一定的情境中能够应用，从而变得活起来。前者尚处于知识的识记水平，后者则提高了知识的应用水平。第二，从历史事实的迁移提升到历史事实的评析。如果想要学生能够灵活自如地进行知识的应用，还有待于引导学生针对学习到的历史事实进行深入的剖析和客观的评价，从而形成属于自己的见解，即所谓学生学习实际的获得。没有实质理解的应用是浅层次的。第三，从历史事实的评析提升到情感责任的培养。对历史事实不能为评析而评析，核心是要以史为鉴，在剖析评价的过程中去领悟历史发展的规律和明确肩负的时代责任，这才是历史学习的真谛。第四，从情感责任的培养落实到自觉自愿的言行。在学生对历史经历了充分的体验而形成了积极的情感和明确了肩负的责任之后，还要促使学生进一步把这些情感和责任转化为实际的言与行，真正实现通过历史学习达到更好地促进当今社会发展和服务全人类的最终目标。

附：第三次课的课堂教学实录[①]

屈辱的岁月

浙江省杭州市余杭区临平五中　马超

师（幻灯片展示四朵罂粟花）：同学们，这是什么花？

生（齐答）：罂粟花。

师：罂粟花很漂亮，它的背后隐藏着怎样的罪恶呢？

（生思考）

---

① 本实录由浙江省杭州市余杭区领雁工程初中历史课例研究小组整理。

师：这就是罂粟花，罂粟的枝叶经过提炼以后可以制成很多鸦片，在中国历史上，有这么一段时间，达官贵人也好，平民百姓也好，都有人吸食鸦片。人口到达（点击 PPT）一千万，占当时中国总人口的 1/40（停顿一会儿）（示意 PPT 图片）为什么会有这么多鸦片流入中国呢？为什么会有这么多人吸食鸦片呢？这个罪恶是谁带来的呢？我们今天就来回顾一下那段跟鸦片有关的历史，同学们看书本 64 页《屈辱的岁月》。（师点击 PPT，呈现课题并板书课题《屈辱的岁月》）鸦片是毒品，它的危害众所周知，正如当时林则徐给道光皇帝的一份奏章里面所写的，我们可以看到，（师手指向幻灯片）"数年之后，中原几无可以御敌之兵，且无可以充饷之银"。同学们看一看，当时鸦片泛滥的这种情形，给当时中国社会带来了哪些具体的危害？（给生一定的思考时间）来，这位同学，来说说看。

生：鸦片危害了中国人的身体，给人民带来了巨大的危害，中国的白银大大外流。

师：好，请坐，这位同学说了两点，它损害了中国人的身体，从此以后咱们中国有一个绰号："东亚病夫"，而且使大量白银外流，假设同学们设身处地生活在那个时代，同学们想想你们会怎么做？（停顿，微笑着对生说）你们会做些什么呢？（右手示意）这位同学。

生：我们自己不能吸食鸦片，然后告诉别人也不能吸食鸦片。

师（示意生坐下）：我们自己不能吸食鸦片，要将这个鸦片……销毁，接下来我们看一则短片。

（生看视频）

师：虎门销烟，同学们刚才浏览过书本，首先向中国倾销走私鸦片的是哪一国？

生（齐答）：英国。

师（与生一起回答）：英国，当时英国处在什么样的状况之下？同学们应该以前学过了，是吧？哪位同学来说说看，英国当时处在一种怎样的情况之下？

生：英国当时是工业大国，经济水平已经很高了。

师：嗯。他们当时通过什么东西发展起来的？

生：工业。

师：发展工业，进行工业革命。学过这部分内容我们知道，工业革命需要大量的人力、物力、财力。英国当时通过很多手段向其他国家进行殖民掠夺，在中国，他们以虎门销烟为借口，借此发动了一场战争。同学们应该知道，什么战争？

生（齐答）：鸦片战争。

师：那老师有个问题，需要同学们思考一下（师不小心点击了刚才的视频，马上关掉），如果当时没有林则徐领导的虎门销烟，英国还会对中国发动鸦片战争吗？来，这位同学。

生（齐答）：会的。

师：会的。为什么？

生：因为英国绝对要侵略中国的，没有林则徐的话，也会有别的……

师：哦，请坐。如果没有林则徐的虎门销烟，他们会找出其他的借口，那他们的目的是什么呢？这个问题我们不妨从鸦片战争里面去找找看。我们可以看黑板。1840 年，英国发动了鸦片战争，首先进攻广州，在广州遭到了爱国人士的坚决抵抗，进而一路向北，攻陷定海，直抵天津，威胁北京，道光皇帝很惊慌，派大臣去议和，签订了咱们中国历史上第一个不平等条约——《中英南京条约》。我们在书本 95 页找到并将它画出，65 页，找到以后，我们画一下《南京条约》的内容。好，你们可以看屏幕，割香港岛给英国，赔款 2100 万银圆，开放五处通商口岸，协定关税，从这个内容里面，同学们去想一想，英国人为什么会对中国发动战争？它的目的是什么？来，这位同学。

生：打开中国的大门，然后掠夺中国的土地。

师：从哪些地方可以看出来？

生：开放广州、厦门、福建、上海和宁波为通商口岸。

师：哦。

生：然后还有赔款 2100 万银圆。

师：请坐。刚才这位同学讲，英国发动战争的目的是试图打开中国市场，打开中国市场干吗呢？

生：我觉得他们是为了侵略我们中国，掠夺财富。

师：嗯。好，请坐。其实刚才两位同学讲得都可以。我们来看一下第四条。我们来仔细阅读一下。英商进出口缴纳的关税必须和英国协商，有哪位同学能够给我们来解释一下，什么是关税呢？来，这位同学。

生：嗯，我觉得是英国到我们中国来经过那个港口所要交的那个……

师：哦，请坐。英国的商品要进入中国，要向中国缴纳税款，那么现在缴纳税款需要跟英国进行协商，这说明什么问题？同学们想想看，如果你是英国商人，你要将一件物品打入中国市场，此时我要缴纳的关税我可以跟中国人商定，你会怎么做呢？

生：如果是我的话，应该会让中国降低关税。

师：哦。

生：直接把东西卖给他们。

师：请坐。他很直接。这个关税不要收了。收还是要收的，只不过可以降低这个关税的利率。那通过第四条，当时中国成了世界上关税税率最低的国家。大量英国商品进入了中国市场。那我们可以发现，英国发动这场战争的目的就是打开中国市场，进行殖民侵略。无论虎门销烟发生与否，英国必然会发动这么一次战争。好，《南京条约》的签订，破坏了中国的主权，赔款2100万银圆，加重了人民的负担，使中国的主权开始丧失，中国逐渐开始沦为半殖民地半封建社会，英国人打开了中国的市场，我们可以用三个字来形容这之后发生的情况——狼来了。书本后面也讲到了，列强不满足于已经得到的利益，进而发动了第二次战争，英国和法国联合发动。哪场战争？我们看屏幕，英法联军联合发动了第二次侵华战争，我们把这场战争称为第二次鸦片战争，英法联军洗劫了圆明园，并强迫中国政府签订了《北京条约》。此时，中国边上有一个邻国，通过变革维新也强大了起来，渐渐加入了侵略中国的行列之中。是哪个国家？

生（齐答）：日本。

师：我们来看一段视频。

（生观看《甲午战争》视频）

师：影片描述的是"甲午战争"。日本加入侵略中国的行列之后，发动了甲午战争，清政府战败，签订了一个条约，我们在书本66页找到这个条约。什么条约？

生（齐答）：《马关条约》。

师：我们在书本中把《马关条约》的内容、条款画一下。（板书：一、《马关条约》）书本中有一句话，不知道同学们找到没有？说，《马关条约》大大加深了中国的民族灾难。看到了没有？就在《马关条约》内容的下面。我们将它画一下。大大加深了中国的民族灾难。为什么说《马关条约》大大加深了中国的民族灾难呢？同学们看屏幕，我们将《马关条约》和《南京条约》进行一下对比。从对比的这个表格中你们来看看，为什么说《马关条约》大大加深了中国的民族灾难？（生思考）有同学想说一说吗？来，这位同学。

生：《马关条约》的签订更加重了我国的负担，并且让其他国家也对我们中国眼红起来。

师：哪些地方，嗯，好的，哪些地方我们可以看出更加大大加深了中国的负担？从哪一部分？

（生下面小声回答：赔款）

师：从赔款这部分，下面同学已经有说到了，《南京条约》赔款2100万银圆，相当于1475万两白银，《马关条约》赔款两亿两白银，加上后来赎回辽东半岛3000万两，一共2.3亿万两，大大加深了中国人民的负担。还有吗？来，这位同学。

（生思考，没有做出回答）

师：哪些地方还可以看出大大加深了中国人民的负担？你可以再仔细看看。请坐。其他同学有发现吗？（生思考）同学们手上有一张资料，看到没？资料的背面有两幅地图，一幅是《南京条约》开放的通商口岸，另外一幅是《马关条约》开放的通商口岸，经过这两幅图的对比，你们可以看看，有怎样的变化？（生思考）有什么发现吗？来，这位同学。

生：《马关条约》开放的通商口岸大多是苏浙一带比较富裕的地区。

师：嗯，还有吗？好，他看到了《马关条约》有杭州、苏州比较富裕的地方。那你们再来看看，这地理位置有没有什么变化？这位同学。

生：《南京条约》局限于港口一带，但是《马关条约》已经向内陆发展起来。

师：噢，那会给中国社会带来怎样的危害呢？

生：嗯，可让日本侵略的不只是港口一带，而且可以侵略到中国内陆地区。

师：同学们通过对比这两个开放的通商口岸，我们可以看出帝国主义列强侵略中国的范围已经不仅仅局限在沿海，而是深入了中国大陆。那我们放下手上的资料，再来看赔款。我们来看赔款这一项，赔款两亿两白银加上3000万两白银，这是什么概念？书本中有一句话，这些银两相当于日本政府年财政收入的四倍（有生附和）。那当时中国财政收入有多少呢？你们可能不知道，我说一下，8000万两白银。有没有发现什么问题？（停顿）我们年财政收入8000万两白银，但是赔款要赔2.3亿万两白银（停顿），我们会发现清政府的年财政收入还不够赔的，对吧？年财政收入8000万两白银，赔2.3亿万两白银。那同学们去想想看，这些钱，人民这边已经拿不出来了，那清政府这些钱从哪里来？还有什么途径清政府可以弄到这些钱呢？（停顿）显然从内部是拿不到这个钱了，那清政府会想到怎么办？（看生）这位同学。（示意生站起来）

生：向其他国家借。

师：向其他国家借钱，向列强借款。的确，清政府向列强借款了，那同学再去想，列强借了钱给清政府，有那么容易吗？他们必定还会想要向中国政府捞取一部分利益，他们会想到什么办法呢？（示意生站起来回答）

生：我觉得会侵占中国的国土。

师：侵占中国的国土。书本中有一幅图片，我屏幕上也有（走到幻灯片前），帝国主义瓜分中国的狂潮。当时列强借了款给中国以后，向中国捞

取了更多的政治利益，在中国划分了势力范围。我们从图中可以看看，哪些国家当时在中国有势力范围？（停顿）

（生小声讨论）

师：俄国、德国、英国、日本、法国，当然还有其他的一些国家。这些国家大致的一个势力范围在图中可以看出，我请一个同学来说说看，俄国当时在中国的势力范围主要在什么地方？来，这位同学。

生：主要是在中国的那个……

师：大致是在哪个地方说出来说行了。

（生未答出）

师：请坐，请坐。我们可以看出俄国当时在中国的势力范围大致应该在北面，北面，因为它离咱们中国北面比较近。英国当时在中国的势力范围主要在哪些地方？来，这位同学。

生：长江流域。

师：长江流域。请坐。法国当时在中国的势力范围主要在哪些地方？（稍作停顿）来，这位同学。

生：是南部的沿海地区。

师：噢，南部的沿海地区，以及里面的云南，大致在南方，南方边境地区。从这幅图我们也看出，当时中国已经面临重大的灾难。很多列强在中国都有势力范围。《马关条约》的签订，大大加深了中国的民族灾难。此时的中国人民已不再局限于被动挨打，而是有反抗斗争，比如说，我们的义和团。这个时候帝国主义列强看到中国人民开始有反抗了，于是就组织了一场战争，来镇压中国人民的反抗。这场战争同学们应该都要记牢。可以看一下屏幕，八国联军侵华的情况，主要是哪八个国家？

生（齐答）：英美俄日德法意奥。

师：我们在书中画一画，英美俄日德法意奥。画好了我们继续看黑板，八国联军侵华之后中国战败被迫签订了又一个不平等条约，我们把它称为《辛丑条约》。《辛丑条约》签订以后，我们可以看一下屏幕，有这么一幅漫画，体现了清政府当时怎样的情形？当时清政府是一种怎样的情形？这位同学。

生：清政府已变成列国的傀儡，已经任他人摆布。

师：很好。他用了一个词：傀儡。《辛丑条约》签订以后，清政府已经成为帝国主义统治中国的工具，那我们再来仔细看看《辛丑条约》的内容。哪些地方可以看出当时清政府已经成为帝国主义列强的傀儡？（看了一下手表）从条约的哪些内容可以看出当时的清政府已经成了帝国主义列强统治中国的傀儡？来，这位女同学。

生：是从文中，保证严禁人民参加反对列强的活动，允许列强派兵驻扎北京到山海关铁路沿线要地，在北京划定使馆界，允许各国驻兵保护，不许中国人居住。

师：请坐。从这些条款中第三条保证严禁人民参加反对列强的活动，我们可以看出，此时清政府已经成了帝国主义统治中国的工具，中国完全沦为半殖民地半封建化社会。好了，同学们，我们看一下黑板（一边板书，一边说），刚才我们讲到了四场战争，签订了四个条约，老师黑板上提到了比较重要的三个，大家回忆一下，《南京条约》是哪场战争签订的？

生（齐答）：鸦片战争。

师（一边板书一边重复）：鸦片战争，《马关条约》是哪场战争签订的？

生（齐答）：甲午战争。

师（一边板书一边重复）：甲午战争。《辛丑条约》？

生（齐答）：八国联军侵华。

师（一边板书一边重复）：八国联军侵华。

师（在黑板上写"八国联军侵华"）：《南京条约》的签订，中国开始沦为半殖民地半封建化社会；《马关条约》的签订，大大加深了中国半殖民地半封建化的程度；《辛丑条约》的签订，使中国完全沦为了半殖民地半封建化社会。（停顿几秒）四次战争，四个条约，那我们去想一想，当时造成中国屡战屡败的原因有哪些？（停顿几秒，看生）来，这位同学，你来想想看有哪些原因？

生：清政府的腐败。

师：哦，清政府的腐败无能，还有吗？

生：还有人民的愚昧。

师：人民的愚昧，还有吗？

生：还有攻与防守。

师：哦，防守不是很好，还有吗？

生（翻了翻课本）：没有了。

师（示意坐下）：好的，其他的同学，补充一下吗？（停顿几秒）（用手示意）来，这位同学。

生：还有科学技术。

师：嗯？

生：还有中国当时科学技术的落后。

师：科学技术的落后，还有吗？这位女同学。

生：因为当时的中国闭关自守，愚昧无知，所以它对外界已经不再有任何的了解，就算是知识的欠缺。

师：知识的欠缺，请坐，来，这位同学，很好。

生：我觉得是当时军队的懦弱，不敢与他国发起挑战。

师：不敢与他国发起挑战，还有吗？来，这位同学。

生：当时中国的经济实力也不雄厚。

师：经济实力不雄厚，刚才同学们讲到的都很好，老师总结了一下，清政府的腐败无能，国力的衰微，帝国主义列强的强大，那同学们再思考一下？我们如何来改变这种局面呢？（停顿几秒）如果同学们处在当时的社会，改变这种局面有哪些办法呢？来，这位同学。

生：我觉得首先人民要团结起来，然后就是有勇气去反抗。

师：好，团结，请坐，这位同学。

生：我觉得首先要推翻清政府，然后让科技发展起来。

师：哦，请坐，推翻清政府，让（停顿）科技发展起来，也很好，还有吗？来，这位同学。

生：团结抵抗他们。

师：团结（停顿）抵抗他们，请坐，还有吗？来，这位同学。

生：唤醒朝廷的意识，向西方学习他们的技术。

师：哦，唤醒人民的意识，向西方学习（停顿）他们的技术，这些答案都非常好，非常好，可见，同学们还是比较有责任感的，我们来看一下黑板，今天我们上的内容主要是：这些战争以及这些条约给当时中国社会带来了哪些（停顿）影响，（按鼠标）小结一下，（手指黑板）鸦片战争、甲午战争、八国联军侵华，签订《马关条约》《北京条约》《南京条约》《辛丑条约》，这样被动挨打的局面，同学们应该牢记在心，那接下来老师有一张小小的练习需要同学们来完成一下。希望同学们能够合上书本，独立完成。（师发试卷）

（生合上书本，拿试卷）

师：有同学没有拿到吗？还有吗？都有了吧。（生做练习中）写好的同学请举手。（个别生举手，继续做作业）

师：好，我们一起来看这道选择题，第一题答案是……

生（齐答）：D。

师：第二题，答案是B。

生（齐答）：B。

师：第三题……

生（齐答）：A。

师：答案是A，第四题……

生（齐答）：B。

师：答案是B，好，你们可以自己批改一下，改完以后最后一位同学收上来。

（下课音乐响起，生交作业）

范例6： 促进学生深入理解的多科异构研究①

认知心理学认为，理解实际上就是学习者以信息的输入、编码为基础，根据已有的经验和认知结构，主动建构内部的心理表征并进而获得心理意义的过程。美国教育家理查德·斯根普（*Richard Skempe*）提出，人们对事物的理解存在两种模式，一种是工具性理解，另一种是关系性理解。工具性理解是指一种语义理解，即语言符号代表的是什么；或者是一种程序理解，即某种规则规定的每一步是什么。而关系性理解则是指在工具性理解的基础上进一步对语言符号的意义和指代物本身结构上的认识，从而获得指代物意义的途径以及规则本身有效性的逻辑依据等。也有学者对理解进行了三个层次的划分，即字面理解属于第一层次，它仅仅停留于理解语言信息的字面意义，基本上是对信息组合性的初级加工；推断性理解属于第二层次，它主要是根据语篇结构，从字里行间推测作者没有明说的隐含意义，这需要充分利用各种语言线索去分析、归纳，它体现了对信息挖掘性的深度加工；评价性理解则属于第三层次，它是建立在前两种较低层次的理解上的最高理解层次，主体凭借自己的经验和评判原则，分析、评价当前信息内容的风格及思想，在这里，主体与当前信息实现了实质的互动，它彰显了主体更高的信息处理水平，因为融入了主体的价值评判。

本范例所指的深入理解，主要是指学生超越字面理解基础之上的推断理解和评价理解。具体而言，是指学生能够发现表象背后隐含的意义，能够基于已知事实推断出新的观点，能够质疑原有观点提出新见解，以及能够发展已有的认识使其更趋全面。

本范例中的研究以四大关键问题作为课堂观察的核心视角；以初中语文、初中英语和初中政治三个学科的同课异构为研究载体；以两两比较为方式，即横向比较同课异构的真正异同所在和纵向比较同课异构的课堂改

---

① 胡庆芳.促进学生深入理解的课堂教学策略研究［J］.教育理论与实践，2014（7）：35-38.

进；以一条主线为贯穿，即"促进学生深入理解"，发现制约学生深入理解的教学原因，总结促进学生深入理解的有效策略。

一、研究的目标与内容

本范例中的研究通过在初中学校分别进行语文、英语和政治三门学科各自一轮的同课异构，基于课堂观察和诊断判别，旨在对比发现学生在理解方面存在的种种问题的原因，并及时总结促进学生深入理解的种种行之有效的课堂教学策略。

针对促进学生深入理解的教学策略专题，我们确立了四个课堂观察的视角，如表 1 所示。

表 1

观察视角	观察内容
教材内容	教材有哪些值得深入挖掘的内容？
教师提问	教师提出了哪些引人深思的问题？
学生提问	学生提出了哪些富有意义的问题？
学生理解	学生给出了哪些富有深度的理解？

三个学科的执教教师本着促进学生深入理解的课时重要目标，在精心预设的基础上力求在课堂实践过程中着力体现，凸显了学科特点，彰显出实践智慧，整个探索过程经历了一个丰富的发现之旅，简述如下。

二、研究的过程与得失

（一）第一轮初中语文的同课异构

选择的执教内容是浙教版《语文》七年级上册阅读第一单元牛汉的《我的第一本书》。课本主要是讲作者对六十年前自己第一本启蒙国语课本难以释怀，以此为线索回忆了自己的童年往事：

因同学乔元贞家境贫寒，作者把自己的国语课本拦腰斩断分给同学一半，自己则把整本书背了下来。很开心的是，作者还把大小两条狗带去一块儿上学，它们能听懂人话，给作者的学习生活平添了许多快乐。因作者考试不细心把自己名字写错了一个字，仅次乔元贞得了第二名，班上就三个人，这样连一个手五个指头都数不清的二黄毛自然得了第三名。父亲暑假回来得知半本书的来历后亲自动手把两个半本书修补成了两本完整的书，只可惜乔元贞拿到了书还是辍学了，若干年后看见他走街串巷地做小买卖，而憨厚的二黄毛因在后来的抗日战争中表现勇敢而几代人都受到乡里人尊敬，我后来坚持学习成了一名作家。

两位教师在以下方面表现出了共同的教学策略。

1. 抓住关键问题引导学生深入理解文本内容

如，两次课的执教教师都针对课文的主旨提出了这样一个问题，即"课文的标题是我的第一本书，作者为什么会对自己的第一本书如此难以释怀？"由此组织学生对文本进行阅读和讨论交流。通过思考学生发现，原来是因为作者的第一本书承载了太多的情感，其中既有作者儿时与同学的情谊，也有父亲对自己深深的关爱，还有作者对虽贫寒但也简单快乐的童年生活的留恋。

2. 针对重点词句引导学生深入理解文本内容

两次课的执教教师都针对课本中一些重点词句进行了问题设计。如，针对课本最后一句"人不能忘本"的"本"让学生进行解读。有学生认为这里的快乐就是指童年作者从同学的情谊和自家的狗懂人话带来的那些快乐，也有学生由此给出了"人生的开端"、"事业的基础"、"让人受用的精神财富"、"人与人之间的情感"、"做人的本分和真实的自我"等自己的理解。

两位教师在促进学生深入理解方面表现出了不同的教学策略，如表2所示。

表 2

	教学策略	具体示例
第一位教师	1. 运用品味朗读引导学生发现文本丰富内涵	执教教师通过让学生品味朗读课文中的三个段落文字去体会和感悟作者要表现的思想感情。这三段文字分别是："可是这一本却让我一生难以忘怀，它酷似德国卜劳恩的《父与子》中的一组画，不过看了很难笑起来。""还应当回过头来说说我的第一本书，我真应当为它写一本比它还厚的书，它值得我用崇敬的心灵去赞美。""我的第一本书实在应当写写，如果不写，我就枉读了这几十年的书，更枉写了这几十年的诗。人不能忘本。"通过品读，学生体会和感悟到作者对于自己人生第一本书的珍惜、崇敬和留恋。
	2. 补充相关阅读材料促进学生理解走向深入	执教教师在课堂上就补充了作者在"文革"中受到的批斗和思想言论自由被剥夺的背景材料，比较好地让学生理解到了作者之所以如此留恋自己无忧无虑的童年的原因，因为没有经历过苦难的人不知道快乐的滋味。
第二位教师	发动学生提出问题并且组织研讨促进理解	教师让学生踊跃提出自己对文本的疑问疑惑之处，并积极组织全班同学深入思考。如，学生提出了"作者为什么要提到乔元贞后来做小买卖和二黄毛因打仗勇敢而几代人深受乡里人尊重的事实？"、"作者为什么要写那两条狗？"以及"作者究竟是在写书还是在写自己的童年？"等情境生成的真实问题。 　　针对第一个问题，有的同学认为作者要表达跟《伤仲永》一样的感情，因为乔元贞过早的辍学，终究窘困落魄，令人惋惜。针对第二个问题，有的学生认为作者是要表达正是因为这两条狗，童年的学习生活才成了一种很开心的回忆。针对第三个问题，有的同学认为本来第一本书就是在自己童年里得到的，围绕这本书发生的事情，也就是童年生活的一些片段，它们是交织在一起的。

● 改进建议

通过研究，我们认为这一专题探索还可以进一步深入的方向有如下两方面。

一方面，针对一些相关问题的探讨，还可以让学生多一些思考和不同见解的碰撞。如，第一位教师让学生针对课本中"还应当回过头来说说我的第一本书，我真应当为它写一本比它还厚的书"中的"真"字的理解，有学生只是说表达了作者难以忘怀和感激之情。其实还包含了作者之前没有意识到所以没有写的悔意和自责，以及再要写的执意和坚决。而教师当时在课堂上没有进一步对学生加以引导发现。第二位教师针对学生提出的"作者为什么要写两条狗?"组织大家讨论，有学生只提到了作者想要表达两条狗带给自己童年生活的快乐。其实从这两条狗竟能够听懂作者背书的内容的事实，也可以看出作者对童年学校教育的机械和重复以至于狗都能学会的讽刺。

另一方面，在整个语篇学习之后，教师还可以设计一个综合性、开放性或统领性的问题来深化对于课本题眼即"我的第一本书"的整体理解。如，"我的第一本书是一本_____的书"。这样自然可以让学生在经历整堂课的学习之后对文本内容有一个及时整合以及综合提升的机会，从而达到加深理解课本内容的目的。

（二）第二轮初中英语的实践探索

执教教师选择的是浙教版《英语》九年级上册第九单元的阅读文章《Do you know when basketball was invented?》文章内容主要是讲篮球是谁发明和如何发明出来的，以及又是怎么成为一项享誉全球的体育运动的。

两位教师在促进学生深入理解方面表现出的不同教学策略，如表3所示。

表3

	教学策略	具体示例
第一位教师	在加强学生深入理解方面，执教教师以让学生寻找相关段落的关键词或关键句的形式促进学生对本段落的内容有一个整体把握。	如，执教教师针对语篇的第一和第二两个段落，让学生尝试寻找关键词或关键句来概括其主要内容。附第一、二段原文的内容如下： If you travel around China you will notice a very popular activity everywhere you go-basketball. This much-loved and active sport is enjoyed by many, for fun and exercise. The sport of basketball is a little over a hundred years old. It played by more than 100 million people in over 200 countries including China, where basketball has been played in parks, schools, and even in factories. 学生阅读总结出 a very popular activity everywhere 是这两个段落讨论篮球的关键词，比较准确地抓住了两段文字所表达的核心意思。
第二位教师	在针对某些生词的认知上，教师采用根据上下文情境以及用已学过的单词和句型给予目标词汇简单而明确的英语解释的方法来促使学生超越词典的切身理解。	在本堂课所学语篇中出现的 invent 一词对于学生而言是新词。教师先试着让学生根据上下文进行猜测，随后针对很多学生的不确定心态，教师接着进行启发，如，Before James Naismith's time, people knew nothing about basketball, it was absolutely new to them, so we can say his work was creative. He created basketball, or he invented basketball. 通过这样的解释与启发，学生不仅明白了 invent 是什么意思，还弄清楚了发明是创造出前所未有的东西。

但是，本次专题探索尚存在以下方面的偏差和不足。

第一，第一位教师课堂上设计的许多问题大多停留于机械搬迁已知信息的水平，没有着重体现对学生深入理解的促进。如，在课堂导入和初读课文两个环节的20分钟里，执教教师先后提出了12个问题，其中，只有2

个问题学生不能通过直接看课本原句回答。但是这仅有的 2 个问题本身对学生的思维并不形成挑战，因为针对 "Do you love the basketball game?" 学生只要答 Yes 或 No 即可，另外，对于剩下的第二个即 "Name a professional basketball organization in America"，虽然不是直接从课本将原句搬迁过来，但是同样属于事实记忆类问题，学生知道美国一个职业篮球队的名称即可，并不需要经历一个思维的过程。

第二，在让学生了解篮球发展历程中的关键事件时，第二位执教教师让学生在一条事先标出了四个点的直线上完成正确时间和事件的填写，这样的任务设计虽然换了一种形式，但是仍然只是停留于让学生直接将课本信息机械搬迁的水平。教师预设的答案分别是 1861 年、1891 年、1936 年和 1946 年。其中，除了 1891 年是篮球历史上第一次比赛和 1936 年是篮球正式成为一个奥运项目之外，1861 年篮球的发明者出生还不能算成是篮球发展历史上的关键事件，另外，1946 年在美国成立了全美篮球协会（NBA）无疑是篮球发展历史上的关键事件，但是通过课本或推理根本无法找到或发现，故第四个时间点设计存在缺陷。如果让学生在三个点上填写出在篮球发展历史上的 3 个关键事件，则可以比较现实地让学生将文本相关信息进行一个整理，从而一定程度上更加提纲挈领地理解到篮球发展的历史。

• 进一步改进的建议

第一，深入挖掘教材内容隐含的信息，挑战学生思维，促进学生的理解走向深入。如，执教教师可以设计以下问题：

（1）Where was basketball often played when it was first invented?

正确的理解应当是 It was often played indoors. 判断依据的课本信息是 When James Naismith was at college, his class was asked to invent a new game that could be played indoors during the long winters.

（2）Was there always a backboard for guiding the ball into the net in the past?

正确的理解应当是否定的。判断依据的课本信息是 Sometimes the backboard was used for guiding the ball into the "basket".

（3）Basketball is called basketball because a basket is a necessary equipment，isn't it?

正确的理解应当是否定的。判断依据的课本信息是 The aim of basketball is for players to try to get a ball into the "basket"：a net hanging from a metal hoop.

（4）Can you imagine who were the first players when basketball was first invented?

正确的理解应当是 the college students in Canada. 判断依据的课本信息跟第一个问题一样，即 When James Naismith was at college, his class was asked to invent a new game that could be played indoors during the long winters.

（5）How do you think of the title of this text，namely，Do you know when basketball was invented?

正确的理解可以是原标题不是一个很好的标题，因为本篇课文除了讲篮球是什么时候被发明出来的经过之外，还谈到了篮球后来的发展历程。(It is not a good title for the text，for the text tells about the development of basketball game rather than when it was invented.)

（6）How do you think of the basketball game?

这是一个比较开放的问题，因此可以挖掘出学生对篮球的看法，而这些认识则超越了只是对篮球历史和发展进程的理解。

第二，除了让学生针对一些段落寻找关键词或关键句之外，还可以设计让学生用自己的话来简要概括段落内容的学习任务，从而可以进一步促进学生对相关段落的整体理解。

（三）第三轮初中政治的同课异构

两位执教教师选择的是浙教版《社会》七年级上册第九单元《应对资源危机》。本单元主要是讲应对当前的资源危机，应当采取综合措施来全方位解决资源问题。当前我国主要采取"开源"、"节流"、"跨区域调配"和"立法"这样四种应对的措施。

　　两位教师在促进学生深入理解方面表现出了不同的教学策略：

	教学策略	具体示例
第一位教师	1. 执教教师以演绎的方式促进学生对应对资源危机四大策略的深入理解。	执教教师在让学生通过自学了解应对资源危机四大策略的基础上，针对每一大策略提出一系列的问题帮助学生去深入理解。如，针对课本提到的"开源"，教师就提了诸如"什么是开源？"、"主要针对的是哪一类资源？"以及"哪些做法算是开源？"等问题。
	2. 执教教师通过引导学生对各大策略的实施情况进行评价来促进深入的理解。	如，在引导学生针对应对资源危机四大策略的实施情况进行评价的环节，教师大大小小设计了 10 个问题。其中，在对"立法"的实施情况进行评价时，有学生就指出现在森林法是有的，但是还是有人会偷砍滥伐，屡禁不止。执教教师继续让学生想解决办法，有学生提出要增强监管，加大处罚，才会有实际效果。这样的评价就体现出了学生对课本所提策略的更进一步理解，而不是停留于机械记忆或完全照搬的水平。
第二位教师	1. 执教教师以归纳的方式促进学生对应对资源危机四大策略的深入理解。	执教教师在让学生针对我国西北严重缺水的情况提出种种应对做法的基础上进行归类，最后形成课本中所提到的四大策略。如，把学生提到的"挖井"、"人工降雨"和"用植物替代"归纳为"开源"，把"滴水灌溉"和"一水多用"归纳为"节流"，把"兴修水库"和"南水北调"归纳为"调配"，把"处罚"等做法归纳到"立法"范畴。
	2. 执教教师通过相关资料的补充让学生对各大策略有更为具体的认识和理解。	如，在执教教师补充的其中一则材料中就提到，英国汤普森航空公司推出的"地沟油航班"波音 757 客机 2011 年 10 月 7 号从伯明翰机场起飞，首航成功。而这架飞机与众不同之处就在于其中一个引擎的燃料除了常规的飞机燃油外，还有 50% 的"氢酯和脂肪酸"，这是以从酒店和饭店的厨房中收集来的废弃食用油为原料加工制成的生物柴油燃料。一时间一向令人头疼的"地沟油"摇身一变而成了令人瞩目的"液体黄金"。一项新的资源由此诞生。该策略的呈现，让学生主观感受到了运用先进的科学技术开发新能源解决资源危机的光明前景和无限可能。

　　● **进一步改进的建议**

　　在针对应对资源危机现有的四大策略的理解方面，可以进一步让学生领会这四大策略之间的关系，即"开源"是根本出路，"节流"和"调配"是缓解策略，"立法"是保障条件。其中，"调配"再下分为"跨区域调配"（如西气东输、北煤南运等），和"跨季节调配"（如南水北调）。

此外，在坚持让学生针对相关策略进行评价的基础上，执教教师还可以在拓展课本所列策略之外进一步引导学生进行思考新的可能的策略，从而将针对解决资源危机的话题理解得更加丰富和深入。如，应对资源危机还可以尝试如下策略：①经济杠杆，即用经济调节的方式促使资源使用者避免资源浪费，如阶梯式的电价、水价和燃气价格，以及新能源汽车实行补贴等；②从国外进口，即针对国内没有或匮乏的资源，向其他国家进口，以缓解需求压力；③与其他国家互通有无，即拿本国富有的资源去换取本国奇缺而他国富有的资源。

三、研究形成的结论及共识

通过三个学科依次渐进的三轮探索实践，研究小组形成如下方面的研究结论及共识。

（一）制约学生深入理解的教学因素

1. 习惯于教授教材，而忽视研究教材

当执教教师只是把当堂课所涉及的教材内容教授给学生，而没有认真研究教材本身的内容时，课堂的教学就往往会停留于平铺直叙，学生的理解因此也更多地只会浮于表面和止步于浅显。而如果执教教师仔细地研究了教材，就会发现很多看似平常的教材内容背后还隐含有丰富的信息值得去挖掘，有了这样的发现，才有促进学生深入理解的可能。

2. 习惯于局限教材，而忽视有效拓展

当执教教师只是着眼于教材现有的内容编排进行教学，而不进行有效的补充和拓展时，学生对既定内容的理解就会因相关信息的缺乏而难以达到充分的理解。换言之，学生只有在充分的信息获取和处理的基础上才能形成对相关问题比较到位的理解。

3. 习惯于强化基础，而忽视适机提高

当执教教师只是关注教材基础部分的要求，满足于一般学生可以接受的水平，就会失去促进学生深入理解当堂课所涉及内容的愿望和动力，不求精彩，只求无过，学生的深入理解自然无从实现，低位重复的课堂教学瓶颈也就永远无法突破。

4. 习惯于主宰课堂，而忽视解放学生

当执教教师总是牢牢地控制课堂，完全按照自己预设的方案来要求学生的学习，而没有了解学生的真实学情和实际需求，往往会重复学生已知的内容，而失去了解决学生真正疑难困惑的机会，学生的深入理解自然无从达成。

（二）促进学生深入理解的教学策略

1. 研究教材内容，紧扣目标设计关键问题，挑战学生思维

在充分研究教材的基础上，紧扣当堂课的教学目标，设计一个或几个关键问题去挑战学生的思维，吸引和推动学生去深入思考，从而达成对相关知识的深入理解。如，在本研究的第一轮语文课教学过程中，两位教师都设计了诸如"作者为什么对他的第一本书如此难以释怀？"以及"人不能忘本中的本究竟如何理解？"等问题，促使学生去细读文本和热烈的讨论交流，从而让学生在课堂上的学习经历了一个理解逐步深化的过程。与之相对应的则是第二轮英语课，教师整堂课前后提出了 12 个问题，但基本上定位在对文本的基础理解层面，所以除了语篇显而易见的信息之外，学生未能发现更多的信息，深入理解的水平没有明显地体现出来。

2. 把握学生学情，针对实际疑难困惑指导，寻求认知突破

教学的针对性和有效性最终都体现于学生在原有基础上实现了多大程度的提高。因此，教师要从学生的疑难困惑出发，结合当堂课的教学目标，在学习方法上予以点拨，组织学生进行讨论交流，从而最终实现理解的突破。如，同样是在第一轮语文课教学过程中，第二位教师广泛发动学生进行提问，结果全班 43 位学生中有 28 位学生共提出了 13 个问题。执教教师

着重针对其中的 4 个问题引导学生进行了积极的讨论交流，最终促进了学生对这些问题的深入理解。其中，针对"作者为什么要写乔元贞和二黄毛后来的事情?"，学生进行了通过讨论交流，生成了丰富的见解："作者想要说明知识改变命运，三个人，三种人生"、"作者想要表达和《伤仲永》一样的情感"、"作者想要说明学校教育并不能决定一个人的一切"。学生的这些见解在某个侧面都有其合理之处，而这些见解很全面地解开了课本相应处留给学生的疑惑。

3. 重组教学内容，加强相关内容整合补充，促进理解到位

教师教学的过程同时也是一个内容建设的过程，针对现有课本上呈现较为简略但学生又未能充分理解的某些知识点，教师需要补充一些鲜活有力的学习材料支持学生的深入学习，与此同时，针对现有教材课时内容编排得不尽合理之处，教师还可以将相关课时的内容进行集中组织，以便于学生系统深入的学习。如，在第三轮的政治课教学过程中，两位执教教师都将本单元原本"认识资源"、"认识世界资源危机"、"认识我国资源危机"以及"应对资源危机"的内容编排进行了整合串并，即在了解我国资源危机的过程中认识资源本身，并积极引导解决我国资源危机的讨论和学习，其中第二位教师还补充了诸如"液体黄金"等学习材料，促进了学生对依靠科学技术进行"开源"的深入理解，而不是停留于知晓策略本身的层面。

4. 盘活课堂所学，尝试总结评价，促进学习内化以及拓展

为了促进学生的深入理解，教师需要组织一些总结概括或评价判断的学习任务，很好地锻炼学生的综合理解能力和反思质疑能力，同时又使得课堂所学能够整合提高或进行拓展延伸。正如，在第一轮语文课的探索实践中，最后如果能够跳出具体内容的理解而让学生整体思考"我的第一本书究竟是一本什么样的书?"，就能够促进学生把整堂课的学习进行综合，然后得出一个整体的概括与浓缩。又如，第三轮政治课上第一位教师组织学生针对课本上提到的应对资源危机四大策略进行评价时，就促使学生看到诸多策略尚待进一步完善的地方，而超越了机械的记忆和全盘的接受。

附：第三次课的课堂教学实录①

应对资源危机

浙江省杭州市大关中学教育集团　张永莲

一、导入

师：今天早上你洗脸了吗？

生：洗了。用水洗的。

师：那你是怎么用水的呢？你有没有想过用一杯水洗脸？用一口水呢？用一点水呢？

生：啊？（不少生发出惊讶的声音）

生：没有。

师：好。现在就让我们来看看这个同学"阿土"是怎么用一杯水洗脸的。

（视频由于电脑插件未装，不能播放，师也尝试了另一种方法，并请一男生帮忙，表示了感谢，但最终还是没有成功）

师（自我解嘲）：电脑不和我合作，我只能用我的嘴巴讲了。但是可能就没有视频那么具有说服力了。

师：一个西北地区名叫阿土的孩子。他的爷爷叫他去洗脸，我以为他爷爷会拿出一盆水来，没想到他的爷爷拿出了一个非常小的陶壶，然后让阿土张开嘴，爷爷倒了一口水给阿土，阿土先用这口水漱口，然后爷爷用脸盆接住这口水，阿土就用这口水再洗脸。而这样的洗脸方式在西北地区是非常常见的，也是我们难以想象的一种洗脸方式。同学们，他们为什么要用这样的洗脸方式啊？

生：缺水。（异口同声）

师：缺水，因为缺水，他们不得不用这样的方式洗脸。因为缺水，西

---

① 本实录由浙江省杭州市拱墅区第二届运河名师高级研修班综合文科组10位学员整理。

北地区的河床干涸了，而且龟裂了；因为缺水，西北地区的船只能停靠在陆地上；因为缺水，西北地区的人们不得不步行几十里之外，到仅有的一口井里排队取水，而且那井水是不那么干净的。西北的孩子用他期盼的目光，老是望着天空：什么时候才能下雨啊？（师一边讲解，一边播放相应的PPT图片）

师：世界人均水占有量是7900立方米，我国西北干旱地区人均不足110立方米，相差多少倍？同学们数学比我好。

生：70多倍。

师：70多倍，缺水严不严重？

生：严重。

师：相当严重。

师：这样严重的缺水状况，已经严重地阻碍了西北地区经济的发展，已经严重地危害了西北地区人们的身体健康。许多人由于长期饮用了不卫生的水，或者就是缺水，导致了各种疾病直线上升。

师：所以，如何来缓解西北地区人们的用水问题已经是迫在眉睫了！同学们，我们的国家、我们的政府已经在想办法，今天这节课我们也来帮帮他们，想想怎么样来缓解西北的用水问题，好不好？

（前后两桌四人小组进行探究，然后汇报）

师：我们讨论一下。

（师在小组间巡回，肯定生的意见，并给予一些指导和提示等）

师：哪个小组先来讲一个办法和大家分享一下？哪一组先来？好吧，你们先来，你们想了哪些办法？

生：我们可以采取南水北调，节水灌溉。

（师在黑板上书写板书：南水北调、节水灌溉）

师：他们组想了两个办法，一个是南水北调，一个是节水灌溉。

师：还有吗？还有哪个小组再来说一说？

生：一个是利用法律来保护水资源，处罚那些污染水的工厂。

师：嗯，用法律来保护，如果有人把这么宝贵的水资源污染了，就要受到惩罚。还有呢？

生：利用人工降雨。

师：利用人工降雨。

师：嗯，好！还有吗？其他组的。你们组说说看。

生：阶梯水价。

师：你能和大家解释一下什么是阶梯水价吗？

生：根据用水程度来收取水费。

师：如果我用得多了，浪费了，我的水费就收得高。

师：如果说我生活在这里，每个月要用 5 吨水，但我实际用了 10 吨水，后面的 5 吨和前面的 5 吨价格一样吗？

生：不一样。

师：后面的 5 吨水就是要比前面的 5 吨贵一点。这个就是阶梯水价，这样做有什么好处啊？

生：控制用水量，能够节约用水。

师：这个方法非常好！还有吗？你们提了一个阶梯水价，这个非常好。用经济的手段来控制用水，使人们尽可能地节约。

师：还有吗？刚才前面这组同学还讲了一个立法，用法律来规范人民的行为，所以不能污染水。后面的同学，来，最后的一组同学你们来汇报一下。

生：可以用那种用水少、与水相关的来满足人类的生活需要。

师：哦，如果没有水，你的意思是不是有一些可以替代水的东西啊？

生：是的。

师：你能不能跟我解释一下，能够替代水的资源有什么东西？

生：比如说仙人掌里面的汁液。

师：仙人掌里面的汁液。对的，可以替代，你的想法让我想起来，如果一个人在沙漠里口渴而没有水喝时，就可以用仙人掌里面的汁液来替代水。你的意思就是说可以寻找水的替代品，是吗？好的，这个思路非常好。还有吗？

生：将西部的人民调到东部地区，安顿一段时间，然后再在西部地区对水源进行挖掘。

师：对水源进行挖掘？

生：嗯。可能字用得不太好。先净化水，建立地下的河流，防止水蒸发。

师：嗯，是的，这个就是新疆的一种什么方法？什么工程？

生：不记得了。

师：坎儿井工程。

生：对、对！

师：这个同学也讲了一条，思路非常好！你的意思就是讲西部的人们先迁至旁边一段时间，然后去寻找新的水源，从而到地下去挖掘更多的地下水，简单来说就是我们刚才说的挖井，是不是啊，可能我还有别的地方能够挖到水。（板书）通过挖井这样的办法，能够寻找新的水源。除了挖井之外，同学们想一想，还有没有别的什么办法啊？比如说下雨，这段时间下雨下了很多，我可以干吗？

生：储存。

师：我们家里用的是瓶瓶罐罐，但是我们就一个国家来说会用什么啊？兴修什么啊？

生：水库。

师：我们可以兴修水库，把这个水积存起来，等到我要用的时候再用，对不对？好，这也是个办法。（板书）还有吗？还有没有？把你的锦囊妙计贡献出来，黑板上没有的方法，其他组还有没有？我看的时候，还看到有的同学还写了，哪个组我忘了，写到了农业上的灌溉，要把它改成什么？

生：滴灌。

师：对，滴灌，我看到有一个组写了滴灌这种方法，也就是说我们在生活中用水的时候要节水，要节约用水。甚至还有的同学还写了，洗完脸之后，我的水用来干什么？冲厕所，浇花。这个是什么啊？

生：节约用水。

师：节约用水，提高水的利用率。一水多用，循环使用。（板书）

师：还有没有补充？因为时间关系，我们到这儿，课后，我们还可以继续交流。经过我们刚才的群策群力，如何来缓解我们西部人民的缺水问题呢？同学们想了很多的办法，而且这些办法都具体可操作。那我们可不可以把这些办法整理、归纳一下。如果这两种方法是能起到同一种作用的，我们把它归纳在一起。我们来看一下，比如说节水灌溉，农业中使用滴灌的办法，还有一水多用，它主要起到一种什么作用？

生：节约。

师：对，节约用水。我们把它简单概括为节流。（板书）能够起到节流的作用。好，那么立法，刚才我们说我们国家制定法律来保护，也是一类。还有呢？南水北调的作用是什么？

生：开源。

师：南水北调。我们都知道，我们国家的水资源是南多北少、东多西少。这样分布不平衡的情况，也是导致西部地区缺水的一个自然原因。那我们现在把南边的水调到北边去，那么就是从南调到北，这是一个什么？

生：跨区域。

师：对，跨区域调配，是不是啊？

师：我们现在把南边的水调到北方去，那就是由南到北跨区域，对不对？是不是跨区域调配？（手指板书）调配除了区域调配外，从时间上怎么调配？我现在水用不完，等干旱的时候用，可不可以？

生：可以。

师：那这里哪条措施也是调配？（手指板书）

生：兴修水库。

师：对，兴修水库也是调配。南水北调是从空间区域上进行调配的，从南方调到北方去，而兴修水库是从时间上进行调配，让人们很轻松地用水。所以我们讲，这是一种什么方法？可以归纳为——

生：调配。

师：可以归纳为一种调配的办法（板书：调配）好，剩下的又是什么方法？（手指板书）也用两个字概括。哪个说一说，好，你来。可以用哪两个字概括？

生：开源。

师：你为什么用"开源"两个字概括？

（生沉默）

师：开源什么意思？

生：开发。

师：多开发资源是不是？开发新能源或者把原有的资源增加，这是一层意思。还有一层意思，我们把没有开发的能源开发出来，是不是开发新能源？

生：是。

师：是，那么两层意思，你看一下（手指板书），挖井是不是增加了？原来水这么多，我新挖了一口井，下面也有水，是不是增加了水资源？有没有开源？

生：是开源。

师：开源了。那人工降雨呢？（手指板书）

生：开源。

师：也开源了。寻找水资源从地下转入了什么？

生：天上。

师：我们寻找水资源是不是可以扩大寻找的范围？不要仅仅限于什么？

生：地底下。

师：地底下，是吧？我们可以扩大到天上、海里、是吧？也就能让我们寻找到新的能源。还有是寻找水资源的替代品（手指板书）好的，请坐，这是开源。（板书：开源）我们通过概括，开源、节流、调配、立法，还有阶梯水价，这是经济上的手段（板书：经济手段），通过这些手段，这些方法、措施，我们说都能够缓解西部人民缺水的问题。而这每一种方法，下面都有一些具体的、可操作的措施。那么这是水资源，也是同学们想出来的一些方法，如果张老师今天换一个，换成石油资源呢？这些方法能不能用？

（生意见不一）

师：人工降雨能不能用？肯定不能用，那开源能不能用？

生：能。

师：调配能不能？

生：能。

师：节流呢？

生：能。

师：立法保护呢？

生：能。

师：那里面具体的方法措施，我们可以怎样？挖掘具体的新方法。但是我们的开源、节流、调配、立法是不是都可以应对石油危机？

生：可以。

师：那么也就是说开源、节流、调配、立法这是应对我们资源危机的四大比较宏观的措施。当然，具体到里面的措施，那要看具体应对哪一种资源。对不对呀？但是这四大宏观措施我们都是用得上的。这也就是课本告诉我们应对资源危机的办法。请同学们翻开课本 71 页，请你找到我国应对资源危机的这四大措施。并且把它画好。请你思考一下，课文中是怎样告诉我们开源，怎样进行调配、节流的。我们同学要相信自己，教材中列举的方法，我们也给它归纳出来了，对不对呀？所以，同学们并不比编书的人差哦！我们也可以做到。

（生看课文，圈画，师呈现总结的 PPT，巡视）

师：有的同学这个习惯非常好，把重点都圈出来。这就是看书的好习惯。

师：好，同学们有没有找到？我国应对资源危机的措施一共有几条？

生：三条。

师：一起说一遍。第一条？

生：开源与节流。

师：第二条书上叫什么？

生：跨区域调配。

师：其实除了跨区域，还有什么？我们刚才说了还有时间的调配。第三个——

生：立法。

师：我想问同学，这是书上告诉我们的，实际上我国应对资源危机是不是仅仅就只有这四条呀？

生：不是。

师：不是，我们脑子里一定要清楚。我们不仅仅有这四条，像刚才同学提到的阶梯水价（手指板书），就非常好，这一点你可以记在书上。阶梯价格，不只可以应对水资源危机是水，别的资源也是一样。我可以利用阶梯价格来控制人们用资源的这个量的问题。你可以补充在旁边。那么这是一个，下面我要看一下同学们对这个知识究竟有没有掌握。大家来看一下，这个是老师给你们找的材料。大家先阅读一下材料，这些事综合了应对资源危机的几大措施。看一下，应该是应对哪一种措施？

（生看投影上的材料）

师：这些所有的材料反映了我国解决资源危机的一种措施。哪一种？

生：开源。

师：对，很好。是开源。那么就第一段文字而言，它是怎样做到开源的方法的呢？用什么具体的方法做到开源的效果的？（手指屏幕）你来说。

生：就是勘探石油。

师：勘探新的石油。把地底下的石油，把不知道的石油勘探出来，增加石油的总量，是不是？好的，这是一种，就是探明资源的总量。这是石油，如果是别的其实也是一样的，第二个呢，这是什么？这是神舟十号和天宫一号对接的非常壮观的场景，这是什么？

生：蛟龙号。

师：哎，是蛟龙号。今年上半年它最深潜到了七千米以下，七千米以下，这个我放在这里有没有用，它对我国解决资源问题有用处吗？有没有用处？从资源的角度你觉得有用处吗？有，好，后面那个（同学）来说说。

生：有用处，这些东西就可以探测到原来探测不到的地方，在那里寻找新的资源。

师：探测到探测不到的地方，神舟十号让我们探测到哪里？

生：宇宙。

师：可以去寻找太空资源，还有这个呢？

生：海底。

师：海底蕴藏着我们不知道的石油什么的，还有很多的宝贝，是不是啊？嗯，好的，很好，请坐。从这里资源利用的角度来说呢，我们的神舟上天，我们的蛟龙下海，就扩大了我们寻找资源的什么？

生：范围。

师：会寻找到新的资源，对不对？太空资源，还有海底，大家知道海洋是个聚宝盆啊，尤其是没有开发的深海以下，更是一个巨大的聚宝盆，通过这些先进的设备可以扩大资源开发的范围，增加资源总量，还有一个就是开发了新能源，这是第一个措施。第二个呢？

生：节流。

师：这个很简单，啊！这是什么？（指图片）

生：西气东输。

师：西气东输的管线，最北边是哪里？

生：轮南。

师：新疆的轮南，天然气一直输到了上海，这样做有什么好处啊，缓解了我们东边人们资源使用的什么？紧张状态，是不是？也使西部的资源得到充分的开发和利用，是不是啊？这是什么措施？

生：调配。

师：什么调配？跨区域调配（生齐答）除了刚才讲的南水北调还有西气东输，我们国家的重大工程之外，还有一些重大工程，大家知道吗？还有什么？

生：西电东送。

师：还有什么？北煤——

生：东运。

师：对的，这都是通过跨区域调配来解决我国资源分布不平衡的一些重大工程。最后一个，加强立法，把保护资源纳入到了法制的轨道。好，通过刚才一个简单的检测，说明同学们对于知识的理解和掌握还是比较到位的，但是我好像还有一个问题，同学们，在解决资源的这些措施里面，尤其是开源和节流，我好像还有问题，开源和节流说说很简单，我怎么样才能开源，怎么样才能节流，这只有现实才能真正起作用，是不是？要靠什么？靠什么，你来说，帮我解决这个问题？

生：要靠科学技术来。

师：你能给我具体解释一下吗？

生：利用科学技术可以用可代替资源来替代非可替代资源，比如矿产资源，同时努力研究……尤其是清洁能源开发。

师：这些都需要什么？

生：科学技术。

师：很好啊，都需要科学技术，也就是说没有科学技术，这种开源、这种节流就成了一句空话了，是不是啊？其实刚才我们讲的要上到太空寻找资源，到深海去寻找新的资源，可如果没有科学技术的话，这都是纸上谈兵，对不对？所以，科学技术在开源和节流过程中，它是相当重要的，起着至关重要的作用，不信，我们可以一起来看一下这是什么？（幻灯片）

生：地沟油。

师：地沟油，我们在饭桌上想起它来都是深恶痛绝的，是不是啊？为什么？它是有毒的，对不对？所以大家在餐桌上如果想到这个是深恶痛绝的，但同学们，你们知不知道，除了地沟油之外，它还有一个很好的名字？叫液体黄金。黄金大家都知道是很珍贵的财富，是不是？为什么要把地沟油称为液体黄金啊？为什么？有没有同学知道？可能我们同学看过也忘了啊，那我给你们带来一些材料，来感受一下为什么我们要把地沟油称为液体黄金。

（补充课外资料，出示幻灯片）

师：我请个同学来念一念，前面的同学看得清楚一点，我们班的语文课代表是谁？

课代表：看不见。

师：那好，你来帮他念，好不好？你坐在前面一点，后面他看不清楚。

（生念幻灯片上的文字）

2011 年 10 月 7 日，据英国《每日邮报》报道，英国汤普森航空公司推出的"地沟油航班"波音 757 客机从伯明翰机场起飞，首航成功。

这架飞机的与众不同之处在于，其中一个引擎的燃料除了常规的飞机燃油外，还有 50% 的"氢酯和脂肪酸"，这是以从酒店和饭店的厨房中收集来的废弃食用油为原料加工制成的生物柴油燃料。

师：好，谢谢你。下面还有两个，我自己来读。

福建卓越新能源发展有限公司找到新途径，他们利用自主研发的技术和设备从废弃的动植物油中成功提炼了生物柴油，并在国内率先实现了产业化。由中科院等离子研究所科研人员经过多种技术攻关，成功掌握了用废弃动植物油生产乙醇、沼气的能源化处置技术。

师：有谁能告诉我为什么称为液体黄金了吗？你来说说看，为什么地沟油要有另外一个名字？

生：地沟油除了对健康有害之外，还可以成为再生能源，在其他方面有卓越的作用。

师：材料里告诉你有什么作用？

生：提炼后成为生物柴油，

师：从中提炼出生物柴油，是不是啊？嗯，好的，请坐，这是 2011 年英国的，这是我们国内的，无论是国内还是国外，现在都从地沟油中提炼出什么？

生：生物柴油。

师：在资源日益枯竭的今天，我们可以找到一个新的替代品，是不是啊？地沟油是不是很宝贵啊？它就像石油一样的宝贵啊，因此它又被称作什么啊？

生：液体黄金！

师：所以有些专家说，地沟油也有春天啊！地沟油成为春天是什么点燃了它的春天啊？

生：科学技术！

师：是科学技术这个神奇的魔棒，把地沟油这个废弃物变废为宝，点油成金。是不是？所以有人说了垃圾是放错了位置的资源。这个话有没有道理？

生：有！

师：怎么样来纠正、放对位置呢？

生：靠科学技术！

师：科学技术这个神奇的力量使我们社会上很多垃圾变废为宝。把废弃物资源化，所以科学技术在当前社会越来越重要，用邓小平的话来说，"科学技术是第一生产力"。所以同学们要好好学习，也许有一天你也可能点油成金。科技在现代社会是相当重要的，这就是我们国家一些应对资源危机的宏观措施。我们一起来看一下，解决我国资源危机的一个重要措施是什么？

生：开源节流。

师：要开源节流什么很关键？

生：科学技术。

师：没有科学技术，开源节流很难做到。还有一个非常行之有效、立竿见影的办法是什么？

生：跨区域调配。

师：对！当然，立法管理也很重要。用法律管理人们的行为，规范人们的行为，让保护资源有法可依、有法必依、违法必究，从而全方位解决我们的资源问题。

师：这是我们国家政府的措施，面对资源问题人人有责，我们有没有责任？当然有责任！那么想一想，我们能做什么？

生：节约用水。

生：一水多用。

师：还有吗？我们同学来说说看，你觉得还能做到什么？

（生沉默）

师：比如你去洗手，把水龙头关紧这个小小的动作是不是也是一种节约啊？也是你在起作用啊，对不对？为节约资源做贡献。

师：你来想一想，你平时可能做到了。

生：遵纪守法。

师：通过遵纪守法规范自己的行为达到宝贵资源的保护，好的。

生：用过的水再循环利用。

师：那明天早上洗完的水，你准备拿来干嘛？

生：冲厕所。

师：还可以拖地，让妈妈用它来拖地。好的。

师：还有吗？

（生沉默）

师：你心里想他们都从"我"做起，你换个角度试试看，生活中可能还有的人不知道这件事情，不知道节约，你准备怎么办？

生：呼吁！

师：呼吁，很好，就用这个词嘛。呼吁人人都去这么做，是不是啊？对啊，你这个措施非常好嘛！一人力量有限，大家都去做就好了。

师：你来说。

（生沉默）

师：你平时用草稿纸的时候，是用一面还是两面的？

生：一面。

师：现在开始能不能两面都用上。两面用上是不是节约？好不好？好的，坐下！

师：时间关系，给大家把作为我们中学生能做些什么再总结一下。刚才那个男同学说了，呼吁，积极地呼吁宣传，让全社会都能参与，一个人的力量有限，全社会力量就强大。然后第二个从自我做起，做身边小事做起。当然还有很多的做法。希望同学们从自我做起，从身边小事做起，并且积极地宣传，让所有的人都参与到保护和节约资源的行动中去，为构建我国节约型社会贡献正能量，也为十八大提出的建设"美丽中国"、"要有资源节约的朴素之美"贡献力量。

师：今天的课就上到这里，下课。同学们再见！

生：老师再见！

范例7：　促进学生温故知新的复习教学研究[①]

在传统的初中历史复习课教学中，主要存在如下一些方面突出的问题：把所有的知识重新串讲一遍，混同于新授课，机械重复性较高；把一堆的试题逐一讲练一遍，等同于练习课，解题应试性较强；对既定的复习范围缺乏分析，内在关联缺失，整体系统性较差；对学生的学习实情缺乏了解，重点难点不清，目标针对性较弱。本范例下的研究活动就是要在基于"创新课堂复习教学的实践策略"研究过程中，不断创新，积极实践，及时总结和积累复习课教学行之有效的策略，并反思提炼形成基于复习课教学的理性认识。

三次课执教教师执教的都是人教版《历史与社会》第二单元"文明的起源"的复习课。本单元主要是讲四大文明古国在大江大河流域出现，随着生产力的发展和社会的分工与阶级的分化而出现了人类历史上最早的国家，最后着重介绍了四大文明古国曾创造的灿烂文明。

一、第一次课试教

● 课堂教学表现出的积极探索

第一，教师一改传统复习课遵循教材按部就班的复习方法，情境设置了约翰在参加探寻文明起源之奥秘的夏令营活动过程中产生了四个疑惑（即四大文明为何都产生于大江大河流域？为何后来生活在这些肥沃地域的普通百姓却不像他们的先辈们那样快乐？四个古国的最高统治者们如何统治他们的国家？生活在这些古国的普通百姓创造了怎样的璀璨文明？）以让学生帮约翰一一解答的形式展开本单元的复习，形式比较新颖，同时也使得复习课的整体感增强。

第二，课堂上执教教师让学生以统治者的角色讲述他们如何实现对国

---

① 胡庆芳. 初中政治复习课教学创新的实践策略研究［J］. 思想理论教育，2012（1）：12-16.

家的统治的，学生体验到学习的新鲜和新意。

第三，教师对课本上的知识进行了适度的整合，从而使得知识的学习体现了综合，如对四大文明古国就以填充表格的形式分别从文字、建筑与工艺、科学与技术以及宗教等四个方面进行横向的比较。

● 问题发现

学生更多的时间在重复新课学习过程中学习到的内容，基于原有课本知识碰撞的生成以及认识的提升没有得到体现。

● 原因诊断

第一，教师没有通过相关的检测或学情反馈得知学生究竟对该单元内容哪些没有掌握或者想要做深入的了解，基本上是按照教材的内容顺序、以创设的情境中虚拟的人物存在的四个疑惑进行了一一的复习。

第二，在一些问题的处理上，教师没有让学生放开讨论，而是直接把自己的理解呈现在课件上教给学生，学生只能是机械地接受。比如在解决有关四大文明古国为什么在都是在大江大河流域出现的疑惑时，教师就是直接在课件上呈现出答案：因为大江大河灌溉水源充足，水利资源丰富，地势平坦，土地肥沃；气候温和，有利于农作物的培植和生长，适宜人类居住，能够满足人类生存的基本需要。这说明早期人类对自然环境的依赖性比较强。

第三，在课堂复习收尾的环节，教师以巴比伦的空中花园毁灭前后的强烈对比试图引发学生对于古代文明态度的思考，但是启发和引导不够，学生自始至终停留于"保护古代文明"的认识层面，而不能具体展开，也不能进行深化。

● 改进建议

第一，设计单元内容的综合检测题或直接征集学生对本单元内容学习过程中的疑惑，从学生的实际学情出发，展开复习的过程。

第二，依据本单元的内容，设计具有挑战性和开放性的问题，如，"为什么说阶级的分化促进了国家的形成，从而产生了统治阶级和被统治阶级，体现了社会的文明和进？"，提升学生的认识。

第三，在课堂结束时同样设计一个综合性比较强的问题以检测学生当堂课复习的效果。

二、第二次课改进

课堂教学发生的积极变化。

第一，教师整堂课以一个个的问题展开，学生思考得多了，机械重复课本内容的现象得以有效避免。如，在提出问题"四大文明古国之间是否有交流？"让学生思考之后，紧接着追问"文化的传播是否只是简单的复制？"，随后又提出一个新问题"古国的文明对我们今天产生了哪些影响？"，随着一步步的问题引导，学生也层层深入地思考下去。

第二，课堂检测的作业设计体现了灵活性和创意度，促进学生经历了有意义的反馈过程。如，在考查学生对印度社会等级的划分问题时，教师设计了这样一道题"在古印度有一户家庭，有自己住房，在城里还开有一家棉布店直接销售自己手工制作的衣物。请问这户人家属于什么阶层？选项包括婆罗门、刹帝利、吠舍和首陀罗"。

- 问题发现

学生对课本知识的盘活不够，教师对学生的学情不够清楚。

- 原因诊断

第一，有些问题的设计体现了创造性，但是引导不够，从而使得有效的课堂生成没有预期出现。如，教师就阶级的分化和国家的出现这个历史事实设计了这样的问题："原始社会人们长幼有序，生活无忧无虑，到了奴隶社会出现了统治阶级和被统治阶级，社会变得不平等了，这体现的是社会的进步还是倒退？"学生无法正面回答，只是讲了在奴隶社会出现了更多的文明，从而说明社会在进步。教师也没有引导学生来辩证地看待这种现象，因为阶级的分化在造成社会分工不同的同时，也从整体上解放并促进了生产力的发展。

另外，教师提到在古巴比伦出现了《汉谟拉比法典》时又这样问学生："《汉谟拉比法典》维护的是统治阶级的利益，对被统治阶级而言不公平，如何评价它的意义？"学生只能消极地评价此部法典的出现。教师没有让学生从一个国家的管理开始从无法可依向依法管理的方向发展的积极意义的高度来认识这个标志性事件。

第二，一些能够统领本单元知识内容的综合性问题没有设计，以致降低了复习活动应有的效果。比如，四大文明古国的发展成就是本单元一个比较重要的知识内容，就可以从比较等方面来设计问题以把所有相关的文明成就展现出来。

第三，一些问题的设计旨在实现相关知识的拓展，然而囿于课本本身资源信息的局限，无法有效达成此类目标。比如，教师本次课设计了问题"各文明之间是否有交流？对我们今天的生活有什么样的影响？"，特别是对于前一个问题，学生仅能举佛教从印度传到中国的例子，因为课本上只简单提到这一点。

● 进一步改进的建议

第一，优化问题的设计，同时加强解题思路与方向的引导。如，在针对四大文明古国庞杂的学习内容方面，可以设计诸如"从整体来看，奴隶社会比原始社会进步表现在哪些方面？以四大古国的文明成就为例"。

第二，设计活学活用的表现机会，让学生在轻松愉快的过程中完成相关知识的重组及运用。如，让学生分别角色扮演四个文明古国的国王，让他们自己陈述在位时治理国家的举措和促进各方面发展的实际作为，实现寓学于乐。

第三，设计相关的前测环节，明确学生对本单元内容有疑惑的内容以便有针对性地进行确立复习目标。

三、第三次课提高

课堂教学发生的积极变化

第一，教师采用多种策略调动了学习的积极性，使学生在复习的过程中表现出了快乐和兴趣。如，在课堂一开始教师就用抢答的方式来吸引学生参与两个测试题的回答；在课堂中间又设计了角色扮演的活动，让学生分组准备并最后选代表扮演中国商朝的国王、古代印度的国王、古巴比伦的国王以及古埃及的法老，各自讲述自己的治国方略和文化科技方面的发展；在课堂最后的检测环节，教师引入了周杰伦《爱在西元前》的流行歌曲的歌词让学生填写其中与本单元密切相关的内容，表现的形式多样，新颖活泼。

　　附1：请用所学过的知识补全周杰伦《爱在西元前》的歌词："古巴比伦王颁布了汉谟拉比法典，刻在黑色的玄武岩，距今已经＿＿＿＿多年，……思念像＿＿＿＿河＿＿＿＿般的漫延，当古文明只剩下难解的语言，传说就成了永垂不朽的诗篇，我给你的爱写在西元前，深埋在＿＿＿＿平原，几十个世纪后出土发现泥板上的字迹依然清晰可见。用＿＿＿＿文字刻下了永远那已风化千年的誓言……"

　　（答案：3700，底格里斯河/幼发拉底河，美索不达米亚，楔形）

　　附2：扮演文明古国国王的精彩片段：

　　女生：我是古巴比伦的国王，是天神和地神的宠人，我的王位来自于神的授予，我的王权至高无上。我还是"巴比伦之尺"和"世界四方之王"。我创制了《汉谟拉比法典》，还创造了令世人叹为观止的世界七大奇迹之一的"空中花园"。我所统治的两河流域的人们通过观察月亮圆缺的变化规律，编制了太阴历，从星期天到星期六，分别是太阳神，月神……我在位四十年间，使巴比伦成了一个强盛的国家。

　　师：很了不起的一个女国王！

　　第二，教师在复习过程中很注重知识的完整和线索整理，从而通过复习使学生认识到知识之间的内在联系与脉络。如，教师在课堂结束前帮助学生勾画形成了本单元清晰的知识脉络，即从蒙昧时代到文明的起源，人类进入文明的社会，其进步的标志包括国家的出现、文字的发明，以及科学技术领域的发明创造，而四大文明古国就是这一时期文明社会的突出代表。

第三，教师对于复习内容的检测继续创新，呈现了多道有鲜活创意的测试题，很好地促进了学生对知识的整合与使用。如，教师设计了一道有关发掘出一个商朝古墓内物品的选择题，里面不同历史时期的物品混杂，让学生甄别出不可能在商代出现的物品的选项。另外，还就此延伸出了如果继续向下挖掘，有可能自上而下先后看到什么样的物品的选择题，其中选项包括蓝田人遗骨化石、半坡人生活遗址、夏朝时期的村落，这样非常灵活地考查了学生对这些选项出现时间的先后顺序是否已正确掌握。

- 进一步改进的建议

第一，进一步认清本单元的学习目标，即认识文明在哪些地域起源及其主要原因，感受文明社会发展进步的代表及其成就表现，如果要有情感态度价值观方面的升华提高，也应该是：要认识到各个历史时期创造的文明都是人类社会共同的财富，我们要保护、传承和发展。而不是像本次课总结的那样：原始社会是适应自然，文明社会是改造自然，所以由此拓展引导让学生对于当今还存在的破坏自然环境的一些现象进行反思感悟，从而认识到遵循自然规律和保护自然环境。

第二，加强复习过程中针对学生的错误的指导纠正，切实落实查漏补缺。如，在本次课让学生扮演四大古国国君陈述各自政绩的环节中，就有学生把车马坑错误地认为是一种战术，并以此来作为对商王朝国君的功绩加以颂扬，而教师没有予以澄清。

四、研究形成的共识及结论

在基于"创新课堂复习教学的实践策略"的研究过程中，通过观察执教教师在实践探索过程中尝试的种种策略的实效性，总结提炼形成了以下共识及结论：

（一）复习教学功能的正确定位

日常的复习课教学要体现出以下四个方面的功能，方能确保通过复习的过程达成预期的学习目标。

1. 知识整合

因为在之前新授课的过程中，教师主要是引导学生学习每一节课的知识内容，新知识基本上都是存在于学习的各个时段。所以，在阶段的复习课堂上，教师就需要把学过的一个单元的知识或者一个学期的知识整合起来，当成一个整体作为完整的一节复习课来重新设计，从而使得先前零零碎碎的知识点在阶段的复习课上得到系统梳理而成为一个有机的整体。正如执教教师在复习课堂上把四大文明古国的文明成就以表格的形式分门别类地进行横向比较一样。

2. 认识提升

新授课主要侧重于当堂课知识内容的理解和适当的练习使用，而阶段的复习课除了帮助学生把曾经学过的知识进行有机的串联起来以成为一个系统之外，还需要在新授课初次学习的基础上使认识得到升华提高，而绝不是原有认识基础之上的重复。

3. 查漏补缺

复习课一个重要的功能就是帮助使得学生在阶段的学习过程中遗留的问题和困惑显现出来，从而在复习课这个学习的"缓冲期"破解疑惑，弥补认识的缺失，从而为后续深入的学习做好准备。

4. 检查过关

复习课必须有一定量的检测试题出现，以便于教师和学生都清楚地认识到对于先前的学习还有哪些没有过关，从而利用复习课迎头赶上。

（二）创新复习教学的五个立足点

1. 学生学情的正确把握

没有对于学生学情的准确把握，复习课堂的学习设计就失去了明确的重点和方向，而只能回到当初新授课设计时侧重于学习内容分析的做法，所以比较难以体现复习课自身的特点和功能。这也成为本次专题研究还需要继续努力探索的方向。严格意义上讲，教师应基于学生对新知识学习情况的形成性检测，设计出本内容范围复习的方案与目标。

2. 已学知识的整合重组

先前学习新知识都是散见于一节一节的新授课之中，在阶段的复习课上就需要把这些零散的知识串联起来，让学生看到其间有机的联系。

3. 复习过程的主线贯穿

复习课同新授课一样，都需要作为一节学习的整体来设计和展开，所以先前多节课的内容在现在进行的复习课上就需要一体化的设计，有一个主线来贯穿以避免琐碎和零散。

4. 复习过程的鲜活生成

复习既然是在阶段新授课进行之后的又一种形式的学习，就势必比新授课更要强调新的生成的出现，否则就会停留于原来水平的重复，于是低效就会不可避免。所以，"温故而知新"是复习课应当要体现的一个基准。

5. 复习过程的积极情感

传统的复习课太多地关注了学生的知识与技能的变化，而忽视了复习过程中学生愉快而积极的体验，长此以往，复习课教师教得索然寡味，学生学得也机械腻烦，因此，和新授课一样，复习过程中学生积极情感的培育和激发同样不可或缺。"寓教于乐"和"寓学于乐"应贯穿整个教学过程的始终。

附：第三次课的课堂教学实录[①]

文明的起源

浙江省安吉县丰食溪中学　吴勇杰

师：今天老师很高兴到 6 班来上课，老师我对你们既感到熟悉又感到陌生，因为我的办公室就在你们班隔壁。前几天老师我收到了约翰的一个邮件，说他暑假去了几个地方玩。同学们想知道约翰都去了哪里吗？

生：美国。

师：约翰去了埃及、伊拉克等文明古国。同学们，刚巧我们也学到了

---

① 本实录由浙江省湖州市安吉县丰食溪中学政治教研组全体教师整理。

这一内容，我们一起看一看约翰去的情况，好不好。

生：好。

师（PPT出示邮件的内容）：看得见吗？请一位同学帮助读一下。

（生朗读）

师：请坐。很好。约翰参观后感到有一些疑惑，不知道同学们你们看了这个邮件后你有疑惑吗？

生：有。

师：接下来我们看几张地图。（图一：文明的起源地，图二：世界农业分布图，图三：文明古国图）同学们在课本上找一找在书本的第几页。

生：在教材的第6页、10页、28页。

师：文明的发源地是不是与文明古国一样集中在古亚洲等地？

（生点头）

师：看了约翰的邮件，他的疑惑一是：为什么四大文明产生于大江大河流域？请同学们对照导学稿讨论一下。

（生讨论）

师：从环境选择、生活变化上去分析。

（生回答）

师：问一下，远古人以什么为生？

生：采集、狩猎。

师：他们要求高不高？

生：不高。

师：他们的食物怎样来的？

生：种植、养牲畜。

师：在什么地方种？是不是任何地方都可以？怎样适合发展？什么地方适宜？怎样的地方适合农业发展？

生：水源丰富、土壤肥沃、气候温暖湿润。

师：结合前三张图，哪些地方适合发展原始农业、畜牧业的发展？

生：亚洲、非洲北部、南美。

师：与四大文明古国相吻合，这四个地方适合发展农业、畜牧业，为文明的创造奠定了物质基础。（板书：自然环境）人类由此进入农业时代。（板书：物质基础）

（师展示材料）

（生阅读材料，讨论中）

师：很好，请问这段材料反映了我们商朝时期什么情况？

生：陪葬。

师：谁陪葬？

生：奴隶。

师：悲惨不悲惨？

生：悲惨。

师：展示图，想象一下当时的生活。

（生讨论想象）

（师板书：国家）

（生自主讨论）

（师来回巡视，观察课堂，之后板书：文明　国家）

师：好，讨论好了。我要请同学来讲讲看，就你发挥想象之后所得出的结果，跟大家分享一下。

生：他们的生活很和睦，丰衣足食。

师：你能给我解释一下吗？结合我们第一单元所学的知识。

生1：因为他们靠狩猎，那个人手上拎着两个，呃，就是说手上拎着食物，他们也穿上衣服了，然后……（生1沉默）

师：反正你的意思就是觉得他们过得很幸福，也有吃的，也有住的，住嘛大家一起群居，对不对？或者说，发展到后来，在氏族这样一个组织里面，按着长幼有序，生活在这个山洞里面。我们举个例子看。

生：那个山顶洞人。

师：山顶洞人也好，北京人也好。（手拍生肩膀，示意坐下），他们又有吃又有穿又有住，生活得很幸福。但是，前面的材料给人的感觉是不是也都幸福？

生（齐答）：不幸福。

师：对于约翰提出的第二个问题，人类进入了文明之后，随着阶级的分化，出现了国家，统治者为了维护自己的统治采取了一系列措施。从刚才的那个场景的描绘当中，我们可以感受到人们过得不幸福。这是一种历史的倒退还是一种进步？

（生自主思考）

师：你觉得是进步还是倒退？假如说你不知道答案，可以待会从这些方面来谈谈你的看法。（师指示PPT"疑惑二"的提示之处）请小组合作完成刚才所发的那张导学案。

（生激烈而自主地进行组内讨论）

（师组间巡回，不时地参与生组内讨论）

师：好，大家讨论得差不多了，那么，我想请同学来讲一讲你们讨论的结果。你支持哪种观点？可以自告奋勇地来讲讲看。（等待片刻）要是没人老师来点名了，好，你来说。（手势示意一生回答）

生：我觉得是进步，从生产工具上来讲，打制石器到磨制石器；然后，政治上也是进步的，制定刑罚，建立军队，军队的建立，加强了国家的统治力度，用来维护社会秩序；然后，文化的话，他们发明了文字，还有一定的宗教意识和审美能力。

师：他回答得好不好？

生（齐答）：好！

师：很好，请坐，我们要不要给他点鼓励？

（师生齐鼓掌给予鼓励）

师：他从生产工具、国家权力对维护国家的稳定等各方面给我们阐述了这是一种进步。有没有不同答案，说它是倒退的？（生无反应）生活得如此悲惨，自己的人身自由都没有……（师来回不断提示）有没有补充呢？刚才这位同学从生产工具——原始社会的生产工具主要是什么时期啊？打制时期和磨制时期。（个别学生附和）到了文明时代，出现了金属，利用金属就出现了金属的工具，这是在生产工具方面的进步。正因为生产工具进步了，人们的什么能力得到了提高？（生齐答：生产能力）劳动生产力得到提高，所以从这个方面我们可以看到时它是一种进步。好，我们看第二个方面，从政治管理的制度，刚才他笼统地给我们讲了一些，讲了国家的统治啊、维护了社会的秩序啊，你能给我举举例子吗？当时那个年代有哪些国家管理的手段、措施？

（生讨论）

师：书上翻一翻，给你们两分钟时间，归纳一下，我要请同学给我来讲一些四大文明地理区域：古埃及、古巴比伦、古印度、古中国。

（生讨论，师巡视。补板书：国家管理制度）

（生继续讨论中）

师：好，请同学们讲讲，几个文明古国中，他们在国家出现后的管理手段到底有哪些？（巡视，指定一组）你们这组来说说。

生：古印度有种姓制度，古巴比伦有《汉谟拉比法典》，中国商朝有刑罚。

师：我们再来探讨探讨管理手段的内容。把书翻到"《汉谟拉比法典》"那部分，通过新课学习，我们已经认识到它代表的是奴隶主的利益，是少数人统治社会的工具。对大多数奴隶来说是一种不公平。那么，进步体现在哪里？（生沉默，师进一步启发）它到底是不是进步？思考一下。（边启发）它造成了社会的不公平，这能叫做进步吗？刚才我从生产工具上、政治制度上体会到了当时的统治阶级对奴隶通过军队，酷刑对他们进行统治，在当时的年代，他们创造了什么文化？（师进一步启发）谁创造了文化？谁创造了如此灿烂的文化？（沉默）是奴隶主吗？

生（齐答）：不是。

师：是统治阶级还是被统治阶级？假如在原始社会，还会创造如此灿烂的文化吗？为什么？（师进一步启发）为什么在不公平的情况下产生了这种情况呢？衡量一个社会进步的标准是这个地区经济是否发展，生产力是否发展？其实刚才我们已经有一个地方体现了经济发展，那个地方呢？我们再来看看文化有哪些进步？文化有没有进步？与原始社会相比，当时有哪些文化？

（生思考，讨论中）

师：当时有哪些灿烂的文化？

生：文字的产生（点名回答）。

师：文字的产生是文明的一个重要标志。

生：认识了解剖学（师生一起回答）。

师：他们认识了解剖学的一些知识。

生：制造木乃伊。

师：为谁制造木乃伊？

生：法老。

师：他们为什么给法老制造木乃伊？法老算是一个什么呢？

生：统治阶级。

师：正因为统治者对他们的一种统治，所以迫使他们自觉或者不自觉
被迫地去进行创造、生产，从而促进了社会文化的发展。所以我们说这样
被迫地进行生产，从情感上可能是不自愿的，但从历史发展过程看它推动
了整个社会的进步；虽然统治者用的手段残暴，但从人类整个社会发展来
看，这个时期生产力发展创造出来的文化得到了大繁荣。从这样的分析我
们感受到社会是进步还是退步？

生（齐答）：进步。

师（打开课件"疑惑三"）：刚才我们谈到了文化的繁荣，四个地方的
文化像花一样开放，那它们的文化互相之间有没有交流之处？

（生小组讨论，师巡视生讨论情况）

师：我要请同学讲讲看，有没有交流？（指名生回答）

生：有点交流，印度的佛教传播到中国。

师：时间能给大家介绍一下吗？

师：公元前后。

师：又从中国传到哪里？

生：传到朝鲜、日本。

师：佛教传播是否一成不变，是简单复制？

（师展示图片：中国、日本、印度三国的寺庙）

师：你看了有没有发现，是怎样的？

（生思考）

师：思考一下（巡视），你觉得一样吗，印度的佛教传到中国？

生：不一样。

师：差不多吗？看了中国的寺庙和寺庙建筑很像？

生：宫殿。

师：文化在传播过程中往往和本地文化相交融，这种情况对今天有影响吗？你还能讲讲吗？

（生思考）

师：有没有？举例子，比如阿拉伯数字，谁发明的？

生：古代印度人。

师：为什么叫阿拉伯数字？

生：阿拉伯人传到欧洲的。

师：所以古代文明对今天有很多影响。

师（展示图片）：这是空中花园的想象图片，你想知道今天是什么样子吗？（展示今天的空中花园图）从这张照片中你能看出我们是怎样做？设想一下，这是自然原因，还是人为的？这其中有自然的原因，但更多的是，是什么？

生：人为的。

师：我们身边还有没有？请一个同学来讲讲，有没有？

（有生在下面小声说）

师：既然大家没有发现，不妨课后通过上网去找一找。

师：好，我们不妨在下课的时候去上网，或者去探寻、去找一找，亲自去探寻一下。既然我们说对这种文明的遗产我们不应该任意地让它消失在历史的长河中，那么我们应该怎么做呢？我们的行动应该是怎么样的呢？我们应该有什么行动？好，我们讨论一下，我们应该有什么样的行动？

（生讨论，师下讲台巡回观看生讨论，同时指导）

师：好，请那位同学讲讲看。

（生读课文中的一段话）

师：好，请坐。很好啊，我也受惠。我们要从重视程度、政策、资金、人力、物力资源对文物进行保护，对不对？下面有四点建议，大家来看一看。好，今天我们这堂课对四大文明古国知识的复习，对以上的问题得到解决，我们有没有收获？有没有点收获？

生：有。

师：既然有收获，我们就来试一试。（展示习题一）第一题，自告奋勇。

生：C。

师：第二题，是哪个？

生：C。

（师展示习题三）

生：A。

（师展示习题四）

生：B。

师：那个应该是？

生：C。

师：1、3、4，第二种呢？文字是统治者受到指示创造的，他认为，这是谁创造的呢？是统治者？你觉得是谁创造的？

生：劳动人民。

师：下层劳动人民在实践过程当中得到经验总结所产生的文字。（接着展示习题五）

生：2、3、4。

师：人类只有在适应自然、遵守自然规律前提下，才能去改造自然，接下来呢，大家花一定的时间仔细地看看材料。

（生看材料，讨论）

师：由于时间的关系，我们这节课就讲到这里，下课。

范例8：促进学生文本多元理解的策略研究①

　　阅读教学的一个重要目标就是能够促进学生对语篇的个性化理解，而不是像传统的课堂那样只是把教师的理解传递给学生让其接受。作为一件文学作品，其最大的魅力就在于能够引导读者发挥想象和独立思考，从而完成一段读者与文本积极互动的心灵旅程，在此过程中领悟到语篇本身蕴藏的丰富内涵。本范例实践研究的目标就是要通过深入到课堂教学的情境之中不断分析提炼出促进学生个性化理解的种种阅读教学策略。

　　本范例实践研究以高等教育出版社《语文（基础模块）下册》第一单元的《合欢树》作为研究的内容载体。《合欢树》是一篇回忆母亲的散文，作者史铁生通过追忆母亲以及合欢树的由来，表达了对母亲深切的怀念、无限的愧疚以及对母爱由衷的赞美之情。本堂课的教学目标主要有三个：让学生理解作者对母亲丰富而深切的情感，理解语篇的写作特点，以及通过作者对母亲的情感历程来感受母爱的伟大和领悟人生的意义。现将研究的过程及结论概述如下。

一、第一次课试教

　　执教教师设计了三个教学环节。第一个教学环节是课堂导入，从前世界短跑冠军刘易斯对作者史铁生说的一句话"您才是世界上跑得最快的人"入手，引出作者之所以获得事业成功是因为伟大而平凡的母亲的话题。第二个环节是阅读理解文章的前半部分，了解作者在母亲全力支持下一步步走向成功的艰难历程。最后一个环节是阅读理解文章的后半部分，了解合欢树的由来以及母亲去世后作者无尽的思念之情。

　　• 课堂教学表现出的积极探索

　　第一，执教教师基于文本的内容设计了 10 个问题引导学生进行思考，

---

　　① 胡庆芳. 促进学生个性化理解的阅读教学策略研究［J］. 武汉：中学语文，2013（3）：16-22.

旨在促进学生对文本的理解，其中有些问题还引发了课堂精彩的生成。

如，课堂教学片段：

师：在课文的后半部分作者三次写到那个小孩，用意是什么？

生：应该是指作者的母亲。就像传说的灵魂转世一样，母亲再次来到这个世界，看到熟悉的环境和那棵当年自己亲手种下的合欢树感到非常眼熟。

生：就是在写作者儿时的自己，因为文章最后说"有一天那个孩子长大了，会想起童年的事，会想起那些晃动的树影儿，会想起他自己的妈妈"。作者何尝不是这样？同时也寄托了作者自己对时光倒流的心愿。

生：代表作者的精神寄托。作者先前不愿去看合欢树，现在不能去看合欢树，但是有这个小孩经常在那里可以看。

第二，为了促进学生对文本的理解，教师还引入了与主题密切相关的阅读材料，旨在增进学生对文本所饱含的思想感情的理解，即母爱的伟大以及因生命其实很脆弱所以应常有感恩的情怀。

如，补充的第一段材料就是余光中先生的《今生今世》："今生今世我最忘情的哭声有两次。一次，在我生命的开始。一次，在你生命的告终。第一次，我不会记得，是听你说的。第二次，你不会晓得，我说也没用。但两次哭声的中间啊，有无穷无尽的笑声。一遍一遍又一遍，回荡了整整三十年。你都晓得，我都记得。"诗人对母亲的无尽思念和温暖回忆和本文作者对母亲的感受如出一辙，都是源于母亲无私的付出和对孩子深切的爱。

另一段材料是反映作者和病魔做斗争的感人故事："在这个世界上，即使干再苦再累的工作，都会有人干。但是有一种职业恐怕没有一个人想做。但是，在我们生活中，就有一个这样的人。有人问他从事什么职业，他自嘲道，我的职业是生病，业余时间写点东西。他就是被誉为'中国的奥斯特洛夫斯基'的著名作家史铁生。在双腿残疾这一灭顶之灾之后，又确诊患上了尿毒症。从此，他不得不靠每星期三次的血液透析来维持生命。在长达11年的血液透析中，他的左手动脉和静脉点成粗大的扭曲的蚯蚓状。当他坐着轮椅去医院透析，那薄凉的背影，让人涌动起无比悲壮的心情。

每一次透析，就有可能是生命的绝唱。所以，每一次，就有可能是最后一次。而这一晃，竟走过了11年。"正是因为作者切身体会到生命的脆弱和成就心愿的机会会稍纵即逝，所以才慢慢由最初母亲去世后不愿回到原来居住的小院去看母亲亲手种下的合欢树，到后来开始想回去亲眼看看合欢树并追忆与母亲在一起时的点点滴滴，以及对当初总是借口未去而深深遗憾。

- 课堂教学尚存的不足

第一，在教师设计的诸多问题中，主要是以事实类的问题为主，其开放性不够，从而使得学生的个性化理解不能够得到充分彰显。

统计表明，在执教教师设计的10个问题中，有7个问题（即通过读文章前六个自然段，我们看到作者怎样的人生轨迹？作者的母亲是一个怎样的一个人？当作者遇到人生意外时，母亲是怎么做的？母亲这样关爱我，我是怎么做的？母亲去世后，我是怎样的情感？母亲去世后，作者为什么不愿去看合欢树？母亲是怎样对待合欢树的？）都是在课本上可以直接找到答案的基本事实类问题，而真正能够促进学生个性化理解的、开放性问题只有3个（即作者因为什么后来又想去看合欢树？怎么理解"悲伤也成享受"？文章中三次提到那个小孩，是什么用意？）。对于这些问题，学生基本上都可以通过阅读相关的段落直接找到确定的答案，所以其功能尚停留于熟悉文本基本内容的层面。

第二，教师对于有些开放性的问题引导学生思考的程度不够，甚至直接是越俎代庖地代学生进行了回答，没有真正让学生形成属于自己的理解。

如，课堂教学片段：

师：作者在文章中写到"悲伤也成享受"，你怎么去理解？

生：母爱十分伟大，是一种动力。

师：有同学有没有类似的经历？

生：我以前受伤的时候我母亲也是这样照顾我的。

师：想到这些，你感觉如何？

生：我非常感动。

师：对于这句话，老师是这样理解的：对于母亲过世，作者是悲伤的，但是对于母亲的回忆却是温馨的。我记得一位诗人说过一句话，有回忆是幸福的。作者一个人静静地待一会儿，在静静回忆当年与母亲在一起的日子，他感受到了内心的温暖，这样一个经历了无数次生生死死的作者，看淡了人生的悲伤，所以在作者的眼里，悲伤也成一种享受。

第三，教师在引导学生理解语篇的问题设计中，缺乏一个统领性的问题来引导学生对语篇进行整体的感知和表达，从而影响了感情的进一步升华。

● 改进建议

第一，除了设计问题、补充材料等策略外，尝试探索新的策略来促进学生对于语篇的理解，如，音乐渲染、有感情地品读课文等。

第二，让学生针对语篇内容提出自己想要弄清楚的问题，并针对学生提出的问题组织学生进行讨论交流，从而有效增进学生对语篇的理解。

第三，设计一个能够统领全篇的问题来促进学生对语篇的整体感知。如，文章是写母亲的，为什么题目却选择是"合欢树"？作者对母亲的情感经历了怎样一个变化的过程？文章可以分成几个部分以及各自的大意又是什么？学习了本篇文章，你的感受又是怎样的？等等。

二、第二次课改进

● 课堂教学发生的积极变化

第一，教师在学生预习的基础上，基于学生想要解答的问题构建起了以合欢树为主线，以合欢树与母亲、合欢树与我这样两两之间关系探讨的课堂学习框架，旨在增进学生对语篇循序渐进的理解。

教师通过课前让学生预习征集到的学生问题如下：①母亲和合欢树有什么关系？②母亲具有怎样的品质？③文章主要是讲母爱的伟大，为什么不直接写合欢树？④为什么作者前几年不去院子看合欢树？⑤从哪些事情可以看出母亲对我的爱？⑥文章第6段写"我"在街上瞎逛，不想回家，为什么？⑦如何理解"悲伤也成享受"？⑧为什么作者几次提到那个小孩？

⑨文章开始写小时候与母亲的冲突，有何用意？⑩为什么母亲对含羞草之类的花草如此喜爱？

第二，课堂上教师针对学生在预习过程中提到的问题组织学生进行讨论，引发了学生一些个性化的思考。

如，教学片段：

师：有学生问母亲为什么要挖含羞草回家？有什么特别的含义？

生：因为含羞草很"害羞"，一碰就会合上，所以属于特别需要别人呵护的那种。母亲由含羞草可能想到了自己的孩子。

生：应该是不经意间就挖去带回家的，因为文章已经写了母亲本来就喜欢花花草草那些东西。

生：含羞草一生会经历很多次的闭合和开放，或许母亲是想让孩子从中得到人生的启示，像含羞草一样也有自己绽放美丽的时刻。

第三，教师增加了相关材料的补充，旨在从不同侧面帮助学生对语篇进行理解。

据统计，本次课执教教师补充的阅读材料有5篇，包括讲无私奉献自己的全部，只为行人感到快乐的视频《苹果树》、介绍史铁生写作风格的视频、叶圣陶关于语文学习方法的诗句（"作者思有路，遵路识斯真。作者胸有境，入境始与亲"）、为了使自己给孩子肝移植成功而不惜暴走数月终于救子成功的母亲的故事、史铁生一生大部分时间与病魔抗争以至于对生命有深切感悟的文字介绍。

● 课堂教学尚存的不足

第一，课堂上教师确立了以合欢树为主线和重点探讨母亲与合欢树以及我与合欢树两两之间的关系，并以此为主要环节来展开，但是整篇文章的前半部分重点是写我与母亲之间关系，所以这样的设计影响学生对语篇的整体理解。

第二，整堂课教师基本上是针对学生提出的问题组织探讨为主，淡化了让学生对语篇进行有感情地朗读及鉴赏，而后者往往能够促进学生在理解内化的基础上富有个性化地进行外显的表达。

第三，整堂课还是没有能够设计出一个能够统领全篇内容的问题来让学生表达自己对于语篇学习的整体感悟与体会，影响了学生整体感知的效果。

- 进一步改进的建议

第一，可以考虑从语篇中涉及的人和物着手，让学生逐一探讨我与母亲、合欢树与母亲、合欢树与我、合欢树与小孩，以及我与小孩等之间的关系或关联，从而能够比较全面地概括对语篇的全面理解。

第二，可以设计一个让学生自由选择语篇中自己喜欢和欣赏的语句加以品读与鉴赏，从而彰显对语篇的个性化理解。

第三，可以设计一个让学生直抒胸臆的书面形式的表达任务，让学生能够站在作者的角度自由表达出对母亲由衷的感恩和深切的缅怀之情。

第四，建议设计一个能够统领全篇内容的问题来检验和促进学生对语篇的整体感知水平。

三、第三次课再改进

- 课堂教学呈现的积极变化

第一，教师坚持以学生课前预习过程中提出的问题为基础，梳理出了课堂上重点讨论的三个的话题，即课文题目的寓意、作者对合欢树的心结、"我"想对母亲的真情表白，有效引发了学生个性化的理解生成。

如，课堂教学片段：

师：通过阅读课文，你们认为合欢树是一棵什么样的树？为什么？

生：合欢树是一棵充满回忆的树，因为看到了树总会想起和母亲在一起的点点滴滴。

生：合欢树是一棵念慈树，因为课文中也有写到"有一天那个孩子长大了，会想起童年的事……会想起他自己的妈妈……"

生：合欢树是一棵象征作者自己的树，因为合欢树和作者一样，都是在母亲的精心呵护下茁壮成长出来的。

生：合欢树是一棵象征希望的树，因为合欢树在第三年变得枝繁叶茂起来，是一个好兆头。

生：合欢树是一棵奇迹树，因为当初以为是含羞草，结果是合欢树，第二年没有发芽，第三年就枝繁叶茂。

又如，课堂教学片段：

师：假如你是作者史铁生，你会去看那棵合欢树吗？

生：我不会去，因为会触景伤情，对母亲有太多愧疚不能承载。

生：我会去，因为合欢树是母亲精心培育的结果，我想要把心中所有的情感倾诉出来。

生：我会去，因为现在合欢树是我和母亲之间感情的纽带。

生：我会去，因为现在母亲已不在，而我对母亲的思念无时无刻不在，看到了合欢树就如同看到母亲，自己今天的成就可以告慰母亲的在天之灵，同时也可以减轻自己的内心痛苦。

第二，教师在组织学生针对问题进行讨论的过程中，多次让学生回归语篇进行相关语篇的品读，学生因情而品读，因品读而生情。

如，教师在组织学生探析我与合欢树的心结时，就让学生朗读课文"三十岁时，我的第一篇小说发表了。母亲却已不在人世，过了几年，我的另一篇小说又侥幸获奖，母亲已经离开我整整七年。"让学生深深地体会到母亲走得太早、太匆匆，完全没有看到倾注了自己毕生心血的儿子功成名就的那一天，由此而让学生体味作者对于母亲那一份深切的无限惋惜与愧疚之情。

第三，教师在课堂最后引用了一段某年央视晚会中题为《生命的列车》的视频，通过节目主持人对生命饱含深情的感悟与礼赞，升华了本堂课语篇所蕴含的丰富内涵，即我们要善待和我们一起经历生命之旅的每一个人，对他们点滴的帮助都要常怀感恩之情，从而使人生之旅永远充实和快乐。

• 课堂教学仍存在的不足

第一，个别问题的设计有些游离于语篇主旨之外，生成的内容不丰富，而且本身也意义价值不突出。

如，针对作者成名后不愿意回家的事实，教师设计了"回哪一个家"

的问题探讨，有学生说是曾经和母亲一起住过的小院，也有学生说是后来搬过的那个家。其实问题探讨的关键是作者为什么不愿意，要挖掘的是作者的心结，目的是促进学生体会作者的心理活动，引向现实生活中的那个家的探讨就属于节外生枝了。

第二，课堂最后引用的视频《生命的列车》很好地诠释了该语篇蕴藏的深刻内涵，但直接的播放事实上取代了学生个性化的理解，所以更好的方法先组织学生讨论总结和表达，随后让学生也听一听相似情感的另一种表达，相得益彰，效果会更好。

- 三次课改进的脉络

第一次课，教师通过补充材料和问题引导等手段促进学生对语篇的解读，基本事实类问题居多，挑战性的问题设计不够，学生对语篇的整体感知也显缺乏。第二次课，教师加大相关材料的补充，并且以学生预习课文产生的问题为基础，理出了以合欢树为线索以及母亲与合欢树、我与合欢树之间关系的探讨为重点，比较好地回应了学生的问题，体现了以学定教，有针对性地进行解读，但是个性化的解读仍显单薄。第三次课，教师坚持了以学定教的方法，从学生提出的一系列问题中理出了课堂上探讨的三个重点，即文章标题的寓意、作者对合欢树的心结、作者对母亲的真情告白，多种策略综合运用，学生的个性化理解明显变得丰富鲜活，但情绪情感的综合提升仍有待优化。

四、研究形成的结论与观点

（一）设计开放性的问题汇聚学生多样化的回答

开放性的问题往往因为答案不唯一，所以很能激发学生基于自身原有知识及经验头脑风暴式地思考或列举。如第三次课上执教教师设计的"如果你是史铁生，会不会去看合欢树？"的问题就很好地促进了个性化的思考与回答。

（二）挖掘挑战性的问题激发学生创造性的思考

挑战性的问题往往需要学生经过认真的思考、合乎情理的推理，所以直接考验着学生的知识基础、社会经验以及思维方法等诸多方面，因而最后的理解与生成往往具有鲜明的个性化特点。如第一次课上教师设计的"悲伤也成为一种享受"就让很多的学生无法正确理解，课上一些学生试图从字面上予以解答（"因为悲伤也是一种情感，所以可以用享受"），一些学生试图从课文情境中找到答案（"因为回忆中有母亲"）。

（三）提出统领性的问题盘活学生整体性的认识

对于语篇的学习，在广告部分与细节的深入理解基础之上，往往需要从整体上进行总结或在高度上予以升华，即所谓的"基于文本又高于文本"。如第三次课上教师提出的"合欢树是一棵什么样的树？"就盘活了整个语篇的内容，从而促进学生对于语篇有了一个全面的认识。

（四）针对学生提出的疑问征集见仁见智的解答

教师在语篇的教学之前如果能够知晓学生的真正感兴趣的地方或理解上实际存在的疑难困惑，就可以很有针对性地设计相关的研讨与交流，往往能够吸引学生的参与并在情境中碰撞出鲜活的认识及观点。如第二次课上教师提出的"课文为什么三次写到那个孩子?"，就是学生在课前预习过程中提出的真实问题。

（五）通过情感的体验引发学生真实切身的理解

情感的激发和切身的体验往往可以促进学生对于语篇比较深入和真切的理解，并真正实现"有感而发"。如第一次课教师就引入了余光中先生的《今生今世》让学生深切体验到母亲在孩子的一生中多么无私和伟大，对于一个失去母亲的人而言留下的又是多么深切的怀念。又如，第三次课教师尝试运用了有感情的品读课文和自主赏析隐藏在语篇字里行间的情感与意味，从而促使学生自己形成了切身的理解与体会。

附：第三次课的课堂教学实录 ①

合欢树

浙江省慈溪职业高级中学　余芳

师：同学们好！

生：老师好！

师：请坐。

师：在上课之前呢，想先给大家欣赏一首诗歌。（播放音乐：《今生今世》，师范读）

师：树欲静而风不止，子欲养而亲不待。这是史铁生人生不能承受之轻。这也是史铁生苦苦挣扎、无法言说的伤。在传递幸福与温暖的合欢树下，分明看到了一对苦难的母子。今天，我们就要走进《合欢树》，去探寻史铁生在合欢树下的寻觅与思索。

师：在昨天，我请大家进行了预习，大家对课文中表现母爱的部分，已经有了自己的解读。我也请同学们把在预习当中遇到的问题提出来，我收到了46张小纸条。我很高兴，里面有84个问题，这说明大家确实认真在读了，有问题说明我们确实思考了。但是，一节课的容量是有限的，所以我们今天探讨的是其中的4个问题。

师：大家来看，这是我们大家写在纸条上的问题（出示PPT）。我们可以发现，这组问题全部都是围绕"合欢树"，而且提问题的不仅仅是这4个同学，我算了一下有23个同学。可以说，这是我们班急需要解决的普遍性问题。合欢树——文中标题为什么要叫"合欢树"呢？合欢树有哪些寓意？象征什么呢？

师（出示PPT）：接下来我们将进行小组讨论、探究。我希望大家能够以"合欢树是一棵……树，因为……"来讨论，在文中找到相应的印证来

---

① 本实录由浙江省宁波市教育局职业高中骨干教师研修班全体学员整理。

回答合欢树的寓意。我知道在上课的时候，是这样分小组的（师指手示意），是不是这样的呢？（师指手示意）那么现在呢，为了方便讨论，这样前后两排凑一组进行讨论。现在呢，进行第一次的探讨——合欢树的寓意。好，前面的同学可以转过去。

（生分组热烈讨论，师巡视指导）

师：好，我们的讨论暂告一段落。现在我就想请同学们来谈一谈，你们觉得合欢树是一棵怎样的树？好，我们请这位女生。

生：我认为合欢树是一棵充满回忆的树。

师：充满回忆的树。

生：因为在第七自然段。

师：大家看到第七自然段。

生："有一年……合欢树又开花了"，第八自然段后面的"母亲把全部的精力放在……"，合欢树是母亲费尽心思照料它，使合欢树长大的，所以合欢树是一棵充满怀念的树。

师：是一棵怀念的树、思念的树。

生：然后又过了一年，她把合欢树移出盆，栽在窗前的地上，有时念叨，不知道这种树几年才开花。是因为母亲费尽心思去将这棵合欢树养大的，所以我认为合欢树是一棵充满怀念的树，充满回忆的树。

师：是一棵回忆的树、思念的树，因为这里面有作者对母亲的回忆。好！给我们开了一个很好的头，接下来哪位同学来告诉我们？

生：合欢树是一棵念慈树，因为最后一段"有一天那个孩子长大了，就是会想起童年的事，会想起那些晃动的树影儿，会想起他自己的妈妈，他会跑去看看那棵树。"这一段以那个孩子对母亲的生命的寄托，影射出他（咿呀停顿）儿时。

师：影射作者的儿时。

生：念慈树，是的，就是这样！

师：谢谢，念慈树！也是对母亲的一种怀念，这棵树里面寄托了。但他找到的句子有点不一样，找到了最后一段的小孩，关于这个小孩大有文章，我们还要再后面探讨当中进一步探讨，还有同学有不同的角度吗？选择的角度都是怀念，都是从儿子的角度来。

生：我觉得是象征作者的树，在母亲那个辛勤培养滋润下，那棵树就好比是作者，慢慢生长起来然后最后慢慢成为参天大树，在母亲关爱包容照顾之下，也慢慢地长大了。

师：这棵树也可以看成是儿子的化身，是吗？儿子在母亲的精心培育之下，终于茁壮成长。在精神上站立起来，还有没有要发言的？还有没有？那位女生。

生：那个合欢树是象征希望的树，因为从第八段里面有。

师：第八段我们一起来看一下。

生：第二年合欢树没有发芽，母亲叹息了一回，还舍不得扔掉，依然让它长在瓦盆里。第三年，合欢树却又长出叶子，说明即使第二年合欢树没有发芽母亲依旧对合欢树保有希望，就像我残疾了母亲对我抱有希望。

师：好，这也是从母亲的角度在探讨，他对儿子的希望其实也寄托在合欢树的上面，还有没有不同的答案。

生：合欢树是一棵奇迹树，因为从第三页这个"我没料到那棵树还活着"能看出来。"那年，母亲到劳动局去给我找工作，回来时在路边挖了一棵刚出土的'含羞草'，以为是含羞草，种在花盆里长，竟是一棵合欢树。"作者也没料到它到现在还活着，它生命力旺盛，由于母亲的栽种和培养。

（众人鼓掌）

师：创造生命奇迹的是母亲，母亲创造了两个生命奇迹，第一让一个看似柔弱的含羞草长成了一棵合欢树，它枝繁叶茂年年开花甚至高过了房顶，第二个奇迹是她对儿子的照顾，让儿子从一个绝望的、残疾的、没有出路的失业青年找到了出路，并且在写作的路上小有成就，好，我们可以看到，这棵树可以说有很多的解读，从母亲的角度来看，它象征着儿子，是母亲对儿子的希望与爱，从儿子的角度来看，它象征着母亲，我们可以说这棵树枝繁叶茂，但是它每一片叶子里面都饱含了史铁生对母亲的怀念。好，这棵树我们先解读到这里。如果有未尽之意，下课以后可以继续交流。

那么，我们接下来探讨第二个问题，我在这里要出示第二个问题，为什么我没写提问者的名字呢？因为他没写上名字，所以我不知道他是哪一位，但是他真的提得很好，让我们把掌声献给这个无名氏。

（生鼓掌）

师：谁能替他解答这个问题？为什么我不愿意回家，在街上瞎逛？好，这位男生。

生：对这个问题我的解读是：这棵合欢树是母亲亲手栽下并把它培养长大的，带着母亲的心血在里面，作者看到这棵合欢树就会想起他的母亲，就会想起他以前对母亲的那些态度，就会感到很惭愧，不想去面对它，有些逃避的意味。

师：哦，因为想要逃避。好，那我们再仔细想一下，这个我不想回家，我为什么不愿意回家？在街上瞎逛，这个"家"是什么地方？你知道吗？有没有写？文中有说吗？这个"家"是小院吗？

生：不是。

师：不是小院是不是？我们到文中来找找看，有多少个"不想回家"？这个"家"是真的家吗？在文中的后半部分。找到了，就可以给大家读一读，文中的家是小院吗？

（生阅读文本）

师：这位女生。

生：文中的家指的不是小院，第七自然段里面的第一句话："母亲去世后，我们搬了家。我很少再到母亲住过的那个小院儿去。"所以这两句话可以说明我现在住的地方并不是小院。

师：那么在作者的心中，能够被称为他的"家"的地方你觉得是哪个地方？

生：母亲的小院。

师：是哪个地方？大点声音告诉我。有一个具体的名称叫做？

生：小院。

师：是不是小院？好，那么他不愿意回家在街上瞎逛，逛到哪里去了？

生：小院。

师：他想干什么？他在找什么？我们请这位男生说说看。

生：他回忆的是母亲的足迹和回忆吧。

师：哦，他在找寻母亲的足迹。请坐。我记得在《我与地坛》中有过一句这样的描述：凡是有我车辙的地方，都有母亲焦灼的足迹。好，看着母亲的足迹，有没有具体想要看的东西？

生："与其在街上瞎逛，我想，不如就去看看那棵树吧。我也想再看看母亲住过的那间房。"

师：这是在第几段？

生：第九段。

师：大家看到了吗？看到没有？

（生翻阅文本）

师：他不愿意回家，在街上瞎逛，现在可以告诉我他想去哪儿吗？想去哪里？

生：去小院。

师：去母亲住过的地方。他想去看什么？

生：看合欢树。

师：好第二个问题就出来了，可是他最后看到了吗？

生（齐答）：没有。

师：没有看到，付佳等四位同学提出了这两个问题：明明可以让人背去看，为什么不去，这在课文的第几段可以看到这样的表述？

生：第十。

师：第十段，看到没有？我们来把这一句读一下。（师引生齐读）好，这第二个问题谁能解答，其实刚才那个男生已经讲到了一点，还有没有补充的，或者有不一样的见解呢？他那么后悔为什么还不去看？呃，咱们跟作者的距离还不够近。那么我换一种方式来问，假如你是文中的"我"，你会去见那棵合欢树吗？为什么？我们可以一边听一首歌，一边来进行小组讨论，这首歌相信大家都非常熟悉，虽然老师不会唱，但是我觉得这首诗写得非常感人，在音乐当中你想一想，你要不要去见那棵合欢树？（播放音乐）来我怀里，或者住进你心里？你有没有一点触动，现在进行小组讨论。

师：好，我想这个可能每个人的体验都不一样，刚才我们在小组里面进行讨论，思想已经碰撞过了，那么你是否还坚持自己的选择，你见还是不见？哪位同学先来告诉我？好，这位男生。

生：我应该不会去看那棵合欢树。因为如果去看的话我会触景生情。

师：怕触景生情。

生：想到小的时候对待自己的母亲存在一种愧疚，对母亲非常暴躁。

师：他回忆起自己当年，我们之前也有看到，当年他对待母亲是非常的暴躁，而且也可以说是把所有的悲苦都发泄在自己的母亲身上，所以他不要去看那棵树，怕自己承受不了。还有没有不同意见？

生：我会去看那棵树，因为这棵树是母亲一手培养长大的，母亲对这棵树有太多心血灌注在里面，我对母亲是有一种愧疚之感的，我不想再次失去这个机会去看一下，因为最后一次母亲已经去世了，史铁生没有去看过他，所以我觉得我在失去之后一定会再去见一下这棵合欢树，把自己的情感完完全全地发泄出来。

师：他要再去合欢树下，见一见象征母亲的合欢树，并且要倾诉自己对母亲的愧疚。很好，还有吗？

生：如果我是作者，我会去见那棵合欢树，因为我认为这可能是我和母亲之间的最后联系，就是两个人之间的联系。刚开始可能合欢树被母亲挖来的时候，就像含羞草奄奄一息，不会活下去，就跟我当时一样，双腿瘫痪，但是最后还是茁壮会成长，可能这就意味着母亲也希望我也像这样健康地成长、生活下去，这是我的看法。

师：那文中有没有能够表现出作者这种意思的表述，我大概能够明白你的意思，你是说"我"觉得现在能够去看一下，因为"我"现在怎么样了？

生：已经成功了。

师："我"现在已经成功了，文中怎么描述他的成功的？第几段有？第四段，我们一起读读第四段这一段好不好？

（师引生齐读）

师：在这一段文字中，作者是展示他的成功了，但是他更多想要的是什么？他有说"我"获奖，但是"我"是侥幸获奖，但是作者其实并不看重获奖，他最看重的是没能让母亲没看到他获奖。作者在另外一篇文章中写道"我希望成为他的骄傲"。大家课后可以再看看，所以他觉得自己好好地活着，也是告慰母亲的在天之灵。还有没有？

生：如果我是史铁生，我也会去。因为母亲已经离开我了，而我几乎是每天每夜都思念母亲？

师：你哪里看出他每天每夜都在思念啊？文中有没有写到，文中没有体现吗？再找找，有没有？也许他没有直接写是每天每夜，但是思念是不是无处不在，是不是？

生：因为合欢树是母亲最后留下的东西，这里有母亲的影子，这好比是母亲的身影，这是母亲留给我的唯一能抒发感情的寄托，我看到合欢树就好像看到自己的母亲，可以把自己内疚的、愧疚的心情抒发出来，也可以把自己的成功告诉母亲，告诉母亲的在天之灵，让母亲可以安心，然后自己也可以把心里的难过告诉母亲，告诉母亲要好好活下去。

师：刚刚我发现很多人都想去看看合欢树，并且想要跟母亲说上一段话，那么接下来，我们就给大家一个机会，假如你是史铁生，假如你跟母亲在你三十岁获奖之时相遇，你会对母亲说些什么呢？假如你是这位母亲，你又会对史铁生说些什么呢？你们可以写两个句子试试看，可以写在发给大家的两张材料上。我发现有些同学写得非常快，说明大家在读的时候已经深有感悟。

师：好了已经有同学写好了。假如你是史铁生，你会对母亲说什么，请一位同学来说说看。已经完成的有吗？

师：好，这位女生，你想对母亲说什么？

生：母亲走，我没道一声告别，现在我长大了，我非常想念母亲。我会好好地活下去。

师：表达一种对母亲的愧疚，那么母亲会对史铁生说些什么呢？我发现呢，同学们写是写了，就是不好意思读出来。这位男生你来说说看。

生：孩子，你已经做得非常好，相信你能做得更好。

师：继续鼓励史铁生，好，谢谢你的解读。有没有不一样的解读，除了鼓励，还可以说些什么？

生：儿子，我只要你好好活下去。

师：《秋天的怀念》里"我只要你好好活下去"。好，课堂的时间是有限的，今天就把这个作为大家的家庭作业，去进一步地完善它。好，现在呢，我想给大家播放一段视频。（师播放视频）有这样一句话：合欢合欢，合而不欢，欢而不合。这就是镇定，我希望我们在自己的人生列车上能够幸福快乐地走下去，谢谢！

范例9： 课堂教学内容有效组织的行动研究①

新课程改革提出"教师即课程"的理念，积极呼唤广大教师展开从"教教材"到"用教材教"的行动变革，但是，受传统观念的影响和教学行为的惯性，课堂教学实践与新课程理念仍存在较大的差距，突出表现在以下方面：教师习惯于按教材编排来教，不擅长对教材内容做统整；教师拘泥于教材中现成内容，不善于为目标开发新资源；教师满足于教学有目标内容，不深究内容配目标的力度；教师着力于自身开发新内容，不注重让学生来参与建设。本研究小组就是针对现行政治课教材需要教师积极建设教学内容以有力突出教学目标的特点，从课堂教学内容有效组织的角度，探索现行教材的处理，总结可推广的策略，以期改变教师"教教材"的习惯，提升"用教材"的能力。

三次实践探索课选择的都是人教版《思想政治》高一年级第二单元第五课《企业与劳动者》中的"新时代的劳动者"部分。本课主要的教学目标包括：明白劳动的含义并养成热爱劳动和尊重劳动者的态度；理解就业的意义并学会辩证分析当前严峻的就业形势且培养正确的就业观念；知道劳动权益包括的具体内容并养成依法维护劳动者权益的意识与习惯。

一、第一次课试教

● 课堂教学表现出的积极探索

第一，执教教师积极补充了与主题相关的多项教学新材料，诸如引入歌曲《幸福在哪里?》的赏析帮助学生理解劳动的意义，以及引入对新中国成立以来涌现的劳动模范的认识来帮助学生增进对劳动光荣、创造伟大的切身体会，弥补了课本内容之不足，丰富了学生课堂学习的内容。

第二，所有教学内容得到了有序组织，分别从"劳动：财富之源"、

---

① 胡庆芳. 高中政治课堂教学内容有效组织的实践策略研究［J］. 北京：思想政治课教学. 2012（3）：18-22.

"就业：民生之本"、"技能：择业之基"和"法律：维权之路"等四个方面展开，其中还有意使新编的小张就业的故事贯穿整堂课，即找不到工作时的无可奈何、找到工作后但权益没保障的郁闷苦恼、采取不恰当方式维权反而触犯法律的悔恨交加，思路清楚，有机衔接。

- 观察发现

学生课堂学习中动态的生成显得不足，积极主动的学习状态没有明显表现出来。

- 问题诊断

第一，在教学内容的组织上，教师增加了歌曲《幸福在哪里？》的赏析、自新中国成立以来几个历史时期共六张劳模的图片展示、全球就业论坛有关就业的观点剪辑、2009—2010 全国劳动力供给与需求倒挂的数据表、湖州劳动力市场信息服务质量落后的表现、大学生罗福欢开擦皮鞋连锁店的事例，以及安吉的小张同学高中毕业就业一路坎坷的案例等大大小小的新材料 11 项，从而使得学生在课堂上的学习被塞得太满，挤占了本可以用于组织学生思考和发现的时间。

第二，课堂上教师呈现了王进喜、袁隆平等六位新中国成立以来几个历史时期劳模的照片，而学生对包括吕玉兰在内的其他四位均显得陌生，以至于对诸如"他们有哪些相同和不同的特征？没有他们的辛勤劳动，我们的社会会怎样？"等问题，学生没有能够动态生成个性的、有意义的新理解。

附课堂一教学片段：

师：想想看图片上的这些劳动者有什么样的不同？

生1：他们各自掌握的技术不同。

生2：他们所处的时代不同。

生3：他们的职业不同。

生4：他们劳动的地点不同。

……

师：他们有哪些相同？

生5：他们都是中国人。

……

其实，对于这些不同历史时期劳模的特点的提问，最重要的是让学生认识到他们尽管从事着不同的劳动，但他们都用自己辛勤的劳动为社会创造财富，同样赢得了社会的尊重。劳动光荣，创造伟大。

第三，组织的有些教学内容针对主题的表现力还不够，学生没有产生应有的心灵触动和精神震撼，因此，这些内容的学习对于目标的达成，没有明显体现出促进作用。

如，铁人王进喜的事例与其用照片，不如截取当年铁人奋不顾身跳入泥坑和泥浆的视频那样鲜活地再现那一代石油工人为新中国建设舍生忘死的豪迈气概以及战天斗地的劳动热情。

又如，有关对于所有劳动都是平等的观念的认识，教师直接从上述几个劳模的介绍中告诉给学生，而不及增加当年国家主席刘少奇接见掏粪工人时传祥曾讲到的"我们只是社会分工的不一样"的著名语录更能深入人心。

再如，有关反映我国技术工人文化水平的数据表没有从社会需要什么样的技术工人以及相应缺口有多大的角度来呈现数据，因而不能很好地反映当前就业形势的严峻。

如课件中的表2所示。

表2　我国技术工人的技术构成和文化构成

比较一	高级技工	中级技工	初级技工
技术构成	5%	35%	60%
比较二	大专及以上	高中及技校	初中及以上
文化构成	2.6%	29.4%	68%

第四，有些任务的设计比较机械和简单，学生的学习停留于完全重复搬迁课本内容的水平。

如，教师在组织学生结合课本讨论如何维权的环节，学生基本上都是照搬课本上的句子，没有融入自己的思考和另辟出课本所述之外的新途径。

● **改进建议**

第一，精选对相应主题表现力特别强的内容，提高学生在重组课堂内容的学习过程中的兴趣，追求所精选内容给学生带来的震撼。

第二，注意扩大小组合作学习的机会，组织学生针对相关话题的讨论，促进课堂学习动态生成较为丰富的新内容。

二、第二次课改进

● **课堂教学发生的积极变化**

第一，新增的教学内容得到重新筛选，除继续沿用上次课开发的四项内容（即安吉小张的三段故事和大学生擦鞋匠罗福欢的案例）之外，新选了一张特写一立柱镌刻无数劳动者姓名的北京鸟巢的图片以及深圳富士康跳楼事件的新闻报道的视频，在教学内容的组织上，由上次课大大小小的新增内容 11 项精减至本次课的 7 项。

第二，教师针对新增内容的学习注重了启发和引导，使学生通过自己的思考生成了属于自己的理解和认识。

如，在引入北京鸟巢照片并提及上面镌刻有无数位鸟巢建设者的姓名时，师生互动生成的片段如下：

师：（指着鸟巢图片旁边两张照片问）鸟巢的总设计师和这位工人叫什么名字？

生：不知道。

师：他们的名字连同无数个鸟巢建设者的名字在一个立柱上都一一镌刻了下来。想想是为了什么？

生：纪念他们曾经付出的辛勤劳动。

师：说明他们为社会做出了贡献，他们的劳动有价值。一个是总工程师，一个是普通工人，他们一起出现在"人民的功劳簿"上，又说明了什么？

生：一切劳动都是平等的，无论是脑力劳动还是体力劳动。

生：劳动光荣。

……

第三，富士康跳楼事件新闻报道视频片段的截取运用，很好地吸引了学生的注意力，激发了他们关注和思考维护劳动者权益话题的兴趣，并在随后教师组织的小组合作学习环节明显表现出积极参与的热情。

● 观察发现

构成课堂学习内容的材料都是来自于教师，学生参与学习内容建设的作用没有体现；学生在整个学习过程中没有表现出基于各项内容学习基础之上的融会贯通，劳动、就业、维权等相关内容的综合运用缺乏。

● 问题诊断

第一，执教教师继续沿用第一次课四个板块（即劳动为财富之源，就业为民生之本，技能为择业之基，法律为维权之剑）分块组织内容及其学习的模式，课堂教学内容在不同的板块内相对独立。

第二，执教教师在整个内容的学习之后，没有设计能够涵盖本课主要概念以及观点的统领性问题或综合性任务来整合所学知识。

第三，教师在本课内容的学习之前没有要求学生针对要学习的内容收集相关的学习材料。

● 进一步改进的建议

第一，在劳动、就业以及劳动者权益维护等方面让学生获取相关的信息内容，加深对相关内容的了解。

第二，设计能够统领起本堂课主要知识点及其灵活应用的有趣学习任务。

三、第三次课提高

● 课堂教学发生的积极变化

第一，教师新增了两项学习材料：时任国务院总理温家宝关于把大学生就业摆在工作首位的一段指导讲话、2010 年国家两会期间有关劳动者权益成为热议的一张网民互动留言网页。前者比较好地反映了政府对于解决大学生就业问题的坚定决心，后者自然吸引了学生对劳动者权益的关注。

教师保留了北京鸟巢纪念柱的图片、招聘会上人山人海的照片，以及深圳富士康公司员工跳楼事件的视频报道，删减掉了有关安吉小张就业过程的三个故事。这样课堂的教学共精选材料4项，为学生合作讨论的学习留出了比较充分的时间。

第二，课堂上教师通过学生对新增学习材料的学习，及时组织了小组讨论，随后通过教师的点拨引发了课堂精彩的生成。

如，在浏览了就业招聘会上人山人海的照片之后，师生互动的片段如下：

师：想想看，当前大学生就业怎么会这么难？

生：现在大学都在扩招，大学生太多了。

师：但是也还有地方要大学生又招不够人？

生：大学生找工作都想当白领，还要选大城市，蓝领也不愿做。

生：大学的培养也有问题，与社会需求脱节。

师：除此之外还有别的原因吗？

生：大学生没有经验，用人单位不愿要。

生：现在的下岗工人再就业更有优势。

……

又如，在如何解决大学生当前就业难的问题环节，教师也是充分调动学生的学习积极性，促进了精彩丰富的课堂生成。课堂教学片段如下：

师：请大家说说如何解决当前大学生就业难的问题？

生：大学生在大学要选择好专业，看社会是否需求。

生：提高自身素质，是金子总会闪光。

生：端正就业态度，从基层做起，先积累经验。

师：除了大学生个人努力之外，还有其他方面的途径吗？

生：鼓励大学生自主创业。

生：银行给大学生提供贷款创业，这样还可以带动新的就业。

生：国家继续加强计划生育政策，控制人口增长规模。

生：国家加强人才培养的力度，做人才强国。

生：扶持企业发展，增加就业。

生：规定提前退休，腾出工作岗位。

师：还有哪些方面可以做？

生：国家大力发展经济，扩大就业。

生：社会形成劳动平等、劳动光荣的风尚。

……

第三，教师对课本材料和新增材料进行了合理的搭配使用，收到了比较好的学习效果。

如，在学习劳动者权益环节，教师首先让学生学习了课本上有关劳动者权益说明的材料，接下来观看了深圳富士康员工接连跳楼的视频报道，之后，随即组织从这一事件寻找富士康侵犯了员工哪些权益的问题解决学习，十分灵活地衔接了两方面材料。

- 课堂教学仍存在的不足

第一，学生课前没有经历诸如就业和劳动者权益维护等话题的关注和相关资料的收集，所以在相关话题的讨论过程中主要是依靠教师组织的材料，不能提供更多的信息。

第二，教师未能设计出统领各个板块学习内容的综合性任务，学生缺乏整合整堂课学习内容的锻炼机会。

- 三次课演进的脉络

第一次课，新增内容丰富，板块组合有序，但是学生的主动学习不够，课堂的动态生成不足；第二次课，精简新增内容，突出主体发现，但是学生预学不够，知识综合不足；第三次课，优化材料运用，加大讨论发现，不过预学统整未果，设计仍待创新。

四、研究形成的共识及结论

通过基于教学内容有效组织的持续探索与反思，研究小组形成了如下阶段的共识与结论。

（一）课堂教学内容有效组织的实践策略

1. 课本已有内容的调整

①次序：重组教学内容。课本呈现的内容材料一般都是按知识点的分布配套予以呈现的，教师可以根据学生的实际学习情况，对课本已有的内容材料进行合理的重新组织以便于学生更好地学习和掌握课本上提到的知识点。②内容：删减相关内容。同样对于课本上提供的内容材料，教师还可以根据其表现力并采取删减的策略，并不是一定要全用课本提供的所有内容材料。

2. 课本之外内容的新增

①突出目标达成，开发教学内容。为了使学生对当堂课的学习内容有更好的达成度，教师还需要积极开发新鲜新颖和表现有力的内容材料，正如教师开发的安吉小张求职经历的三部曲、鸟巢中刻满普通劳动者名字的立柱、富士康公司几连跳的新闻报道等。②发挥学生作用，共建教学内容。针对某些内容的学习，还可以让学生收集相关的观点与案例，以便于在课堂上交流分享，从而丰富学习的过程。

3. 课堂教学内容的融汇

设计综合任务，盘活整课内容。在一堂课的学习即将结束的时候应当设计一个综合学习的环节，通过这个环节的学习实现当堂课所有知识的整合与提升，比如，对于《现代劳动者》一课的学习就可以以"怎样做一个合格的现代劳动者？"为题来引发全体学生的思考，而要回答这个问题，就必然会把正确的劳动观念和就业态度以及自觉依法维护劳动者权益等各方面的内容整合起来。

（二）课本之外新增内容的处理策略

1. 技术

①罗列课本材料，对照课时目标。执教教师要明确当堂课教学的目标，然后仔细分析课本上提供了哪些内容材料，从而对这些材料的作用有一个清楚的判断。②发现弱处缺失，确立新增范畴。如果发现课本提供的材料

在促进某知识点的学习方面作用不明显和突出，就需要教师重新选择内容材料以增强学习效果。

2. 主体

教师与学生共同开发学习内容。课堂教学内容材料的开发应当是双主体，即教师和学生，特别是学生参与课堂学习材料的开发本身就是一个预先学习和提前体验的过程。

3. 标准

①主题性。选择的内容材料一定要有鲜明的主题性，如上述实践探索课上播放的歌曲《幸福在哪里》一样，学生一听就能够领悟到劳动的意义与价值一样。②表现力。选择的内容材料在表现要反映的主题思想方面属于最好的选择，如果换成其他内容就会逊色，那么说明现在的选择是最具表现力的。③深刻性。选择的内容材料在表达主题思想时具有发人深省的效果，越分析和越讨论，会发现和收获得更多，就说明这样的内容选择是最佳的。

附：第三次课的课堂教学实录①

新时代的劳动者

浙江省安吉高级中学　鲍峰

师：上课！

生：起立！

师：同学们好！

生：老师好！

师：请坐！

师（播放乐曲）：听着这熟悉的乐曲，看着这雄伟的建筑物，我们仿佛又想起了三年前的一幕一幕。时代在进步，过去的终将会过去，但过去的

---

① 本实录由浙江省湖州市安吉县安吉高级中学政治教研组全体教师整理。

它给我们留下了一些东西，比如说这个鸟巢。这个鸟巢是我们人建的一个"鸟窝"，但是这个"鸟窝"却在人类建筑史上面留下了浓重的一笔。英国有一家权威媒体，评出21世纪的十大建筑，我们中国鸟巢入选。那么它这么厉害，厉害在哪？

生：造型。

师：厉害在哪里？造型，对不对，还有什么？

生：技术。

师：科技含量，技术含量。对，还有吗？

生：规模。

师：规模！规模很宏大。有很多很多的方面，既有艺术的方面，又有技术的方面，但是还有一点，同学们可能不曾注意到过，就是鸟巢建完后，我们中国人民为了纪念它，专门建了一个纪念柱，这个纪念柱上面我们看到了什么？（呈现幻灯片）

生：名字。

师：名字！你知道是谁的名字吗？

生：建筑工人的。

师：建筑工人的，看来同学们是曾经看到过有关报道的。这里一共有几个名字呢？一共有113个名字，都是鸟巢建设者的名字，这其中大部分都是为建设鸟巢作出突出贡献的普通建筑工人的名字。同学们，我们把普通建筑工人的名字刻在鸟巢纪念柱上面，作为一种历史的一种永久的纪念，这体现了一种什么样的观念？

生：尊重劳动者，尊重劳动。

师：尊重劳动者，尊重劳动，对不对？不管你是什么劳动，只要你付出了劳动，为人类作贡献，都是值得尊重的，是不是？所以我们要尊重劳动、尊重劳动者，因为劳动具有怎样的重要性？

生：……

师：能不能用书本里一句话，就一句话来形容。

生：……

师：用一句话来形容，那位穿黑衣服的女同学，用一句话来概括。

生：劳动是人类文明进步发展的源泉。

师：嗯，好，那么劳动者呢，你能不能再用一句话来进行概括？

生：劳动者是生产过程的主体，在生产过程中起主导作用。

师：很好，请坐，请坐，噢，我们就用这两句话来说明劳动、劳动者的重要性，那劳动者是生产过程的主体，劳动是人类文明进步发展的源泉，所以你想想看，我们人类能离开劳动吗？

生：不能。

师：能不劳动吗？

生：不能。

师：不能，能离开劳动者吗？

生：也不能。

师：是吧？所以大家想成为劳动者吗？

生：想！

师：我们想，但是在当今这个年代，想成为劳动者也不容易啊！（播放视频《就业太难》时长约5分钟）

师：大家看到了什么？

生：就业难。

师：就业难，谁就业难？

生：大学生。

师：辛苦寒窗十几载，到最后落得一个在街上竟然还要树块牌子，"卖身求职"！很悲惨啊！当前的就业形势很严峻，是不是啊？大家有没有曾经去了解过，为什么我们当前大学生就业会这么困难？大家有了解过它的原因吗？还是刚才这位穿黑衣服的女同学。

生：因为现在大学生很多，人太多，对社会上的一些工作，他认为他都是大学毕业，然后有资质，他就认为这些工作工资太低，但工资太高的他又不能适应。

师：你给我们讲了，大学生就业难，大概有两个原因：第一个，人多。

是不是啊？第二个是，大学生，工资低了他不去，工资高了呢，人家又不要他，对不对？两个原因，好，请坐。其他同学，有没有补充的，有没有别的原因？除了人多、学生自身有原因之外，有没有别的原因啊？

生：国家提供的就业机会少。

师：国家提供的就业机会少，也就是说，一方面提供的就业机会少，但另一方面呢，大学生人又多，想就业的学生又多。是不是啊？这个中间有一个矛盾，可以这样理解吧？是不是啊？还有没有别的原因？

生：没有。

师：好，请坐，还有没有别的同学想到别的什么原因呢？你想想看啊，如果是你噢……好，这位同学。

生：当前有的大学生所选的专业基本上都是白领，而这些职业在中国职场上已达到饱和的地步，中国真正需要的蓝领职工，相关专业的大学生却很少。

师：也就是说现在大学生学的这个专业将来发展的方向都是坐办公室的，对不对？白领。但是现在整个社会需要的，恰恰是需要你们去干技术活、体力活的蓝领。是不是啊？这说明我们现在大学生这个群体他的培养方向与我们社会的需要是脱节的。对不对？嗯，请坐。同学们的思想越来越活跃了，提出了很多这样的想法。看看，还有没有？还有没有？好，这位同学。

生：还有以前的工厂还有一些下岗的再就业的人员，他们中很多人是拥有技术的人，而且他们有丰富的工作经验，他们就有比大学生更多的能力去找到这个工作。

师：也就是说大学生在与下岗工人的竞争过程当中，他都没有优势，对不对？没有优势。因为这里归根结底的问题还是在于大学生自身的素质不符合社会的需要。嗯，好，请坐。还有没有，还有没有，别的想法、别的看法。

生：现在的大学生没有工作经验，没有较高的工作能力。

师：没有较高的工作能力、自身素质不能符合社会的需要。

师：好，请坐！我们一起来总结一下。

(师呈现幻灯) ——大学生为什么会"就业难"？

1. 我国的人口总量和劳动力总量都比较大；

2. 劳动力素质与社会经济发展的需要不完全适应；

3. 劳动力市场不完善，就业信息不畅通。

……

师：请把课本翻到 42 页，请看第二自然段，这一段在讲为什么大学生就业难，其实现在不仅是大学生就业难而且是整个社会就业难，整个国家普遍出现就业难。

师：就业形势严峻：我国的人口总量和劳动力总量都比较大；劳动力素质与社会经济发展的需要不完全适应；劳动力市场不完善，就业信息不畅通。

师：三个原因。面对大学生就业难的局面，我们国家是怎样做的？温家宝总理说：我最担忧的一件事就是大学生就业，2009 年有超过 600 万毕业生需要解决就业问题，几年来基本都是这个规模。我们政府非常重视解决大学生的就业问题，就业这么重要吗？不就业社会就不行啊？

生：就业使得劳动力与生产资料结合，生产出社会所需要的物质财富和精神财富。

师：不就业，没人去进行社会生产，没有物质财富、精神财富，那么我们消费的物质财富和精神财富从哪儿来？

师：谁还不行？

生：自己。

师：自己怎么不行？

生：不就业没有生活来源。

师：还有吗？价值需要在劳动中实现，就业是劳动的重要途径，好，对吧？请坐！

师：我们发现"就业是民生之本"，社会不能没有就业，劳动者也不能没有就业，我们可以从两个方面来考虑。

师：对个人而言：就业取得劳动报酬，从而获得生活来源，使社会劳动能够不断再生产；

就业有利于实现自身的社会价值，丰富精神生活，促进人的全面发展。

国家而言：就业使得劳动力与生产资料结合，生产出社会所需要的物质财富和精神财富。（呈现幻灯）

师：就业很重要，但我们大学生又找不到工作，我们怎么办？要想办法哦，接下来我们来想办法。

师：现在大学生就业难这个问题，如何解决，我们来共同探讨。

师：我们在座的同学将来也都会成为大学生的，试着想想办法，接下来开始（呈现幻灯：合作学习—求解大学生就业难）

师：好，差不多了吧，哪位先来。

生：我觉得应该从两个方面，一个是从大学生个人方面，从大学生个人方面，首先他们应该选好专业，就是说比如某个专业人数已经过量了即需求量不多了，那你就不要去选这个专业，选社会需求比较大的专业，然后再提高自身的素质，加强自己的能力，这样可能工作就好找一点。然后从社会和国家这方面来说，就是书上有的，就是加强引导，然后完善市场就业机制，扩大就业规模，改善就业机构，引导大学生选择正确的方向去找工作。

师：说了两个方面，大学生自己和国家、政府是吧？我们自己选专业的时候还是要根据社会需要，还有要提高自身素质，国家方面就是书上那段，是不是？还有补充吗？没有补充了？

生：差不多。

师：差不多，不补充了是吧？好，请坐。讲得很好。其他小组呢？

生：一是鼓励有能力的大学生要自主创业。

师：哦，自主创业。

生：他们就能创造更多的机会，甚至可以把企业规模扩大的话就能创造更多更多的就业机会。

师：哦，这样的啊，不仅能够自己就业还能带动更多人就业，是不是？

何乐而不为呢？

生：第二可以增加退休人员，提高退休工资，这样老一辈的……

师：退休年龄是延长还是缩短？

生：退休年龄提前，这样老一辈的人可以稍微先退一点下来。

师：哦，是这个意思，让老年人提前下来了，把位置要让给年轻人，是不是这个意思？

生：然后第三个是对有的工作进行适当的补助。

师：哦，提供补助，也就是说你这个职业是社会需要的，而且是急需的，但是不大有人愿意去干，是不是，国家给予提供一定补贴，这也是一个主意，是吧？自主创业。好，第二个是退休年龄，可以提前点对吧，还有一个是国家进行补助。这里应该说有鼓励大学生自己干的，自己需要去做的，也有国家需要去做的事情，对不对？好，请坐。谈得真好啊，思维很发散，好，这位同学。

生：我是分三个方面来讲的，一个是国家方面，首先要加强计划生育基本国策，减少中国人口总量，然后还要实行科教兴国和人才强国战略，发展中国高素质的人才。个人方面要树立自主择业观和竞争就业观，社会要形成劳动光荣、知识崇高、人才宝贵的时代新风。

师：这个同学站得很高哦，是不是？第一计划生育，人口方面要减少，这个好像不是想减少就减少，也就是这个计划生育的政策我们可以落实得更好，是不是？不该生的时候不要生出来。第二科教兴国，人才强国这个战略继续实施，提高人口素质，劳动力素质，最后一个是什么？

生：最后一个是形成社会风气，尊重劳动。

师：哦，尊重劳动，尊重劳动者。劳动者要树立各种劳动观念是吧？还有小组要补充的吧？有没有？这边还有。

生：国家可以扩大内需，增加补助，银行等也可以对大学生自主创业或想要去创业的人进行补助，贷款补助，对有能力的大学生进行培养，对国家急需的某些技术可以进行培养，然后更好地来进行生产。

师：也就是一方面通过银行给大学生进行贷款，提供一些帮助，另外，在大学生素质提升方面给他提供各方面途径，好，请坐。同学们说得很好，从各方面。有国家的角度，个人的角度。有从计划生育的角度，也有从人才培养的角度，很多，那么我们把大家的想法集中一下。其实这里集中的是我的想法，我发现，同学们的想法已远远超过我的想法，那么总的来说刚才那个同学说了书本上有的。就是这几点，是吧。我觉得国家要实施积极的就业政策，完善就业机制，改善就业结构，扩大就业规模。确实，这个措施国家是直接作用于就业的，是不是直接作用于就业的？刚才同学们说到其他很多，不是直接作用于就业的，但是能够从其他角度来帮助我们大学生提高素质、来丰富就业的。其实大家很多的想法我们可以作为参考，所以我这个方面应该用省略号的哦，不完全的。接下来是个人，个人大家提出来了，比如大家说树立职业平等观，也就是要树立正确的就业观念，现在我们说各种各样的就业都是平等的，书本上举了四种，四种就业观，自主择业观，竞争就业观，职业平等观，多种方式就业观，职业都是平等的，是吧？你要根据你自己的兴趣、技能去选择自己的职业，刚刚有同学讲到可以自主创业，这是哪种就业观？

生：多种方式就业观。

师：哪种就业观？

生：自主择业就业观。

师：有道理吧？有道理的对不对？主要是哪种？

生：竞争就业观。自主创业，上面说的是自主就业，不是自主创业，自主创业其实是选择了一种和别人不一样的方式，就业方式嘛，所以应该是……

师：多种方式就业观。现在大学生就业方式是很多的，刚才前面也有同学讲了，现在的大学生不一定都要坐办公室、做白领，现在也有大学生擦皮鞋的，有大学生卖猪肉的，有大学生养猪的、养鸡的、养鸭的，是不是啊？我们要改变我们的传统观念，不要说大学生就是坐办公室的，对不对？所以要树立各种各样的正确的就业观，这是一个，还有一个。刚才很多同学讲到的，还是要提高自身的素质，要跟这个社会的需要相吻合。我相信通过刚刚同学们提出这么多的观点，一方面国家的大学生就业能够解决了，另一方面大家自己如果将来到大学去，对自己将来努力的方向也清楚了，在这个情况下我相信大家都能就业了哦。但是就业之后啊，这个问题又来了。

（师播放关于富士康的视频）

生：观看。

师：好，我们就到这里哈（停止视频），刚才视频中最后一句话说：放弃权利，或放弃生存，作为富士康的员工难道就只有这两种选择吗？太悲惨了吧？是吧？

生：嗯。（笑）

师：刚才我们听下来，你说员工这十连跳、十二连跳跟富士康有没有关系？

生：有！

师：是有关系的，是有什么关系啊？

师生：（一起说）富士康企业里面的劳动强度太大。

师：那么，大家想想看哈。富士康侵犯了员工的权利了，对不对？

生：嗯。

师：那我们劳动者享有哪些权利啊？

生：学生读课本。（七嘴八舌）

师：自己读啊，对不对，自己读，看看哈，有哪些啊？

生：继续读。

师：第一个，平等就业选择职业，对吧？还有获得什么劳动安全和劳动报酬，等等，同学们画起来哈，这是我们劳动者享有的权利啊，法律规定的，法律规定的啊。那么，大家啊，在富士康员工的哪些权利受到侵犯了？

生：自己说。（七嘴八舌）

师：休息的权利哈，因为富士康员工都加班，对吧？还有没有？与其他有关系吧？与其他有没有关系啊？取得劳动报酬的权利有没有被侵犯啊？

有没有？

生：有！

师：有？有？哪里？

（生七嘴八舌地回答）

师：不加班就只能拿基本工资，有没有说不加班工资就没有了？

生：嗯，没说。

师：没说，对不对？基本工资还是要给你的啊，是不是？

生：嗯。

师：那说明他的劳动报酬还是给的，对不对？获得劳动报酬的权利并没有得到侵犯啊，那么，应该说这里主要是侵犯了他的休息休假的权利，正因为侵犯了劳动者休息休假的权利，使这个劳动者长期地在高强度的工作中劳动，是不是啊？也会带来一些精神的、心灵的问题，是不是啊？放弃权利或放弃生存，是有怎样的选择？有没有，应该有别的选择吧？

生：嗯！

师：是不是啊？关于这个劳动者权益的问题，一直以来也是我们社会广泛关注的，在2010年的两会期间，关注的话题之一就是这个劳动者的权益问题，两会谁参加啊？

生：全国人大代表，全国政协委员。

师：不要忘了啊，高一学过。

生：我们没学过啊？

师：对对，我还把大家当高二学生了啊，高一没学过。

生：嗯。（笑）

师：那看来还是知道的啊，人大代表和政协委员要参加的，劳动者权益的问题成为他们热议的话题之一，那么我们也来议一下，我作为富士康员工，不能要么放弃权利，要么放弃生命吧！对不对？他们可以怎么做呢？

（生七嘴八舌地回答）

师：你作为人大代表，如果你是人大代表，你是政协委员，你觉得我们现在在维护劳动者权益方面，应该做哪些事情？可以去做哪些事情？

（生七嘴八舌地回答）

师：这位同学。

生：依法确立最低工资和最长工时。

师：哦，确立最低工资和最长工时的这个政策，明确告诉你，这个政策是有的，国家法律规定的，问题是，这个政策有、这个法律有，但是——

生：企业不遵守。

师：对，要加强监督，对劳动者权益保护方面的监督，还有吧？谁去监督？

生：政府。

师：相关部门。

生：对违法的惩罚。

师：嗯，加大惩罚力度，监督，也是监督范围内，对不对？要看看有没有合法，有没有违规？对吧？嗯，还有没有？

（生摇头）

师：好，暂时没有，请坐！好，这位同学说了哈，国家他这样做啊，好，其他同学呢？还有没有？还有，好，这个同学！

生：要广泛普及法律意识，增强劳动者的维权意识和法律观念

师：增强劳动者的法律意识，是吧？不要一碰到问题就跳楼！对不对？

（生笑）

师：增强他的法律意识，维权的意识，对不对？哎，还有吧？还有什么好办法呢？中间这位女同学。

生：政府组织等要施加压力。

师：噢，通过相关机构，通过有关部门，对不对？

生：嗯，让他们听话。

师：嗯，不听话让有关部门处罚他，你不能自己……

生：劳动者要维权。

师：嗯，你不能由企业主任意妄为，是吧？嗯，你刚才讲得很清楚哈，是要求有关部门去管，他侵犯你的权利，你把他绑架了？在一个地方关起

来？哈，这样不行的，对吧？

生：还可以跟领导进行协商，要求协调。

师：可以跟企业主老板进行协商，对不对，你应该维护我们的权益，对不对？否则的话，我要去告你！对不对？是不是啊？先协商，一般来说，我们是先协商的，不行，我们再去找有关部门，对不对？好，请坐！也就是说，需要我们采取一些有效的、合法的手段来维护我们的利益，是不是啊？前提是这些手段必须要合法，这些手段有哪些啊？大家说说，有哪些啊？协商是一种，还有——

生：投诉、自行调节，仲裁，向法院起诉。

师：投诉、自行调节，仲裁，不行，那我再向法院起诉，看来，我们可以选择的方法还是比较多的，对吧？大家举了两个方面，第一，国家有关部门，要做一点什么啊？要监督了；第二，劳动者自己也要有强烈的维权意识（下课铃声响起），法律意识啊！那么，我们再看看啊，其实对于劳动者来说，我们要维护我们自己的权益，前提是一定要履行义务。

生：劳动合同。

师：对，按照有关部门的规定，很多劳动者维权的时候没有依据，依据什么？

生：劳动合同。

师：有了这个劳动合同才有依据，再有呢是遵守相关法律程序，增强法律意识、权利意识，那么作为我们政府呢？刚才我们同学讲，要完善，这里还有一点，在劳动者权益的维护方面，还要做的就是，我们要扩大就业，给劳动者增加就业的机会，我们说劳动者的权益，首先第一个权利就是我要劳动，如果连这个就业的机会都没有，劳动的权利就没有了，是不是啊？所以一个非常重要的措施，同学们可以在笔记里面做记录，还有一个就是完善法律法规，维护劳动者权益，加强监管，那么大家想想看，用人单位来讲其实也应该做点什么吧？用人单位？他应该怎么做？

（生七嘴八舌地回答）

师：也要按照有关法律法规维护劳动者的合法权益，要树立法律意识，严格守法，遵守职业道德，维护劳动者的权益，好，大家接着抄，我们这节课到这就上完了哈！下课！

生：起立！

师：同学们再见！

生：老师再见！

范例10： 激发学生地理学习兴趣的策略研究

在传统的地理课课堂教学过程中，存在着诸多方面的问题与不足，突出表现为以下一些方面：教师习惯于道理的讲述，不擅长基于现象的设疑和启发，学生学得枯燥；教师着眼于具体的知识，不注重图解知识间联系及脉络，学生学得零碎；教师关注于学习的结果，不重视学习过程的情感与体验，学生学得机械；教师满足于理性的思维，不强调激活感官的形式与方法，学生学得单调。针对上述教学问题，本课例研究小组以激发学生课堂学习兴趣为目标，深入课堂教学的第一线，通过课堂观察，审视学生的学习参与过程及结果，诊断发现导致学生学习兴趣不足的教学原因，经过持续的研究与改进，最后总结形成激发学生课堂学习兴趣的理性认识及实践策略。

三次实践探索课选择的都是人教版《地理》高一年级第二单元第三节的内容：热力环流。本课学习的主要内容包括：热力环流形成的原理、热力环流运动的过程，以及海陆风、山谷风和城市风这三种热力环流的形式。

一、第一次课试教

● 课堂教学表现出的积极探索

第一，教师以电视剧《三国演义》中诸葛亮"火烧葫芦谷"的视频导入课堂，并设置了"这及时的大雨是天意还是人为？"的疑问，较好地激发了学生学习的兴趣。

第二，为了说明热力环流的原理，教师运用了课堂实验的方法让学生来观察发现。其中一个实验就是在左边点燃一支蜡烛，在右边燃烧一支松香，让学生观察松香烟雾运动方向的变化情况，并事先设计了可能的三种变化情况（即松香烟雾向左偏、松香烟雾向右偏、松香烟雾向上不发生偏向）让学生预测，最后通过观察验证并说明其中道理。

第三，教师在演示热力环流的过程中，运用箭头图示予以呈现，将看不见的热力环流清楚直观地表示了出来。

第四，在学习海陆风时，教师设计了有趣的任务即"如果想要拍一张海风吹拂长发的照片，应选择在白天拍还是晚上拍?"，以此吸引学生对海陆风昼夜风向变化的关注与思考。

● 观察问题

学生表现出学习的兴趣，但对热力运动的原理还不能用自己的理解来完整表达，也还不能进行灵活的迁移运用。

● 问题诊断

第一，在进行蜡烛和松香的实验探究环节，学生把观察到的松香烟雾向燃烧的蜡烛一侧倾斜的现象解释为"热胀冷缩"所致时，教师没有让学生进一步认识到"蜡烛燃烧时使周围空气受热致使单位体积空气质量变轻而上升故产生低气压，这样在一旁的松香烟雾就从高压区流向低压区"。另外，执教教师还配了一个玻璃箱放电炉、冰块以及上下内壁贴纸片测热力环流的实验，但教师只是口头询问了学生可能产生的热力环流路线图，而并没有继续演示此实验，所以，学生对于热力环流的理解没有真正完整有效地建立起来。

第二，在对因气温变化导致等压面发生弯曲的现象及其规律的认识过程中，教师设计了有创意的测试题来考查学生的理解及掌握水平，但是教师没有针对部分学生之所以产生错误解答的原因进行分析，也没有对相关知识点之间的内在关系进行一语中的的点拨。

附：等压面的弯曲及气压、气压高低的判读题

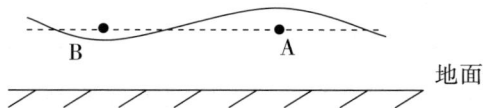

反馈分析：部分学生选择了 A>B，是因为是他们把图上的等压面（注：侧面看成了一条线）错误地看成了等温线，这样 A 处的线是凸起，自然误以为是气温升高所致，所以 A>B。对此，如果图本身设计时就比较能够立体地反映出等压面的形状，可以减少学生这方面的误读。

　　另外，也有部分学生把大气想成是封闭空间里的气体，于是错误地套用热胀冷缩的原理来解释，即 A 处气温升高，压力也随着增大，该处等压面向上凸起，故判定 A>B。对此，教师要强调这里的热力环流是指大气因热力作用产生的环流，气温升高，该处空气密度变小，质量变轻，开始上升，致使该处因空气减少而气压下降。

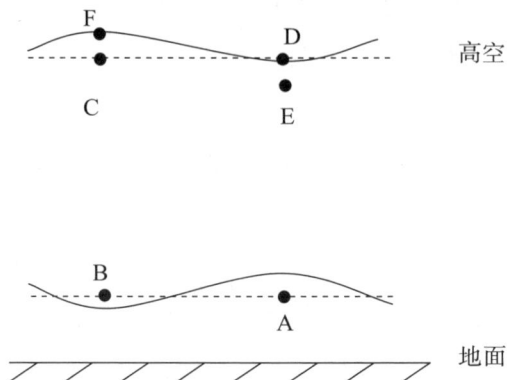

　　反馈分析：学生发生判断错误主要有这样一些原因，误认为同一高度的气压一定相同，所以出现 A＝B，C＝D 的判断；还有学生没有真正领会等压面的含义，同样以高度论气压高低，故出现 F>E 的判断。所以，教师要帮助学生明确建立这样的认识：因空气密度的关系，气压会随着高度的增加而减小，因此，地面的气压都一定高于高空的气压，换言之，高空的高压区也会比地面的低压区气压低。同时，还须认清高气压和低气压都是指同一水平面上的相对气压而言；等压面向上凸起表明气压增大，向下凹陷则表明降低。

　　第三，课堂原本是以"火烧葫芦谷"的有趣现象导入，随着对热力环流原理的学习，再从热力环流形式之一的山谷风的学习彻底揭开葫芦谷为什么突降大雨的秘密，但是因为时间的把握出现偏差，原理学习之后有关山谷风等内容没有时间继续，这样就未能完整体现出探秘地理现象的趣味学习之旅。

　　● 课堂教学改进的建议

　　第一，运用动画等直观手段清晰解释热力环流产生的原因以及生动再现热力环流的全过程，帮助学生顺利建构热力环流的概念。

第二，优化课堂实验的设计，真实演示热力环流的产生，增强学生通过观察发现知识的能力。

第三，设计有挑战性的问题引导学生思考、讨论和发现，增强学习发现的快乐。

二、第二次课改进

• 课堂教学发生的积极变化

教师除了采用了影视片段激趣置疑、直观实验录像、循环图示勾画之外，还运用动画展示了环流运动过程中空气分子的变化情况，环环相扣地帮助学生认识热力环流，特别是实验录像和动画演示的运用较好促进了学生的理解。

• 观察问题

教师主动演示和讲解得比较多，没有积极关注学生学习真正的兴趣与困惑疑难，教学的趣味性之外的针对性没有有效体现。

• 问题诊断

第一，教师在教学策略的优化上主要是致力于如何更加吸引学生的注意和积极参与设计好的活动，而没有真正了解学生对本节课的哪些内容真正感兴趣以及对哪些内容真正想要深入了解。

第二，对于热力环流的学习，更多的是教师在积极采取各种手段让学生更易于理解，而没有让学生去想办法证明热力环流的存在，换言之，学习的发现需要的是教师创造机会与条件，让学生主动去经历探索发现的过程，而不是让学生成为发现知识的观众。

第三，在学习的过程中，教师未能充分地利用为课堂教学组织的学习内容，引导学生的思考走得更深远广阔。

如，在引导学生学习热力环流的环节，教师设计了一道思考题（如下）来引导学生尝试画出热力环流的循环图。

想一想，空气在图中 A、B、A1、B1 四个点之间将会做怎样的运动？

B1   A1

B   A

───────────────────────────────
开水   冰块

教师有意设计了一处放热水，另一处放冰块，但是教师没有让学生在画出
热力环流的循环图之后，再仔细思考与这个有意设计紧密相关的派生问题：
为什么要放冰块？或者如果不放冰块会怎样？（放冰块，是为了确定热力环
流的半径范围，并且也使热力环流进行得更强烈和表现得更明显，以利于
观察者可以更清晰地画出这一循环的全过程。如果不放冰块，这种确定而
清晰的热力环流图难以就此构建，因为空气在不确定的空间范围里的运行
还会受到更多复杂情况的影响。）这样的问题就让学生对热力环流了解得更
全面和深刻。

- 进一步改进的建议

第一，让学生有预学的环节给予他们质疑问难的机会。

第二，围绕学生真正感兴趣和需要解决的问题组织小组合作学习，让
学生体验到发现知识的快乐。

三、第三次课再改进

- 课堂教学发生的积极变化

教师比较注重让学生学习之后进行及时的检测反馈，力求让学生体验
到知识学习之后解决实践问题的快乐。

- 课堂教学仍存在的不足

第一，教师以欣赏歌曲《军港之夜》导入，并准备以有人对这首歌反
映的情景有质疑的事实来设计悬疑和激发学生学习的兴趣，但这时已有同
学说出了是歌词"海风你轻轻地吹"有问题，但教师没有让这位学生进行
解释，错过了对学生学情真正把握并由此展开有别于课前预案、以学定教

的全新教学之旅的机会。

第二，教师整堂课直接讲解得太多，没有让学生通过思考反馈对相关知识与原理的认识并进而进行针对性的讲解与点拨。

第三，在当堂课基本内容学习之后进行回顾总结的环节，教师再次代替了学生的思考和认识梳理，学生没有经历主体反思和整理学习所获的过程。

- 三次课演进的脉络

第一次课，视频播放形式新颖，实验演示真实可信，但是课堂动态生成不足，学生认识表达不够。第二次课，优化实验演示环节，动画展示分子运动，但是学生被动接受较多，以学定教理念缺失。第三次课，注重知识系统学习，加强及时检测反馈，不过忽略学生兴趣疑惑，以学定教仍待落实。

四、研究形成的共识及结论

通过上述三位教师基于同一教学内容持续不断的改进，针对激发学生课堂学习兴趣的专题，研究小组总结形成了如下方面的共识及基本结论。

（一）激发学生学习兴趣可行的实践策略

1. 摸清学生学习的兴趣疑难

要想激发学生课堂学习的兴趣，就要知道对于本堂课学习的内容，学生的真正兴趣在哪里，学生的疑惑在哪里。否则，课堂上只能是按照教师的兴趣在教学，如果学生的兴趣与之吻合了，教学的效果就体现了出来，反之，学生只能被动消极地经历整个教学的过程。这也是本次实践研究过程中教师已经意识到并且尚需继续努力达成的一个方面。要真正摸清学生学习的兴趣疑难，可以采取以下的策略，以真正落实以学定教：①组织预习先学，摸清疑难困惑。②基于学生学情，确立教学内容。

2. 设计新颖有趣的学习内容

同样的教学内容，因采用不同的教学形式，产生的实际效果也会不一样。要增强当堂课学习的内容对学生的吸引力，可以采用的实践策略如下：①借助图影动画，活化学习内容。在本专题的实践探索过程中，三位执教教师都运用了影视《三国演义》中"火烧葫芦谷"的片段，第二位教师还采用了动画模拟演示了热力运动过程中分子的运动情况，很好地激发了学生学习的兴趣。②引用经验实例，还原回归生活。比如本专题的第二次实践研究课上执教教师就引入了在海边拍海风吹拂长发的生活实例，激发了学生对海陆风成因的认识。③串联所学知识，图示关联脉络。正如本专题的第三次实践研究课，执教教师把整堂课的学习内容就进行了很好的梳理与串联，从而使学生比较容易地就领会了本堂课知识间的逻辑关系与脉络。④多样反馈学得，脑眼手口并用。为了考查学生的理解与掌握情况，执教教师需要提出有挑战性的问题引导学生用脑思考、设计真实的实验吸引学生用眼观察和用手探究，以及组织灵活多样的形式让学生进行口头汇报和交流分享。

3. 组织探究发现的学习过程

学生学习的快乐，不单单是教师采用多种多样的形式呈现了学习的内容，同时还包括学生通过思考和合作发现了新的知识，从而使得学习的成就感油然而生。教师这方面可以采用的实践策略如下：①开展实验探究，促进学习发现。正如本专题的第一和第二次课上执教教师就开展了直接的和间接的实验探究环节的学习，较好地解释了大气中热力环流的存在。②设置问题情境，引导思考发现。正如本专题的三次实践研究课上执教教师都提及了《三国演义》中"火烧葫芦谷"是天意火烧人为的问题，很好地吸引了学生对当堂课热力环流知识的学习。

（二）激发学生学习兴趣遵循的原则

激发学生学习的兴趣是一个由来已久的老话题，如何能够真正通过激发学生课堂学习的兴趣从而促进课堂教学内涵与质的提升，还有赖于如下两项原则的贯彻与落实。

1. 从简单的迎合转向智慧的挖潜

在课堂上，教师不能仅仅为了学生的兴趣而教学，而是更要基于对当堂课内容的把握去培养学生的兴趣，通过在学习过程中的思考与合作，体验到发现知识的快乐，同时增进了智慧的生长。

2. 从感觉的轻松升至精神的愉悦

在课堂上，我们的教师不能仅仅在视觉、听觉、触觉等感官方面下功夫以实现对学生注意力和兴趣的吸引，更要通过创造有意义的活动让学生在精神层面体验到充实和满足，并以此持之以恒地为学生一生的成长、发展和成功奠基。

附：第三次课的课堂教学实录①

热力环流

浙江省安吉高级中学　李晓波

师：上课，同学们好。

生：老师好。

师：请坐。

师：三国故事大家都应该比较熟悉，三国中一个牛人叫诸葛亮。诸葛亮是三国时期一个杰出人物，无论是从政治上还是从发明创造、军事方面来讲，都是三国时期的一个代表者。而且，他在战争中的智谋也是远胜其他人的。火攻是诸葛亮比较擅长的策略，在三国中他用火攻制胜的案例也是非常多，比如火烧新野、火烧赤壁，赤壁之战这个战役是很有名的，借东风烧赤壁。虽然说他的火攻屡屡建功、屡屡制胜，但是还是有失败的一个案例，这就是火烧上方谷。上方谷又称葫芦谷，它形似葫芦之状，中间可以容纳的人非常的少。可以说这个地方是一个天然的用火攻的场所。为什么在这样一个地形非常有利的地方，他的火攻却失利了呢？

生：下雨了。

师：下雨了，为什么会下雨呢？咱们有这样一个片子，大家可以观察一下其中的地形。

（播放视频"火烧葫芦谷"）

---

① 本实录由浙江省湖州市安吉县安吉高级中学地理教研组全体教师整理。

师：视频就先看到这，我们看到司马懿已经是强弩之末，但是由于这样一场雨，使他们能够起死回生。这场雨有人说是因为天意，认为诸葛亮火攻有伤天和，所以天公故意降了这一场雨。有人说这场雨是人为原因造成的。到底是天意还是人为？我们能不能够从自然的、科学的方面来解释一下，能不能找到一个科学的依据？大家可以从这个雨是怎么形成的角度，结合这个火来思考。咱们物理学上学过热胀冷缩的原理，这个大家都应该清楚，大家想想，当我们这个空气受热的时候会怎么样？

生：膨胀。

师：膨胀，然后怎样运动？空气受热膨胀，然后形成向上的气流。而我们前面所学过的知识，随着海拔的升高，气温是怎么变化的？

生：海拔越高，气温越低。

师：当热空气上升到高空的时候，会形成什么状况？

生：冷却。

师：冷却形成小水滴，然后降下来，葫芦谷这场雨就可以用这样一个科学的依据来解释。大家想想，如果说换一种情况，这个葫芦谷里面不是一场火，而是一堆冰块，那这里的空气气流会有怎样的运动？

生：向下。

师：向下运动，遇冷，空气会有收缩下沉这样的运动。例如，在我们的这样一个图当中。你认为在这四个点之间，空气将会怎么样进行运动？
（幻灯展示图）

师：大家可以先猜测。同桌之间可以交流。

（生观察思考）

师：要怎么运动，要说出一个猜测的理由。

（生思考交流）

师：来看一下咱们同学的一个猜测结果。郦铭洁同学。

生：B的空气上升到B1，A的空气收缩下降。

师：其他地方呢，AB之间空气怎么运动的？

生：AB之间（思考一段时间）B到A。

师：B 到 A 为什么。（生思考无结果）先请坐，再思考一下。我们有一个实验，可以验证这个空气的运动，我们先把这个问题放着，先看看，如果在刚才那个情境中，这块儿是一个大玻璃缸，为了排除外界因素的干扰，左侧这个碗里是热水，右侧是冰水，我们看看，在这样一种环境下，空气会怎么样运动？

（观看视频）

师：前面的同学可能看得清楚一些，里面有些烟从缝儿里面进来。后面的同学和侧面的同学可能看得不是很清楚。（一段时间后）大家能不能看到这个烟的运动？

生：能。

师：大家看到冷的地方烟是怎么样运动的？

（生相互交流看到的情况）

师：冷的地方烟是朝下运动的，而整个地方的运动方向是不是形成了一个环状啊？这个不是很清楚，咱们换一个。（展示动画）

师：这些点表示空气分子，为什么图中近地面的空气分子要比高空的多一些？（生思考交流），大家有没有爬过山、去过西藏？有很多去过西藏的人回来都说这个地方怎么样？

生：缺氧、空气稀薄。

师：海拔越高的地方空气越稀薄。所以用这样的图来表示。近地面的空气密度要大一些，高空的空气密度要小一些。现在 A、B、C 三点的空气分子是一样的，说明三点的空气密度是一样的，当 A 这里受热，B 和 C 冷却的时候，空气会怎么样运动？A 空气受热膨胀上升，B 和 C 空气下沉。那我们再观察一下，现在在同一水平面上的空气密度还是不是一样的？

生：不一样。

师：不一样的话空气将怎么运动？（生思考）密度大的和密度小的之间将会怎样运动？

生：密度大的流向密度小的。

师：所以下高空的运动方向是这样的，近地面是这样的。现在我们就可以用这个原理来解释刚才试验中发生的现象。冷水处的空气是下沉的，热水处的是上升的，然后在箱子里面形成一个循环。这样的循环我们就把它称为热力环流。因为这是由空气的受热和冷却形成的。这里是单从密度上来讲空气的运动，如果是用气压来表示的话，这图中的气压 ABC 相比哪个高、哪个低？

生：BC 要高一些。

师：在高空呢？

生：A 点的高空高。

师：所以空气密度越大的地方，气压值应该越高。如果说在空气受热均匀的情况下会怎样？这里有个新的概念——等压面（展示课件）。这个是地面，这些就是不同层次的等压面。等压面，顾名思义，在这个面上气压值是相等的。

师：我们比较高压和低压，都是在同一水平面上来比较的。如果是在竖直方向来进行比较，下面的肯定是要大于上面的，刚才我们同学的解释很明显了。海拔越高的地方空气越稀薄，空气密度越小，所以无论这里空气怎样流通，A 的气压比 A1 要高。这里大家一定要注意，刚才我们的同学就在这里纠结了半天。那么，在生活中我们能遇到哪些热力环流的实例呢，接下来有这样一个情境，某女明星代言了一个洗发水的广告，要在海边拍摄一组场景，要求面朝大海，飘逸的长发要在海风中飘扬。头发要在海风中飘扬的话，你选择的时间，白天和晚上有没有区别？

生：有。

师：大家尝试一下，白天风是怎么吹的，晚上是怎么吹的，我们学案中有这样一个海陆风的例子，就是热力环流在现实中的案例。大家尝试画一画在海洋和陆地之间，海陆风是怎样形成的。

（生活动，看学案）

师：大家把环流画出来，地面的风和高空的风都画出来。

（生活动，师个别指导）

师：环流大家都画好了吧？江源同学，说一说白天的时候环流应该是怎样的？

生：陆地上升，海洋是下降，上空是陆地到海洋，地面是海洋到陆地。

师：为什么要这样画？

生：因为白天是陆地温度高，空气向上，然后陆地上方的气压高，流向气压低的地方。海洋的温度低，空气下降，由高压流向低压。

师：请坐。事实上解释是应该这样的，只是语言上比较啰唆。实际上解释非常简单，陆地上白天应该怎样？因为陆地的比热小，白天升温快，所以温度高，空气上升。而海洋空气下沉，所以在陆地上形成低压，海洋上形成了高压然后在高低压之间形成空气运动。而在上空同样如此，由高压流向低压。大家想想，通过这样一个环流，在做出来这样一个环流之后，我们刚才所说的拍摄应该在什么时候进行？

生：白天。

师：这首诗不知道大家有没有听过。（幻灯展示诗歌）

生：听过。

师：这首诗描述的是一个什么地方？

生：大巴山，四川。

师：巴山夜雨，说明一个什么样的事件？

生：四川盆地晚上下雨。

师：晚上下雨，这里主要描述大巴山，以及四川盆地里下雨的时间主要在晚上。他的地形主要是这样的（展示课件）。那么大家能不能根据刚才我们所学的热力环流，将这里的环流画出来，解释一下为什么在四川盆地下雨主要在晚上，然后将环流画在学案上面？在学案上面还有一个城市风，大家也尝试着把它画一下，下节课我们再来订正。

师：下课。

出　版　人　　所广一
责任编辑　　谭文明
版式设计　　孙欢欢
责任校对　　贾静芳
责任印制　　叶小峰

图书在版编目（CIP）数据

课例研究，我们一起来：中小学教师指南／胡庆芳
著．—2 版．—北京：教育科学出版社，2014.4（2023.12 重印）
ISBN 978-7-5041-8484-9

Ⅰ.①课…　Ⅱ.①胡…　Ⅲ.①课堂教学—教案（教育）—中小学　Ⅳ.①G632.421

中国版本图书馆 CIP 数据核字（2014）第 076998 号

课例研究，我们一起来：中小学教师指南（第二版）
KELI YANJIU, WOMEN YIQILAI: ZHONGXIAOXUE JIAOSHI ZHINAN（DI ER BAN）

出版发行	**教育科学出版社**			
社　　址	北京·朝阳区安慧北里安园甲 9 号	市场部电话	010-64989009	
邮　　编	100101	编辑部电话	010-64981277	
传　　真	010-64891796	网　　址	http://www.esph.com.cn	
经　　销	各地新华书店			
制　　作	北京金奥都图文制作中心			
印　　刷	保定市中画美凯印刷有限公司			
开　　本	720 毫米×1020 毫米　1/16	版　　次	2014 年 4 月第 2 版	
印　　张	17.5	印　　次	2023 年 12 月第 8 次印刷	
字　　数	242 千	定　　价	39.80 元	

如有印装质量问题，请到所购图书销售部门联系调换。